九州廣域圖

東京

北海道

關門港

福岡縣
(博多)

福岡空港
太宰府

佐賀縣

唐津
武雄溫泉
新鳥栖
柳川市

湯布院
別府

大分縣

佐世保
有田
豪斯登堡

長崎縣

山鹿
熊本空港

熊本市
阿蘇

熊本縣

長崎市

宮崎縣

鹿兒島縣

宮崎市
宮崎空港

鹿兒島空港
霧島
青島

鹿兒島市
櫻島

指宿

U0053870

目錄

旅游須知

須知-1

景點標誌索引：

書內將景點分類，一眼分
辨食、買、玩等類別，方
便讀者尋找景點。

餐廳/小吃	購物/手信	玩樂/體驗	遊覽/景觀	動物園/水族館/動物Cafe	博物館/美術館/藝術

酒店/旅館/民宿	溫泉/溫泉旅館	交通工具	寺廟	教堂	神社

【福岡】 都市綠洲購物中心 福岡大名 Garden City

MAP 3-2 A3
2023年6月開幕

🚇 地下鐵天神駅 2 號出口步行約 3 分鐘

福岡大名 Garden City 是天神區的大型地標性建築，大樓內部包含辦公室、住宅、酒店、商場等設施。商場內不乏知名店舖，例如有意大利米蘭的奢華皮革品牌 BONAVENTURA、設計師 Alessandro Dell'Acqua 的品牌 N°21，以及首次登陸西日本的福岡燒肉 Kintan 等。此外，米之蓮星級烤雞肉串餐廳「米ル / 鳥カミ」和米之蓮一星級餐廳「西村や」也提供了限定奶油豬骨拉麵。福岡大名 Garden City 雖然位於市中心，但設計巧妙地融入了水和綠地元素，為都市提供了一處喘息空間。

園區戶外的守護犬「大名の大狛犬」。小朋友可以安心觸摸和抱抱。

地址： 福岡市中央區大名 2 丁目 6-50
時間： 商店 11:00am-8:00pm，
　　　　食肆營業至 11:00pm
網頁： https://fukuoka-dgc.jp/

福岡新文化地標 010 BUILDING

【福岡】

MAP 1-4 A2
2022年12月開幕

🚇 地下鐵櫛田神社前駅步行約 7 分鐘

位於福岡市博多區的的010 BUILDING 是一個複合文化設施，由世界知名的建築團隊 CLOUDS AO 操刀設計，外牆具有獨特的螺旋狀輪廓。010 BUILDING 樓高三層，匯集了沉浸式劇院 THEATER 010、酒吧及餐廳等多元化設施。其中包括由米芝蓮星級主廚石川秀樹監製的餐廳 GohGan、由世界級調酒師金子道人監製的酒吧 BAR 010，提供各式創意雞尾酒。010 BUILDING 的開幕，為福岡的夜生活增添了新的活力。

地址： 福岡市博多區住吉 1-4-17010 大樓
時間： 餐廳 5:00pm-12:00mn，星期一休息；
　　　　酒吧星期二至四及日 7:00pm-1:00am，
　　　　周五至六營業至 3:00am，星期一休息；
　　　　劇院星期二至六 7:30pm-12:00mn，
　　　　星期日及一休息
網頁： https://010bld.com/

2022年4月開幕

購物美食集中營
THE OUTLETS 北九州 (KITAKYUSHU)

OUTLETS內的水果超市MOOON。

🚃 JR 太空世界駅步行約 2 分鐘

THE OUTLETS北九州結合AEON永旺夢樂城八幡東，是目前九州最大規模的購物景點之一。兩座相鄰的大型購物中心集結近300間商店及食肆，可以一次過逛到多間知名品牌和特色伴手禮。除了品牌折扣店，還有各式餐飲和休閒設施，如全部食材農場直送的Farmer's Kitchen、大型夾娃娃店ASOBLE和北九州市科學館等，適合一家大細出遊。惟商場的位置相對偏遠，幸好附近有JR車站，尚算方便。

地址：北九州市八幡東區東田 4-1-1
電話：093-663-7251
時間：博物館 10:00am-6:00pm，商店街營業至 8:00pm，
　　　公園開放至 12:00mn；餐廳 11:00am-9:00pm
網頁：https://the-outlets-kitakyushu.aeonmall.com/

長崎市新地標
JR 長崎車站大樓

【長崎市】

MAP 16-4A A1
2023年11月開幕

🚃 JR 長崎駅直達

JR長崎車站大樓集購物、餐飲、住宿、娛樂等功能於一身，為長崎市增添了新的活力。它包括了AMU PLAZA長崎新館、長崎街海鷗市場、長崎萬豪酒店等多個部分。新館內有86家品牌進駐，涵蓋服飾、美妝、雜貨等多種類別，包括生活雜貨控必訪的Flying Tiger Copenhagen、中川正七等；東京中目黑的排隊名店Flour+Water也首度登陸長崎，招牌美食包括One Hundred及天使可頌。Flour+Water到了晚上還會化身為酒吧DRA7，供應餐酒及披薩等，從白天到夜晚各有不同體驗。

地址：長崎縣長崎市尾上町 1-1
電話：095-822-0063
時間：AMU PLAZA 新館 10:00am-8:00pm

日式大排檔【熊本】
熊本屋台村

MAP 13-3A B2
2022年6月開幕

🚃 JR 熊本駅乘市電往「健軍町」方向，於「通町筋」下車，步行 1 分鐘

熊本屋台村位於熊本市中心，是一個以熊本傳統美食為主題的飲食場所。廣場內有18家店舖，每家店都提供不同的熊本的特色鄉土料理，包括拉麵、壽司、烤肉、炸雞等。人氣店舖包括炭火串燒てんまや (Ten-maya)、なごみ (nagomi)庵、內臟燒烤個人燒肉 肉もん (mon) 等；還有精釀啤酒站，提供以阿蘇天然水釀製的新鮮啤酒。屋台村的入口與通道上裝飾著提燈和竹燈籠，充滿了懷舊的氛圍。廣場內更設有燒酒自動販賣機，可以品嘗到27間球磨燒酎，感受不同風味。

熊本屋台村是遊客體驗傳統屋台風格的好去處。

地址： 熊本市中央區城東町 2-22
時間： 12:00nn-11:30pm
網頁： https://kumamoto-yataimura.com/

【唐津】 翻新工程完成
玄海海中展望塔

MAP 11-1A A1
2024年4月重開

🚃 JR 唐津駅北口步行 5-8 分鐘至唐津市大手口巴士中心，轉乘巴士於「波戶岬」站下車步行 5 分鐘

佐賀縣唐津市的波戶岬一向是人氣景點，其中的玄海海中展望塔因老化而關閉復修，預計2024年4月1日重新開放。翻新工程將對展望塔的外觀和內部進行改造。外觀採用新的照明系統，使其在夜間更加醒目。內部增設新的展覽和多媒體設施，將有3D影像投影到天花板和牆壁上，讓遊客可以360度環顧四周並體驗海底世界。室內牆身也改成藍色，更有海洋的氣氛。

地址： 唐津市鎮西町波　**電話：** 090-3464-5337
時間： 展望塔 4-9 月 9:00am-6:00pm，
　　　　 10-3 月 9:00am-5:00pm
網頁： https://hadomisaki.jp/

「災難三部曲」終章—
《鈴芽之旅》の九州聖地巡禮

繼《天氣之子》，新海誠暌違3年後推出新作—《鈴芽之旅》，故事從九州宮崎縣開始，為什麼開始地點要設定在宮崎縣呢？這是因為宮崎縣是知名的日本神話發源地，有著很多古老神話與傳說。縣內很多地方是神話故事中的場景地點，神話與傳說成了當地人生活中不可分割的一部分。雖然設定在宮崎縣，但當中很多場景是擷取九州不同地方，現在就讓我們一起聖地巡禮吧！

鈴芽姓氏由來 — 天岩戶神社

交通：JR 延岡駅轉乘宮崎交通巴士，於「高千穗バスセンタ (高千穗 BC)」站下車轉乘ふれあいバス「岩戶線」，於「岩戶」站下車，步行 4 分鐘

女主角全名是岩戶鈴芽，而岩戶這個姓氏源於太陽女神—天照大神因為弟弟須佐之男在祂居住地高天原胡作非為，氣得躲入天岩戶，世界頓時陷入一片黑暗。眾神靠著載歌載舞開派對，吸引天照大神推開岩戶窺看。一旁的天手力男神趁機一把拉住祂，大地才重現光明。

而岩戶這姓名，代表著鈴芽因為地震失去母親而關上心房，最後解開心結重新打開心房。而現實中的確有一個天岩戶神社，分為東本宮和西本宮。距離神社10分鐘路程，就是傳說天照大神躲洞窿時遊玩的地方，附近有一條天安河原。如果想許願的話，可以在河床旁疊石堆，堆成功的話就可以願望成真！

神社神樂舞重現眾神跳舞場景。

地址：宮崎縣西臼杵郡高千穗町
　　　大字天岩戶 1073-1
電話：0982-74-8239
辦公時間：8:30am-5:00pm
網頁：https://amanoiwato-jinja.jp/

草太姓氏由來
宗像大社

交通：JR 東鄉駅轉乘西鐵巴士，於「宗像大社前」站下車

　　男主角全名是宗像草太，而宗像這個姓氏源於宗像三女神。神話中天照大神將須佐之男的十握劍折為三段後，再咀嚼吹出霧生出田心姬、湍津姬、市杵島姬，合稱為宗像三女神。三女神是守護航海平安的神祇，與草太身為關門師守護日本有異曲同工之妙。

　　位於福岡縣的宗像大社是奉祀宗像三女神的神社之總本宮，神社是由沖之島的「沖津宮」、大島的「中津宮」和宗像的「邊津宮」隔海的三座宮組成。最方便亦是最多人前來參拜的是「邊津宮」，前往大島的「中津宮」要在神湊港的渡船站搭船。而沖之島除了神社職工，其他人嚴禁登島，但神社設有遙拜沖之島的拜殿「沖津宮遙拜所」供人參拜。

地址：福岡縣宗像市田島 2331
電話：0940-62-1311
辦公時間：6:00am-5:00pm
網頁：https://munakata-taisha.or.jp/

相遇之地 ── 油津港

交通：JR 油津駅轉乘宮崎交通巴士，於「油津港」站下車

　　當鈴芽踩著單車，順著斜坡前進，中途遇上背著海岸前來的草太，那一片波光粼粼，閃閃發亮的碧藍之海是不是很漂亮呢？根據故事中的線索，這海港應是油津港，位於宮崎縣日南海岸，是從江戶時期開始一直都十分繁榮的港口，作為連接宮崎縣南部地區與東京地區及亞洲的出海口發揮著重要作用。另外夏天當地會舉行煙火大會，煙花會在油津港上空綻放，如果剛好遇上舉行日子，可以參加看看，感受一下這個夏日盛會的熱鬧。

地址：宮崎縣日南市油津 2 丁目 7
電話：0940-62-1311
辦公時間：6:00am-5:00pm
網頁：https://munakata-taisha.or.jp/

等待的平交道
臼杵「祇園踏切」

交通：JR 臼杵駅步行 7 分鐘

電影中鈴芽在平交道那邊等待過馬路，右邊橙色建築的學校以及 V 字型柱子，鏡頭切換顯示為「凪岡踏切」。這些畫面與很多網友認為與現實中臼杵車站的「祇園踏切」十分相像。不過這個鐵路道口並不在宮崎縣，而是在大分縣，此外日本有很多鐵路道口都叫「祇園踏切」，如果想去看一看的話，記得不要去錯地方。

地址：大分縣臼杵市海添 2521

廢墟溫泉街 ── 湯平溫泉

交通：JR 湯平駅轉乘的士，約 10 分鐘到達

鈴芽踏入廢墟時出現的溫泉街，其實是由幾個不同地方的溫泉共同構成的，而其中一個就是大分縣的湯平溫泉了。鈴芽在找尋草太時，途中經過的石板路以及懸掛上位的蜿蜒紅燈籠串，都與湯平溫泉街相像。湯平溫泉以療養功效著稱，是僅次於別府溫泉的有名溫泉地。當地泉質是氯化物泉，飲用的話有助改善腸胃問題；浸泡的話因是含鹽量高，鹽分會在皮膚上形成薄膜，可防止體汗蒸發，有相當好的保溫保濕效果，還有殺菌及療傷效果。

地址：大分縣由布市湯布院町湯平 356-1
　　　（湯平溫泉観光案内所）
電話：0977-86-2367
辦公時間：10:00am-5:00pm，星期三及四休息
網頁：http://www.yunohira-onsen.jp/

311大地震後，為了推動經濟，推出了溫泉娘企劃，而湯平燈華就是湯平溫泉的觀光大使。

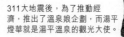

溫泉街中的菱形橋 ― 湯の鶴溫泉

交通：JR 水俣駅轉乘的士，約 16 分鐘到達

地址：熊本縣水俣市湯出
網頁：https://kumamoto.guide/
spots/detail/1767

鈴芽在一邊踏上橋上，一邊叫著「帥哥先生」那一幕，當中的佈滿青苔菱形橋與湯の鶴溫泉中的菱形橋十分相似。這個溫泉雖然不是十分有名，但歷史可是有 700 年那麼久。傳說湯の鶴之稱源於平氏家族的逃亡者，發現了一隻受傷的鶴在溫泉洗澡後痊癒而命名。這邊的泉質是硫化氫泉，而這泉質從以前就被譽為「療傷之湯」，有著讓血管和皮膚恢復彈性的作用。因為硫化氫泉的鎮靜效果甚高，對乾癬、慢性濕疹、青春痘等等都很有效果。

出發到愛媛

佐賀関港

交通：JR 幸崎駅轉乘巴士 D75/D77，於「佐賀関」站下車

在鈴芽和草太追逐貓咪大臣而一起跑上渡輪，當中坐渡輪之前的港口是「佐賀關港」。佐賀關港是來往九州與四國的其中一個關口，最快只要70分鐘就能到達愛媛三崎港。兩地來往班次很多，而且車子也可直接開上船，適合想在兩地自駕遊的旅客乘坐。雖然港口背景是佐賀關港，但根據電影中的船隻以及下船地點，其實他們應是從臼杵港坐船到愛媛八幡濱港，如果想跟著電影路線旅行的人就要注意一下了。

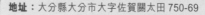

地址：大分縣大分市大字佐賀關太田 750-69

旧豊後森機関庫

交通：JR 豊後森駅步行 2 分鐘

海報中那最具標誌性水上大門，電影中鈴芽拔出要石大臣的地方，當中的場景便是大分縣的舊豐後森機關庫。這機關庫原本是軍用火車庫，鼎盛時期能夠讓21台蒸氣火車運作，是當時規模巨大的機關車庫。但在1970年機關庫便已停用，而原有軌道都已拆除，只留下扇形機關庫和轉車盤，是現時九州唯一現存的扇形機關庫。

除了《鈴芽之旅》，也有不少ACG（如LoveLive!）都出現過舊豐後森機關庫，而且它也是鐵道史上珍貴遺跡，所以有不少ACG迷和鐵道迷到此朝聖。現時舊豐後森機關庫改建為鐵道紀念公園，公園旁也有一個機關庫博物館，博物館內展示著機關庫的歷史，還設置有孩子也能遊玩的「木球池」以及繪本區，是個親子友善的空間。

地址：大分縣玖珠郡玖珠町岩室 36-15
網頁：http://kusumachi.jp/pg559.html

九州拉麵大比拼

懷舊味道
久留米 大砲ラーメン

01

加紫菜的吃法亦是由久留米開始,既能吸附湯汁,又可解膩。

交通:西鐵大牟田線久留米駅步行8分鐘

老字號久留米大砲拉麵在1953年開始營業,店內最特別之處是它的湯底,每天所保留的湯加入新熬煮的湯頭混合,愈煮愈濃郁,入口順滑。而人氣的懷舊拉麵昔ラーメン更在湯裡加上炸豬油,令吃起上來更加滋味。

地址:久留米市長岡町11-8 **電話:**094-233-6695
營業時間:10:30am-9:00pm **網頁:** www.taiho.net

愈多脂泡就代表這碗代表的味道愈濃郁。

元祖泡系
02 ## 博多一幸舍

交通:JR博多駅博多口步行5分鐘

創立於2004年的博多一幸舍,在海外有很多分店,但仍然人氣不減。它的元祖泡系豚骨湯頭,透過長時間大火熬煮出濃濃膠質,使食材中的油脂與水交融,再過篩就會自然起泡,加上煙靱的麵條、比例剛好的叉燒,全都非常講究。

地址:福岡市博多區博多駅前3-23-12 光和ビル1F
電話:092-432-1190
營業時間:星期一至六 11:00am-11:00pm 星期日營業至9:00pm
網頁: www.ikkousha.com

清甜順口
博多純情らーめん
ShinShin

03

交通:地下鐵天神駅4號出口步行4分鐘

雖然看上去只有拉麵、叉燒及蔥花,但純情拉麵的湯頭以豚骨、國產的銘柄雞及新鮮蔬菜混合熬制而成,清甜美味而不油膩。湯頭配搭自家的極細麵條,非常掛湯,吃下去絕不簡單。

地址:福岡市中央區天神3-2-19
電話:092-732-4006
營業時間:11:00am-3:00am
網頁: www.hakata-shinshin.com

日本傳統的拉麵配飯。

九州有不少知名拉麵品牌如一風堂、一蘭拉麵，而博多拉麵更是日本三大拉麵之一！以豚骨熬煮的湯頭，加上彈牙的細麵，一場來到怎可不試？現在就來比較一下福岡的人氣拉麵店！

Google Map 下載

九州第一名
暖暮　04

交通：地下鐵中洲川端駅步行 3 分鐘

　　曾獲九州拉麵總選舉第一名的暖暮拉麵，以濃而不膩的豚骨湯頭作賣點，再加入自家辣醬。客人可自選麵條硬度、湯頭辣度等，配上入味的厚切叉燒及溏心蛋。其中主打招牌的芝麻蔥拉麵，灑上滿滿的蔥花和芝麻，吃起上來相當清爽！

地址：福岡市博多區中洲 4-7-20
電話：092-282-3488　**網頁**：https://danbo.jp/
營業時間：星期一至四 11:30am-3:00pm、6:00pm-2:00am；
　　　　　　　星期五及假日前營業至 5:00am；星期六 11:30am-5:00am；星期日 11:30am-2:00am

桌上有原粒蒜頭和壓蒜器，可以調製出自己心水的口味。

濃厚脂泡
05　博多一雙

交通：JR 博多駅步行 6 分鐘

　　如果喜歡重口味的人士，不妨試試博多一雙的拉麵。由山田兄弟在2012年創立，湯底顏色呈白色濃濁狀，整碗表面都是由國產幼豬骨頭長時間熬成的脂泡，味道濃郁，帶點鹹香，光喝一口便齒頰留香。

地址：福岡市博多區博多駅東 3-1-6　**電話**：092-472-7739
營業時間：11:00am-12:00mn　**網頁**：www.hakata-issou.com

老字號拉麵
長浜ナンバーワン　06

交通：地下鐵祇園駅步行 2 分鐘

　　創於昭和46年 (1971年)，透過熬煮換湯，降低豬骨的強烈氣味。香醇濃郁的湯頭，喝起來卻格外清爽可口，搭配極細麵條，非常好吃。麵條的硬度可以自行選擇，記得在下單前告訴店員。

店內牆上貼滿許多名人的簽名。

地址：福岡市博多區祇園町 4-64 ニューウイングビル祇園 1F
電話：092-263-0423　**網頁**：https://nagahama-no1.com
營業時間：星期一至四 11:30am-12:00mn；
　　　　　　　星期五、六及假日前一天 11:30am-2:00am；
　　　　　　　星期日 11:30am-10:00pm

抵食首選
はかたや 川端街 **07**

交通：地下鐵中洲川端駅步行 3 分鐘

　　另一間老店はかたや，開業於昭和51年，雖然叉燒略薄，但無論是湯頭、麵條都相當不俗，不會重鹹，加上它是全福岡最便宜的豚骨拉麵店，而且24小時營業，夫復何求！

地址：福岡市博多區上川端町 9-151
電話：092-291-3080
營業時間：24 小時

在入口處也可以看見歷年進駐店家的名單。

08 百家爭鳴
拉麵競技場 福岡

交通：地鐵祇園駅 5 號出口步行 7 分鐘

　　想一次過品嘗日本各地的拉麵，可以到2001年創立的拉麵競技場，內有8間固定的拉麵店，每隔一段時間，人氣較差的店舖就會被「Out走」！目前已有80間來自全日本的代表性拉麵店曾經進駐此，一次吃到南北不同的口味，總有一款合心水。

地址：福岡市博多區住吉 1-2 博多運河城 5F
電話：092-282-2525　營業時間：11:00am-11:00pm
網頁：http://canalcity.co.jp/ra_sta

拉麵必學日語單字

基本詞彙

豬骨拉麵	豚骨ラーメン	ton-ko-tsu ra-men
招牌拉麵	定番ラーメン	tei-ban ra-men
叉燒	チャーシュー	cha-syu
海苔	のり	no-ri
蔥	ねぎ／ ネギ	ne-gi
筍乾	メンマ	men-ma
溏心蛋	味玉	a-ji ta-ma
追加拉麵	替玉	ka-e da-ma

湯頭濃淡

濃	濃いめ	koi-me
清爽	さっぱり	sa-ppa-ri
清淡	うすめ	u-su-me
很清淡	薄い	u-su-i

麵條軟硬度

硬	かため	ka-ta-me
一般	ふつう	fu-tsu
偏軟	やわめ	ya-wa-me

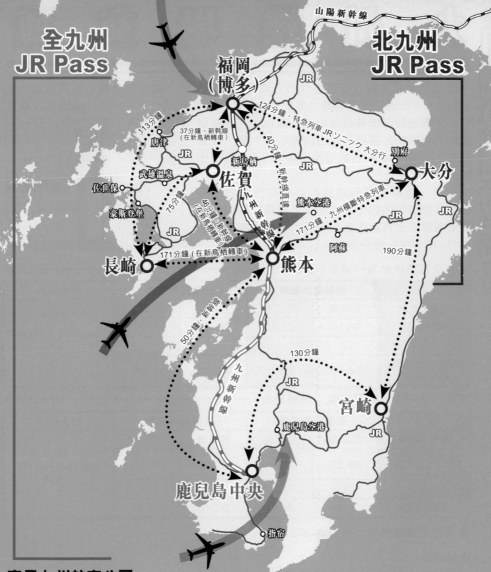

全九州
JR Pass

北九州
JR Pass

山陽新幹線

福岡（博多）

124分鐘，特急列車 JRソニック 大分行

別府

113分鐘
唐津
JR

37分鐘，新幹線（在新鳥栖轉車）

新鳥栖

40分鐘，新幹線直達

大分

武雄溫泉

佐賀

JR

熊本空港

JR

JR

佐世保

75分鐘

九州新幹線

171分鐘，九州横斷特急列車

190分鐘

豪斯登堡

JR

46分鐘，新幹線（在新鳥栖轉車）

阿蘇

長崎

171分鐘（在新鳥栖轉車）

熊本

50分鐘，新幹線

130分鐘

九州新幹線

JR

宮崎

鹿兒島空港

JR

鹿兒島中央

指宿

直飛九州航空公司

	香港國際機場 (HKG)	台北桃園機場 (TPE)
福岡空港 (FUK)	香港快運 (UO)、國泰航空 (CX)、香港航空 (HX)	中華航空 (CI)、台灣虎航 (IT)、長榮航空 (BR)、星宇航空 STARLUX(JX)
阿蘇熊本機場 (KMJ)	香港快運 (UO)、國泰航空 (CX)、香港航空 (HX)	中華航空 (CI)、星宇航空 STARLUX(JX)
鹿兒島機場 (KOJ)	香港快運 (UO)、國泰航空 (CX)、香港航空 (HX)	中華航空 (CI)

福岡機場網頁：https://www.fukuoka-airport.jp/
阿蘇熊本機場網頁：https://www.kumamoto-airport.co.jp/
鹿兒島機場網頁：www.koj-ab.co.jp

福岡空港

從福岡機場要前往市區最快的方法就是搭市營地下鐵，只需兩站就可抵達「博多駅」。注意地下鐵位於國內線航廈內，所以從香港或台北飛抵福岡機場後，需先轉乘免費接駁巴士前往國內線航廈B2F，才能到達地下鐵閘口。落機後走出國際航廈大廳，找到寫著往「國內線・地鐵福岡空港駅」的1號巴士站牌便是了。

此外，福岡機場國際線航廈也有許多前往市區或其他城市的巴士，有不少人選擇於國際航廈乘坐西鐵巴士直達市區，一般前往博多的車程約需15-18分鐘，十分方便。

福岡空港國際航廈→博多 (機場巴士)

出發 / 到達	空港國內航廈		空港國際航廈		巴士班次
	首班車	尾班車	首班車	尾班車	
福岡空港	05:51	22:08	08:55	20:45	每隔15至30分鐘一班車
↓	↓	↓	↓	↓	
博多巴士總站 1F	06:03	22:21	09:10	21:00	

博多→福岡空港國際航廈 (機場巴士)

出發 / 到達	空港國際航廈		空港國內航廈		巴士班次
	首班車	尾班車	首班車	尾班車	
博多巴士總站 1F	06:28	23:01	06:55	18:25	每隔15至30分鐘一班車
↓	↓	↓	↓	↓	
福岡空港	06:44	23:14	07:10	18:40	

空港巴士單程車費：¥280-¥310

車站位置

市營地下鐵

福岡空港 K13→博多 K11	博多 K11→福岡空港 K13
首班車 5:45am	首班車 5:50am
尾班車 12:00mn	尾班車 12:09mn
單程車費：大人 ￥260、小童 ￥130	

＊福岡空港至博多站車程約5分鐘，列車每隔4至8分鐘一班車。

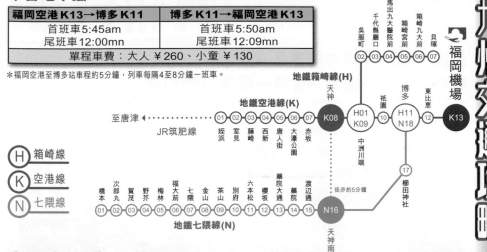

地鐵箱崎線(H)

地鐵空港線(K)

至唐津 ◀‥‥‥‥‥ 01 02 03 04 05 06 07 K08 H01/K09 10 H11/N18 12 K13
JR筑肥線　姪浜 室見 藤崎 西新 唐人街 大濠公園 赤坂　天神　中洲川端　祇園　博多　東比惠　福岡機場

(H) 箱崎線
(K) 空港線
(N) 七隈線

橋本 次郎丸 賀茂 野芥 梅林 福大前 七隈 金山 茶山 別府 六本松 櫻坂 藥院大通 藥院 渡辺通
01 02 03 04 05 06 07 08 09 10 11 12 13 14 15 N16

17 櫛田神社

徒步約5分鐘

地鐵七隈線(N)　天神南

鹿兒島空港

　　鹿兒島機場並沒有鐵路設施，機場巴士(空港連絡バス)是現時的唯一交通工具。空港巴士主要途經鹿兒島中央站、天文館站及市役所前，每隔10分鐘一班車，車程約40-50分鐘。

單程車費：大人 ￥1,400、小童 ￥700

鹿兒島空港→鹿兒島市區 (機場巴士)

	首班車	尾班車
鹿兒島空港	8:40 ↓	21:30 ↓
鹿兒島中央駅	9:18 ↓	-
天文館	9:26	22:20

鹿兒島市區→鹿兒島空港 (機場巴士)

	首班車	尾班車		首班車	尾班車
天文館	6:10 ↓	18:15 ↓	--	--	--
鹿兒島中央駅	6:25 ↓	18:30 ↓	鹿兒島中央駅	5:35 ↓	19:00 ↓
鹿兒島空港	7:05	19:10	鹿兒島空港	6:23	19:40

阿蘇熊本空港

　　從阿蘇熊本機場要前往熊本市區，主要有以下2個方法：

1) 巴士及JR：乘坐免費的空港接駁巴士到JR肥後大津駅，再換乘JR豐肥本線前往熊本駅。好處是車資較平，單程只需 ￥480，但提著行李轉車比較不方便！

2) 空港巴士：直接乘坐空港巴士前往熊本市區，車程約45至55分鐘，大約10至20分鐘一班車，單程車費 ￥1,000。

	首班車	尾班車		首班車	尾班車
阿蘇熊本空港	6:48 ↓	21:30 ↓	熊本駅	5:30 ↓	18:43 ↓
熊本駅	7:38	22:22	阿蘇熊本空港	6:29	19:48

註：巴士乘車處在國內線航廈，出了國際線的入境大廳，往右走大約300公尺，就能看到國內線航廈。

九州行程

Trip 1

福岡→別府→湯布院溫泉→熊本→
阿蘇→呼子→唐津→佐賀→福岡→門司港

Day1
從福岡前往別府遊覽別府八湯 > 在湯の坪街道逛逛，購買特土產及人氣捲蛋糕 B-speak > 步行至賞楓勝地金麟湖 > 乘車到日本最高、最長的行人專用九重夢大橋散步，眺望瀑布及小溪 > 返回湯布院入住溫泉酒店，慢慢享受溫泉

Day2
前往熊本，在水前寺成趣園賞櫻或散步 > 到菅乃屋品嘗馬肉料理 > 到Kumamon Square購買熊本限量版手信精品

Day3
可於草千里拍照散步，亦可嘗試體驗騎馬 > 走到對面的阿蘇火山博物館了解更多關於火山 > 下山後到 Cuddly Mountain 看動物表演

Day4
早上前往呼子朝市品嘗新鮮的烏賊，順道遠眺呼子大橋 > 乘坐七釜觀光遊覽船魷魚丸號欣賞奇形怪狀的玄武岩 > 前往唐津城欣賞虹の松原的景色 > 返回佐賀市品嘗佐賀牛

Day5
返回福岡市 > 到訪百年歷史的門司港車站、九州鐵道紀念館、海峽Dramaship，及吃燒咖喱 > 到博多川端商店街購買手信 > 前往博多運河城，購物及到拉麵競技館吃九州至人氣拉麵 > 返回福岡到天神的特色屋台吃宵夜

Trip 2

福岡→太宰府→柳川→武雄溫泉→
長崎→豪斯登堡→福岡

Day1
早上到太宰府的天滿宮及光明禪寺，順道逛手信街及品嘗梅枝餅 > 下午到柳川乘遊船賞垂柳，一試獨特的蒸鰻魚飯 > 晚上回到福岡港灣區，到雅虎巨蛋及登上福岡塔欣賞夜景

懶人包

Day2
翌日前往武雄溫泉，先到御船山樂園散步賞花 > 到忍者村樂園肥前夢街道，體驗忍者握劍射箭的本領 > 返回武雄溫泉旅館享受

Day3
到 Glover Garden 及 大浦天主堂等地方散步 > 在文明堂購買長崎蛋糕等手信 > 到平和公園及原爆資料館，紀念原爆中的死難者 > 稻佐山欣賞千萬夜景

Day4
入住豪斯登堡，欣賞精彩的表演及活動

Day5
回到福岡，到訪百年歷史的門司港車站、九州鐵道紀念館及海峽 Dramaship > 到博多川端商店街購買手信 > 天神品嘗特色屋台吃宵夜

Trip 3
宮崎→日南海岸→櫻島→鹿兒島→熊本→阿蘇→黑川溫泉→宮崎

Day2
乘渡輪前往櫻島，近距離欣賞活火山口 > 返回鹿兒島市 > 到天文館通購物，吃薩摩料理及白熊冰 > 到鹿兒島屋台宵夜，嘗試地道美食

Day1
在宮崎品嘗宮崎牛及南蠻雞 > 乘觀光巴士日南號往堀切垰觀賞鬼之洗濯板 > 參觀仿復活島樂園 - サンメッセ日南及鵜戶神宮 > 前往「小京都」- 飫肥城，吃鄉土料理

Day3
乘 SL 人吉列車前往熊本 > 到熊本熊部長辦公室探班 > 參觀阿蘇火山，乘纜車登上中岳火山口 > 晚上入住黑川溫泉旅館

Day4
前往別府遊覽別府八湯及湯布院 > 返回宮崎市

1.JR Pass

到日本旅遊，買周遊券是最基本玩法。特別九州幅員廣大，一次旅程通常會穿越幾個縣市，買 JR Pass 乘火車既慳錢又方便。九州的 JR Pass 比東京大阪的都要簡單，主要分為三類，包括全九州、北九州及南九州版，乘客可按不同的行程及日數選購。

I. 九州 JR Pass 種類

	全九州 JR Pass	北九州 JR Pass	南九州 JR Pass
3日券	¥ 20,000	¥ 12,000	¥ 10,000
5日券	¥ 22,500	¥ 15,000	-
7日券	¥ 25,000	-	-
可乘搭之列車	• 普通列車 • 特快列車 • 九州新幹線（博多～鹿兒島中央） • 西九州新幹線（武雄溫泉～長崎） ＊不適用新幹線（小倉～博多區域）、地下鐵、公車，或其他公司、組織營運的鐵路。		• 普通列車 • 特快列車 • 九州新幹線 （熊本～鹿兒島中央） ＊不適用其他公司、組織營運的鐵路和公車。
兌換車票或購票之車站	博多、小倉、門司港、佐賀、長崎、佐世保、別府、大分、熊本、鹿兒島中央、宮崎、宮崎機場	博多、小倉、門司港、佐賀、長崎、佐世保、別府、大分、熊本	鹿兒島中央、宮崎、宮崎機場、熊本、大分

＊6-11歲兒童半價

注意事項：
兌換 JR Pass 時必須出示「短期逗留」入境證明，因此入境日本時務必讓海關在護照上蓋印或貼附的證明。

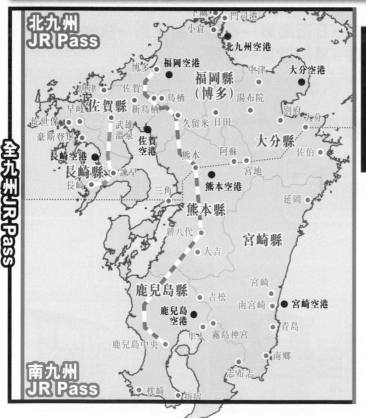

北九州 JR Pass

全九州 JR Pass

南九州 JR Pass

II. 如何購買 JR Pass？

方法一：直接帶護照到指定車站的 JR 九州旅行社辦理。

方法二：於海外旅行社或於網上購買 JR 九州 Pass，帶同兌換券及護照到指定的 JR 車站辦理。香港代辦機構包括 Klook、KKday 及東瀛遊等。

方法三：飛機上購買，例如 Hong Kong Express 航機上購買兌換券，憑券及護照前往指定車站窗口領取 JR Pass。

方法四：JR 九州線上訂票服務「JR KYUSHU RAIL PASS Online Booking」。

查詢：https://www.jrkyushu.co.jp/chinese/railpass/

III. 指定席預約劃位

方法一：網上預約

　　JR 列車當中有不少是特色的觀光列車，包括「由布院之森」、「阿蘇男孩！」、「玉手箱號」等列車均相當受歡迎。不想錯過的話，可提前透過網上預約指定座位，但需付手續費如右：

- 新幹線、特快列車：￥1,000
- Design & Story 列車（觀光列車）：￥1,500
- 36+3(Sanju-Roku plus San)：￥3,800-11,000

方法二：現場預約

　　如要免費取得指定席車票，則需在赴日後前往 JR 九州綠色窗口即場預約。為省下時間，記得預先編排好列車班次並填妥「指定席申請表」會更方便。此外，你亦可於 JR 九州車站內的「指定座席售票機」進行預約及取票。免費預約限額如右：

- 全九州版：無限制
- 北部九州版：免費6次
- 南部九州版：免費6次
- 西九州新幹線 海鷗⇔特快列車間的轉乘，指定席預約次數計為1次。

列車介紹及預約：https://www.jrkyushu.co.jp/chinese/booking/list_of_trains.html
預約指定席中文指南：https://www.jrkyushu.co.jp/chinese/booking/manual_e.pdf
周遊券指定席申請表：https://www.jrkyushu.co.jp/chinese/pdf/reservedseat_app.pdf

IV. 行程編排 TIPS

1. 每個縣停留的時間最好為3天2夜，如果是5個縣都去的話，可以早些起來乘車，把車程比較短的地方縮短為2天1夜。

2. 如果只到福岡和熊本遊覽，3天北九州 JR Pass 便足夠。因為福岡市內多用地鐵，即使往來門司港駅的車費也不算貴。

3. JR Pass 必須連續3天、5天或7天使用，惟車票開始使用日期可於購票時在申請表格上填上。

網上預約劃位程序較複雜，而且收費不菲，可免則免。

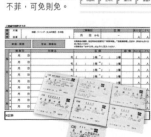

現場預約前，記得預先編排好行程及填妥申請表會更方便。

九州交通攻略

F3-5

2.SUNQ 巴士

遊全九州，除了購 JR Pass，也可考慮 SUNQ 巴士票，持票人可在有效期內自由搭乘九州島內的長途巴士以及幾乎所有的普通路線巴士，可以利用的巴士路線數約達 2,400 個，含括約 99% 的九州島內巴士。

查詢：https://www.sunqpass.jp/traditional/yoyaku/

認住 SUNQ 巴士的標誌即可免費乘坐。

全九州＋下關4日券 ¥14,000	全九州＋下關3日券 ¥11,000	北九州＋下關3日券 ¥9,000	南九州3日券 ¥8,000
可在九州內七縣＋下關使用	可在九州內七縣＋下關使用	可在下關、福岡、佐賀、長崎、大分、熊本自由使用	可在熊本、宮崎、鹿兒島使用

3.九州各大城市交通券

I. 福岡悠遊卡

票價： 1. 福岡市內：
　　　　　　成人 ¥1,700、小童 ¥850
　　　　2. 福岡市內＋太宰府：
　　　　　　成人 ¥2,000、小童 ¥1,000

在卡上括除使用日即可使用。

範圍： 一天內可以在福岡市無限次搭乘電車、地下鐵、公車（西鐵電車除外），與及享有福岡市景點門票優惠。

發售處： 西鐵天神高速巴士中心，博多巴士總站，福岡機場巴士轉運站（國內線 • 國際線）、西鐵福岡（天神）站等

查詢網站：

https://yokanavi.com/zh-tw/tourist-city-pass/

II. 長崎電車一日券

票價： 成人 ¥600，小童 ¥300

使用範圍： 一天內可以無限次搭乘4條長崎路面電車。

發售處： JR長崎車站綜合觀光案內所、長崎縣物產館、JR九州旅行長崎支店等

查詢網站：

http://www.naga-den.com/publics/index/12/

III. 熊本電車一日券

票價：成人￥500，小童￥250

使用範圍：一天內可以無限次搭乘熊本市路上電車，與及享有熊本市景點門票優惠。

發售處：JR熊本站綜合觀光案內所

查詢網站：
http://www.kotsu-kumamoto.jp/

IV. 熊本電車、巴士一日券

票價：￥700(熊本市內)，
　　　　￥900(熊本市及郊區)，
　　　　￥2,000(熊本縣通用)

使用範圍：一天內可以無限次搭乘境內的所有地下鐵、巴士及路上電車，與及享有熊本市景點門票優惠。

發售處：JR熊本站綜合觀光案內所

查詢網站：http://www.kotsu-kumamoto.jp/

無論電車一日券或電車、巴士一日券，括除使用即可使用。

V. 鹿兒島 Welcome Cute 卡

票價：一天券 成人￥1,200，小童￥600；
　　　　兩天券 成人￥1,800，小童￥800

使用範圍：使用期內可以無限次搭乘鹿兒島市區內路面上電車、觀光巴士、巴士、櫻島渡輪，與及享有鹿兒島景點門票優惠。

發售處：JR鹿兒島站綜合觀光案內所

查詢網站：http://www.kagoshima-kankou.com/

無論水路陸路都可使用 Welcome Cute 卡。

九州 10 大親子樂園

　　想帶小朋友一同暢遊日本，氣候宜人的九州是不錯的選擇，除了以卡通人物主打的主題樂園，又有標榜親親大自然的動物園及度假村，各適其適兼有豐富節目，為很多家長解決了不少煩惱！

九州自然野生動物園

交：JR 別府駅西出口乘龜井巴士直達 (車費 ￥760)

　　想感受非洲大草原的氣氛不一定要飛去非洲，到日本最大的九州自然野生動物園亦差不多。乘著超可愛的動物造型巴士往叢林歷奇 (AFRICAN SAFARI)，乘客可以直接給獅子，長頸鹿餵食及近距離觀察，趣味及刺激性與在圍柵外遠觀無法相比。

MAP 25-1B

親手餵食萬獸之王，經驗獨一無二。

動物園共有10款叢林巴士，全部都非常可愛。

園內亦有很多與動物互動的環節，令小朋友對大自然有更深入認識。

地址：大分縣宇佐市安心院町南田 2-1755-1
電話：0978-48-2331
時間：9:00am-4:00pm(11 月 -2 月 9:30am-3:00pm)
費用：入場費成人 ￥2,600，小童 ￥1,500；
　　　　叢林巴士 (Jungle Bus)
　　　　成人另加 ￥1,100，小童 ￥900
網頁：www.africansafari.co.jp

Google Map 下載

Hello Kitty Harmonyland

交：JR 暘谷駅乘的士車程約 10 分鐘　　**MAP 25-1B**

　　以 Hello Kitty 為首，加上 My Melody、Little Twin Stars、布甸狗等卡通人物的 Sanrio 戶外主題公園，內有大量機動遊戲、景點、餐廳及巡遊，更有卡通人物的歌舞表演，大小女生都必定為之瘋狂！

地址：大分縣速見郡日出町藤原 5933
電話：0977-73-1111
時間：每日有變動，請以官網公告為準
費用：￥3,600，65 歲以上及孕婦￥2,000
網頁：http://www.harmonyland.jp/welcome.html

Cuddly Dominion

MAP 14-2

交：JR 阿蘇駅前乘往「熊本」方向的九州產交巴士，於「くま牧場前」下車

　　曾經紅爆的活寶貝「阿笨與阿占」令 Cuddly Dominion 成為阿蘇的熱門景點，雖然阿笨已經離開我們，但仍有黑猩猩、羊駝、熊等來自世界各地的動物表演，非常精彩！

地址：熊本縣阿蘇市黑川 2163
電話：0967-34-2020
時間：9:30am-5:00pm，
　　　星期六日及假日 9:30am-5:30pm)
　　　(10 月 -3 月 10:00am-4:30pm)
費用：成人￥2,600，小童￥1,400，
　　　幼兒￥800
網頁：www.cuddly.co.jp

ASO Farm Land

交：JR 立野駅轉乘的士約 15 分鐘即達

　　ASO Farm Land 是個食玩住的一站式夢幻度假村，除了可以參加園內的手作體驗及親親小動物，亦可來個親子溫泉。整個 Farmland 設有 450 個蒙古包營房，室內設備當然齊全，最殺食是五顏六色，保證大人細路都會樂而忘返。

MAP 14-2

地址：南阿蘇村大字河陽 5579-3
電話：0967-67-0001
收費：四人房￥98,000 起
網頁：http://www.asofarmland.co.jp/

海之中道海濱公園

MAP 4-2A

5

交：JR 海中道駅出站即達

　　海之中道海濱公園是日本最大的海濱公園，佔地260公頃，遊客在公園內可以賞花、騎單車、餵飼小動物，夏天還增設水上樂園，入場門票只是￥450就玩足一天，超級抵玩！

地址：福岡市東區西戶崎 18-25
電話：092-603-1111
時間：9:30am-5:30pm
入場費：成人￥450，兒童 (14 歲以下) 免費
網頁：https://uminaka-park.jp/

6

MAP 5-2 D2　　　　だざいふ遊園地

交：西鐵太宰府駅步行 8 分鐘

　　太宰府遊樂園是一個充滿自然氣息的復古遊樂園，從旋轉木馬、驚奇屋到過山車、空中踏車等親子遊樂設施，處處充滿昭和風情。園內共有約20種遊樂設施，部份設施要另外收費，如果有想要玩收費設施，購買套票會更划算哦！

地址：福岡縣太宰府市宰府 4-7-8
電話：092-922-3551
時間：星期一至五 10:30am-4:30pm，星期六日 10:00am-5:00pm
入場費：成人 (13 歲或以上)￥700、
　　　　長者 (65 歲或以上)￥600、兒童 (3-12 歲)￥500
網頁：http://www.dazaifuyuuenchi.com/

鹿兒島水族館 MAP 20-14A

7

交：JR 鹿兒島中央駅轉乘電車於
　　「水族館口」站下車再步行 8 分鐘

　　水族館飼養了500多種海洋生物，除了海豚表演之外，最吸引的就是黑潮之海，透過巨型水槽觀賞鯨鯊、鰹魚和吞拿魚等巨型魚游來游去，好像置身深海世界，更可在水族館內用膳，保證大人和小朋友都看到目瞪口呆！

地址：鹿兒島縣鹿兒島市本港新町 3-1　電話：099-226-2233
營業時間：9:30am-6:00pm　　網頁：http://ioworld.jp
入場費：成人￥1,500，小童 (中小學生)￥750，
　　　　小童 (4 歲以上)￥350

麵包超人博物館

交：地下鐵中洲川端駅 6 號出口直達

佔地兩層的麵包超人博物館，有色彩繽紛的滑梯及作品展覽，除了讓小朋友置身各種漫畫場景，亦可親自體驗製作麵包的樂趣，更有令人荷包大出血的精品商店！

地址：福岡市博多區下川端町 3-1
　　　 Hakata Riverain 5-6/F
電話：092-291-8855
時間：10:00am-5:00pm
　　　 (最後入場時間 4:00pm)
入場費：￥1,800 (1 歲以上)
網頁：www.fukuoka-anpanman.jp

豪斯登堡 MAP 17-1

交：JR 豪斯登堡駅出站即達

模仿荷蘭的豪斯登堡是亞洲最大的休閒度假主題公園，園內有9座博物館、30多間商店、44間餐廳及3間酒店。除了有聞名的鬱金香花海之外，亦有適合小朋友的娛樂設施，要玩齊一天時間也不夠。

地址：長崎縣佐世保市豪斯登堡町
電話：0570-064-110
時間：9:00am-10:00pm
費用：成人 ￥7,400，
　　　 小學·高中生 (12-17 歲)￥4,800，
　　　 小童 (4-11 歲)￥3,700
網頁：www.huistenbosch.co.jp

城島高原　MAP 25-1B

交：JR 別府駅轉乘的士約 15 分鐘即達

城島高原是一個匯集了遊樂場、酒店及高爾夫球場的綜合娛樂設施。遊樂場內有由六萬塊木製成的過山車、跳樓機、摩天輪、小朋友的駕駛學校及水上樂園等，一家大細都啱玩！

地址：大分縣別府市城島高原 123 番地城島後樂園
電話：0977-22-1165　　**費用**：成人 ￥1,500，小童 ￥600
時間：10:00am-5:00pm，
　　　 每月開放時間不同，請參考官網
網頁：www.kijimakogen-park.jp

九州觀光火車巡禮

　　九州幅員遼闊，自然景觀又多元化，就造了觀光列車(D&S, 即 Design and Story)的發展。未計與其他地方的連接，單單九州島上已有接近20種觀光列車行走，而且每款都各有特色，是火車迷真正的天堂。

列車名稱	行程	列車名稱	行程
800系列新幹線	博多 • 熊本 • 鹿兒島	雙星4047	武雄溫泉 • 長崎
N700系列新幹線	新大阪 • 博多 • 鹿兒島	36＋3	環繞九州
海鷗	博多 • 長崎	指宿之玉手箱	鹿兒島中央 • 指宿
音速	博多 • 別府 • 大分	海幸山幸	宮崎 • 南鄉
豪斯登堡	博多 • 豪斯登堡	甜點列車	博多 • 由布院
由布院之森	博多 • 由布院 • 別府	旅人	天神 • 太宰府
阿蘇男孩	博多 • 別府	水都	天神 • 柳川
坐A列車去吧	熊本 • 三角	九州橫斷	別府 • 人吉

九州七星號 (ななつ星)

九州七星號列車是九州最豪華的觀光列車！列車於2013年10月開通，全車為臥鋪列車，環繞九州島行駛。所謂七星，因為列車會行經九州的七大縣，又會以七個觀光素材——自然、食、溫泉、歷史文化、能量景點（パワースポット）、人情、列車為主題。全車裡外布置都極豪華，而服務及餐膳更是一絲不苟。不過七星號只與旅行社合作，車票不會公開發售，想乘坐一定要跟團。

列車資料
列車班次：特定日子開出
行車時間：2天至4天
車費：旅行社決定
網頁：https://www.cruisetrain-sevenstars.jp/chinese_t/course/
註：不接待嬰兒及小朋友，
　　　部分活動有指定 Dressing Code

翡翠 山翡翠

兩個車廂分別名為翡翠及山翡翠。

行程：熊本駅至宮地駅

觀光列車「かわせみ　やませみ」於2017年3月啟程，原本設定為往返熊本至人吉的路線，但因受2020年7月豪雨影響，行程改為由熊本至宮地。雖然無緣行經人吉盆地，但乘客仍可以輕鬆坐著列車欣賞沿途壯麗山嵐，就像翡翠鳥般瀟灑地自由飛翔於山嶺間。

山翡翠（2號車）車內設有販售輕食的餐飲服務區，以及類似沙發的長椅座位。

翡翠（1號車）宛如樹木環繞的沉穩內裝，從車窗可以悠閒地飽覽堪稱日本原始風景的自然之美。

宮地
熊本

列車資料
列車班次：每天2班，熊本往返宮地各一班　　**發車時間**：熊本駅開出時間 10:32，宮地開出時間 15:47
行車時間：約1.5小時　　**車費**：單程自由席￥1,130，指定席￥3,160-3,360 (不接受 JR Pass)
網頁：https://www.jrkyushu.co.jp/

行程：博多駅至由布院駅

九州的觀光火車各具風格，甜點列車(或る列車)肯定是行華麗路線。這條在2015年才開通的路線，由外觀至提供的服務都可謂5星級。甜點列車由舊車廂改建，出自JR名設計師水戶岡鋭治的手筆，內裡以楓木配以細緻的花紋圖案，完全是日本頂級工藝show-off之作。既然稱得上甜點列車，食物水準當然是超高水準，菜式由米芝蓮二星級大廚成澤由浩主理，並且定期更新，務使乘客都能品嘗最當造的美食。

甜點列車(或る列車)

甜點列車只有兩個車廂，分一號及三號車，一號車裝潢較華麗，三號車以包廂設計，私隱度高。

車費已包括定食料理，分量適中，精緻美味。

列車資料
列車班次：每天 2 班，博多駅往返由布院駅各一班
發車時間：博多駅開出時間 10:58，由布院駅開出時間 15:00（主要在周五至周一營運）
行車時間：約 3 小時
車費：2 人餐桌座位或個室車廂 ¥35,000/ 位
網頁：https://www.jrkyushu.co.jp/

行程：熊本至別府

ASO BOY「あそぼーい！」於2011年開通，原本是往返熊本至宮地之間，但因為2016年的熊本地震，列車只能行經阿蘇至別府。到2023年，阿蘇至熊本段再次開通，行車時又再可以欣賞到阿蘇火山的壯麗景色。ASO BOY以可愛的狗狗「小黑」為主題，全車貫徹童真無限的概念，車廂內不但有圖書和玩具，甚至有波波池給「小老闆」們盡興。

ASO BOY

列車特設全景坐席，方便乘客全方位觀賞沿途景色。

列車資料
列車班次：每天 2 班，熊本駅往返別府駅各一班
發車時間：熊本駅開出時間 9:11，別府駅開出時間 15:06（每月營運日子皆有不同）
行車時間：約 3.5 小時　　**網頁**：http://www.jrkyushu.co.jp/
車費：熊本 - 阿蘇 單程自由席 ¥1,130，指定席 ¥2,410（兒童 ¥1,200）；
　　　　熊本 - 別府 單程自由席 ¥3,300，指定席 ¥6,030（兒童 ¥3,010）；
　　　　別府 - 阿蘇 單程自由席 ¥2,170，指定席 ¥4,500（兒童 ¥2,240）
- 使用「全景座位」，在特快指定座位票上加收 ¥210
- 旺季期間，指定席特快車票加收 ¥200
- 憑全九州或北九州 JR Pass 可免費乘坐

行程：武雄溫泉駅至長崎駅

雙星4047(ふたつ星4047)的雙星代表九州的長崎和佐賀，4047是指列車型號 KIHA47、KIHA140、KIHA147三輛車廂合併而成。KIHA47皓 和 KIHA147是由退役的隼人之風改裝，風格與隼人之風相近但更為精緻；KIHA140內部設計則更為華麗，是一個公共車廂，販賣輕食與手信。雙星4047全車都是指定席，最大特色是上午和下午行駛路線不一樣，雖然起點和終點都是一樣，但上午行駛有明海線，下午行駛大村灣線。兩者路線不一樣，看到的景色亦不同，遊客可以依喜好來選擇搭乘哪條線。

列車資料

列車班次：星期五、六、日、一及公眾假期，每天上午及下午各一班次
發車時間：上午武雄溫泉駅 10:22am 發車；下午長崎駅 2:53pm 發車
行車時間：約 2 小時 53 分鐘　　網頁：https://www.jrkyushu.co.jp/train/futatsuboshi/
車資：上午 ￥4,180，下午 ￥4,500。可用 JR 九州鐵路周遊券和 JR Rail Pass
　　　日本鐵路通票乘坐，乘車前請於官網或車站櫃檯進行劃座

玉手箱號

行程：鹿兒島中央駅至指宿駅

玉手箱號名稱取材日本家喻戶曉的《浦島太郎》的故事，述説浦島太郎由龍宮回來後，因為打開了龍皇的禮物玉手箱，令他由年輕人變為老公公，原來龍宮的一天就是人間的數十年。玉手箱號沿錦江灣海岸行駛，正正呼應龍宮的故事。火車分為黑白二色，黑色靠山，白色靠海，車廂內繪上很多可愛的小魚小龜，充滿海洋色彩，又有童話的氛圍。1號車廂內貼心地設旋轉座椅席，乘客可以一邊欣賞海天一色，一邊品嘗車內的便當，令旅遊的樂趣倍增。

列車資料

列車班次：每天 6 班，鹿兒島中央往返指宿各三班
發車時間：鹿兒島中央開首班車 9:56，指宿開首班車 10:56
行車時間：約 50 分鐘　　網頁：http://www.jrkyushu.co.jp/
車費：單程自由席 ￥1,020，指定席 ￥2,300
　　　（旺季期間，指定席特快車票加收 ￥200）
● 憑全九州或南九州 JR Pass 可免費乘坐

以「款待」為意念的36+3列車，提供5條路線逆時針環繞九州全島。車程共分五天，遊客可以選擇參加全部或個別一天的路線。除10個上落站外，另有9個特別停車站，安排乘客下車參與活動或觀光(活動多為車站範圍內)。旅程設附午餐方案(包廂或座席)及不帶餐方案(只限座席)。

36＋3（36ぷらす3）

金之路 (星期一路線)
博多～佐世保 佐世保～博多

青之路 (星期日路線)
大分・別府～小倉・博多

赤之路 (星期四路線)
博多→熊本→鹿兒島中央

綠之路 (星期六路線)
宮崎機場・宮崎～大分・別府

黑之路 (星期五路線)
鹿兒島中央～宮崎

列車資料
列車班次：星期一、四至日，每天一班
發車時間：不同路線發車時間不同，詳情請查閱官網，可用 JR 九州鐵路周遊券加價乘坐
行車時間：4 小時起，不同路線行車時間不同，詳情請查閱官網
車資：不同方案與路線價格不同，詳情請查閱官網
網頁：https://www.jrkyushu-36plus3.jp/

行程：宮崎駅至南鄉駅

海幸山幸以日本神話「山幸彥與海幸彥」為概念打造，行經宮崎站(宮崎縣宮崎市)至南鄉站(宮崎縣日南市)，沿路一側是山景、一側是太平洋海景，令人充分體會宮崎的山海之美。列車外觀與內部由知名設計師水戶岡銳治打造，大量使用「飫肥杉」，為車廂帶來簡樸厚重的氣息。列車主要在周六、週日、假日和旅遊旺季，出發前記得查證開車的日子。

海幸山幸

列車資料
列車班次：每天 2 班，宮崎駅往返南鄉駅各一班
發車時間：宮崎駅開出時間 10:28，南鄉駅開出時間 13:52
(主要在 1-9 月營運，每月營運日子有不同)
行車時間：約 2.5 小時　網頁：http://www.jrkyushu.co.jp/
車費：單程自由席 ¥1,310，指定席 ¥3,140
● 憑全九州或南九州 JR Pass 可免費乘坐

A列車

　　A列車以爵士樂曲《坐A列車去吧》(Take the A Train) 命名，內部裝飾使用色調穩重大方的木材和彩繪玻璃，如同電影場景一般。車廂內還設有名為「A-TRAIN BAR」的吧檯，配有長凳和沙發。乘客可以悠閒地享用飲品，度過優雅舒適的車內時光。

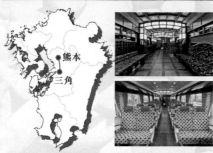

列車資料
列車班次：每天4班，熊本往返三角各兩班
發車時間：熊本開首班車 10:21，三角開首班車 11:58
行車時間：約45分鐘
車費：單程自由席 ￥760，指定席 ￥2,740
　　● 憑全九州或北九州 JR Pass 可免費乘坐
網頁：http://www.jrkyushu.co.jp/

由布院之森

　　由布院之森其實就是JR九州鐵路特急列車「由布號」的觀光列車版，分為「由布院之森I」（4卡）及「由布院之森III」（5卡）兩款車型。由布院之森全車為指定席，車廂經過改裝，不但樓底超高，帶有落地窗的開放式觀察空間，餐膳選擇亦更豐富。列車其中一項特色是駕駛席後方設有欣賞前方風景的觀景席，乘客可以車長的視角欣賞整個路段的景色，最受鐵路迷歡迎。

車內有不同餐膳供應，由輕食、啤酒及甜品一應俱全。

駕駛席後方的觀景席最受鐵路迷歡迎。

列車資料
列車班次：博多和由布院之間的兩次往返（1、2、5、6路）基本每天都有。博多 - 別府（3、4號）1次往返有時可能無法運行
發車時間：博多駅首班開出時間 9:17，由布院駅首班開出時間 10:11，
　　　　　由別府駅首班開出時間 14:38
行車時間：約 2.5 小時（博多 - 由布院），約 1 小時（別府 - 由布院）
車費：博多 - 由布院車費 ￥2,860+ 指定席 ￥2,730-￥3,230；
　　　由布院 - 別府車費 ￥1,130+ 指定席 ￥2,430
　　● 憑全九州或北九州 JR Pass 可免費乘坐
網頁：http://www.jrkyushu.co.jp/

九州自駕遊

　　九州幅員遼闊，雖然火車系統發達，不過如果配合自駕遊，可以遊覽景點的選擇必定更多。在九州租車自駕的程序如日本其他地方都相似，可在出發前選定車款及租借日期，再選定租還汽車的地點，到埗後即可領取汽車，享受自駕的樂趣。車內的 GPS 系統也非常 user-friendly，只要輸入景點電話或 map code，便能引領到達目的地。

九州主要景點的 map code 如下：

福岡縣	
柳川松月船場	69 875 573
太宰府天満宮	55 364 133*30
九州鉄路記念館	16 685 863*66
門司港	16 715 109*32

長崎縣	
西海国立公園 九十九島水族館	307 546 862*00
石岳展望台	307 547 173
海上自衛隊佐世保 史料館（航海塔）	89 025 416
豪斯登堡	307 289 860*18
大浦天主堂	443 824 620
稲佐山山頂展望台	443 882 816
長崎纜車	262 028 492*45
原爆資料館	262 089 270
雲仙地獄	173 556 381*32

宮崎縣	
都井岬	724 101 369
堀切峠	843 073 664
「道の駅」なんごう	724 585 862
鵜戸神宮	274 536 547
サンメッセ日南公園	274 565 882
道の駅フエニツクス （不死鳥之路）	843 042 770
綾川渓谷	600 098 107
平和台公園	66 409 442
高千穂峽	330 711 761*50

佐賀縣	
呼子朝市	182 722 138*70
武雄温泉	104 407 121*54

熊本縣	
熊本城	29 489 299
霧島神宮	376 089 566*33
韓国岳	376 387 879
桜島自然恐竜公園	42 012 797
湯之平展望所	42 015 506
烏島展望所	393 582 399
赤水展望広場	393 552 739
有村溶岩展望所	393 501 050
桜島港	42 012 608
高千穂峽	330 711 730
大観峰入口	256 878 069
米塚	256 545 228
阿蘇火山博物館	256 456 799
草千里	256 456 769
阿蘇火山口	256 459 089
黒川温泉	440 542 764
九重夢大橋	269 012 465
人吉温泉	195 765 023*42

大分縣	
別府鐵塔	46 405 389
別府八大溫泉鄉	46 521 353
別府観海寺温泉	46 402 281
別府堀田温泉	46 400 805
別府海地獄	46 521 468*07
由布院	269 357 148
金鱗湖（豊の国）	269 359 525*64

鹿兒島	
指宿温泉	285 228 134*51
仙巌園	42 099 712*06
城山展望台	42 036 128
池田湖	285 245 885*11

租車公司

　　日本的租車公司選擇繁多，不過想借還汽車都方便的，可以考慮幫襯 Tabirai 租車網。該公司在九州全島七大縣都有據點，遍佈主要城市、機場及火車站，地點非常就腳。以一部 1,200cc 的 5 人車為例，在福岡機場借還汽車，7 天的租金連保險約是 ¥42,000，每天約 HK$250(滙率 ¥100=HK$5.2)，非常划算，值得考慮。

網頁：**http://tc.tabirai.net/car/**

Kyushu Expressway Pass (KEP)

　　有日本自駕經驗的朋友，都知道該地在不同路段都設有不同收費處，每次停車繳費不但麻煩，使費亦易失預算。所以管理大量公路網的 NEXCO 西日本公司，幾年前開始推出 Expressway Pass，概念似火車證，司機可在限定的日子無限使用道路。當中九州的 Kyushu Expressway Pass (KEP) 過去一年只有幾個月可用，但 2016 年開始便全年在九州通用，更分為 9 種收費(¥)：

日子	收費	日子	收費
2天	3,600	7天	8,700
3天	4,600	8天	9,700
4天	5,600	9天	10,700
5天	6,600	10天	11,700
6天	7,600		

租車時記得向租車公司借用 ETC 卡，否則每次上公路都要繳費便很麻煩。

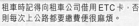

　　只要使用 KEP，即可以固定的金額無限次數通行九州所有的高速公路。(但都市高速公路等不適用)，司機只要使用汽車租賃公司提供的 ETC 卡，過高速公路收費站便無需停車繳費！行車時只需把 ETC 卡插入車內的 ETC 讀卡器，路段和路費都會被記錄，到還車時租車公司便會結算路費，包括在 KEP 範圍的路費可豁免，範圍以外的則需另行繳付。雖然要仍要額外付款，但一定比過去逐次計算省錢省時。

Kyushu Expressway Pass 覆蓋區域

— 可使用KEP
— 無法使用KEP

◆ KEP不包含收費道路

1	西九州自動車道（福岡前原收費道路）
2	福岡都市高速
3	北九州都市高速
4	膀木多久收費道路
5	東肴振隧道
6	三瀨隧道
7	長崎出島道路
8	川平收費道路
9	長崎女神大橋收費道路
10	西海Pearl Line
11	阿蘇山公園道路
12	松島收費道路
13	久住高原Road Park
14	一之葉收費道路
15	指宿Sky Line

九州自駕遊路線推介

1. 南九州海岸自駕遊

路線： 宮崎→鹿兒島

車程： 3天

特色： 沿宮崎縣的日南海岸南下，觀賞鬼斧神工的地貌鬼之洗濯板，在堀切峠觀日落，再駛至宮崎最南端的都井岬欣賞水天一色，之後駛往鹿兒島霧島市，眺望漂浮於錦江灣上櫻島的壯觀景致，最後在鹿兒島機場還車並乘飛機回港。

備註： 如時間鬆裕，可在鹿兒島停留多一兩天，乘坐隼人之風或玉手箱號等觀光列車，亦可在有日本夏威夷之稱的指宿留宿，享受著名的砂蒸溫泉，或乘坐遊艇在近岸觀光。

鬼之洗濯板

堀切峠

都井岬

從霧島市眺望櫻島

九州自駕遊路線

北九州
文青自駕遊

福岡縣(博多)
福岡空港
太宰府

唐津城
佐賀縣

九十九島
豪斯登堡
長崎縣

哥拉巴/稻佐山公園

大分縣

熊本縣

宮崎縣

南九州

海岸自駕遊

鹿兒島縣

鹿兒島空港
霧島

櫻島

指宿

宮崎空港

鬼之洗濯板/
堀切峠

都井岬

天滿宮

唐津城

哥拉巴

風頭公園

稻佐山公園

2. 北九州文青自駕遊

路線：福岡→佐賀→長崎

車程：3天

特色：九州北部三大縣市福岡、佐賀及長崎，人文歷史資源豐富，既可在福岡太宰府天滿宮緬懷學問之神菅原道真的風采，往佐賀參觀歷四百多年仍屹立不倒的唐津城，在長崎觀賞日本現存最古老的西洋式木造建築哥拉巴，尋找坂本龍馬的足跡，最後登山稻佐山公園，欣賞被譽為「千萬美金的夜景」，作旅途結束。

備註：如時間鬆裕，一定要加遊長崎佐世保的豪斯登堡及九十九島，一個是人工建造，一個是天然打造，都是難得一見的美景。

九州追花賞葉全攻略

福岡縣

花期	種類	地點	地址	收費
2月下旬 - 3月上旬	梅花	普光寺	福岡縣大牟田市大字今山2538	￥300
3月下旬 - 4月上旬	櫻花	舞鶴公園	福岡縣福岡市中央區城內1-4	免費
3月下旬 - 4月上旬	櫻花	西公園	福岡縣福岡市中央區西公園	免費
3月中旬 - 5月中旬	粉蝶花	海之中道海濱公園	福岡縣福岡市東區大字西戶崎	成人(16歲以上)￥450 長者￥210
10月	秋英花			
4月下旬	紫藤花	大中臣神社	福岡縣小郡市福童	免費
4月下旬 - 5月上旬	紫藤花	河內藤園	福岡縣北九州市八幡東區河內2-2-46	￥500-1,500
5月下旬-6月上旬	菖蒲花	夜宮公園	福岡縣北九州市戶畑區夜宮	免費
5月下旬-6月中旬	菖蒲花	宮地嶽神社	福岡縣福津市宮司元町7-1	免費
5月中旬-6月上旬	罌粟花	麒麟啤酒公園	福岡縣朝倉市馬田3601	免費
6月	菖蒲花/繡球花	太宰府天滿宮	福岡縣太宰府市宰府4-7-1	免費
2月	梅花	能古島 Island Park	福岡縣福岡市西區能古1624	成人(16歲以上)￥1,200 中小學生￥600 3歲以上小童￥400
3月下旬 - 4月上旬	櫻花			
4月	杜鵑花			
6月 -7月	向日葵/繡球花			
8月 -11月	一串紅			
11月	紅葉			

©tonychen

長崎縣

花期	種類	地點	地址	收費
2月中旬 - 4月中旬	鬱金香	豪斯登堡	長崎縣佐世保市	成人￥7,400、中學生￥6,400 小學生￥4,800 兒童(3-5歲)￥3,00
3月下旬 - 4月中旬	櫻花	大村公園	長崎縣大村市玖島1-45	免費
4月上旬 - 5月上旬	油菜花	白木峰高原	長崎縣諫早市白木峰町	免費

宮崎縣

花期	種類	地點	地址	收費
3月中旬 - 4月下旬	油菜花	生駒高原	宮崎縣小林市南西方8565	成人(12歲以上)¥600 小學生¥100
4月中旬 - 5月下旬	冰島罌粟			

佐賀縣

花期	種類	地點	地址	收費
3月下旬 - 4月上旬	櫻花	唐津城	佐賀縣唐津市東城內8-1	成人(16歲以上)¥500 兒童¥250
4月下旬 - 5月上旬	紫藤花			
3月中旬	櫻花	御船山樂園	佐賀縣武雄市武雄町武雄4100	成人¥500 兒童¥300
4月中旬	杜鵑花 / 紫藤花			
11月上旬 - 12月上旬	紅楓葉			
11月	紅楓葉	九年庵	佐賀縣神埼市神埼町仁比山1696	成人(12歲以上)¥500 兒童免費

鹿兒島

花期	種類	地點	地址	收費
3月下旬 - 4月上旬	櫻花	魚見岳	鹿兒島縣指宿市東方11748-1	免費
3月下旬 - 4月上旬	櫻花	忠元公園	鹿兒島縣伊佐市大口原田2484-193	免費

*由於每年氣候不同，所以各花卉開放時間會有差異，出發前先向相關網頁確認。

賞櫻必備

在日本賞櫻不只是看看花那麼簡單，反而更像是與親友、同事在櫻花下野餐聊天，唱歌跳舞。學懂基本幾招教你賞櫻不失禮！

便當 / 飲品
在櫻花樹下品嘗美食是人生的一大享受。有些公園會示意禁止飲酒，出發前請先確認。

相機
面對如此靚景，帶備相機是常識吧！注意影相時不要聲浪太大，影響到其他人。

膠袋
日本人很有公德心，所以各位離開時要自覺，用膠袋收拾好所有垃圾！

野餐墊
除了坐得更舒適，離開時亦易於整理。注意避免坐到樹根上面，而且要與其他賞櫻人士互相禮讓。

濕紙巾
賞櫻地點可能離洗手間有些距離，備上濕紙巾會較方便。

福岡縣賞花熱點

Google Map 下載

河內藤園 ①

交：JR八幡駅外有接駁巴士直達，車程半小時

　　河內藤園的紫藤花園在2015年被美CNN選為了日本最美麗景色31所之一，每年4至5月的紫藤花季，都塞爆愛花之人，穿過兩條分別長80米及220米，混雜22個紫藤花品種的幻想隧道，進入花花世界。

INFO
地址：大阪吹田市千里万博公園2-1　　電話：093-652-0334　　時間：4月下旬-5月中旬8:00am-6:00pm
入場費：￥500-1,500(按花期不同階段收費)，高中生以下免費　　網頁：https://kawachi-fujien.com/
註：入場前必須於7-ELEVEN、FamilyMart購買門票(￥500)，到園內再按花期補回差額

MAP 4-2A

能古島海島公園 ②

交：於JR博多駅前乘西鐵巴士於「能古渡船場」站下車，於姪浜渡船場搭乘渡輪至能古島渡船場，再轉乘西鐵巴士往「海島公園」下車

　　能古島海島公園是個一年四季都可以賞花的地方，由春天的油菜花到櫻花、杜鵑花、虞美人，夏天的繡球花、向日葵再到秋天的大波斯菊，每片花海各有特色。園內亦很多不同的玩樂設施，讓遊人輕輕鬆鬆與大自然玩足半日。

INFO
地址：福岡市西區能古1624　　電話：092-881-2494　　時間：星期一至六9:00am-5:30pm，星期日及假期至6:30pm
入場費：（入場費）成人￥1,200、小童￥600、3歲以上￥400；（渡輪票價單程）成人￥230、小童￥120
網頁：http://nokonoshima.com

舞鶴公園 ③

交：地下鐵大濠公園駅步行5分鐘

　　每年春天，福岡舞鶴公園的1,000株櫻花都會綻放，令這裡變成賞櫻名所。公園不但交通便利，亦鄰近福岡城跡及大濠公園，賞花之餘可順道遊覽名勝。每年櫻花花季，公園更會舉行櫻花祭，在晚上櫻花、城樓配上燈影，成為福岡的絕色。

MAP 3-10

INFO
地址：福岡県福岡市中央區城內1　　電話：092-781-2153
時間：24小時　　入場費：免費
網頁：https://www.midorimachi.jp/

海之中道海濱公園 ④

MAP 4-2A

交：JR海中道駅出站即達

　　海之中道海濱公園佔地260公頃，是日本第五個的國營公園。這裡在廣大的花卉區，一年四季展示不同的花種，春天有花的祭典「海之中道花之野宴」，初夏及秋天有「薔薇祭」，當中又以春日時分由百萬多株湛藍粉蝶花砌成的花海最矚目。

INFO
地址：福岡市東區西戶崎18-25　　　電話：092-603-1111　　　時間：9:30am-5:30pm (11月-2月9:30aam-5:00pm)
入場費：成人￥450，兒童(14歲以下)免費　　　網頁：https://uminaka-park.jp/

MAP 5-2

太宰府天滿宮 ⑤

交：西鐵太宰府駅步行7分鐘

　　太宰府以祈求學問聞名，這裡供奉了學問之神菅原道真。天滿宮每年吸引到700萬遊客來此參拜，很多家長帶同小朋友來祈求學業順利。這裡也是賞梅名所，每年冬春交替之時，這裡的6,000多株梅樹都會定時綻放。

INFO
地址：福岡縣太宰府市宰府4-7-1
電話：092-922-8225
時間：6:30am-7:00pm
入場費：免費
網頁：www.dazaifutenmangu.or.jp

中山大藤 ⑥

交：西鉄柳川駅乘接駁巴士至
　　「立花いこいの森」下車

　　在櫻花樹下一邊賞花一邊開餐這日本傳統，相信很多朋友都體驗過。在柳川的中山大藤，遇上紫藤花季，竟然也興在紫藤花下開餐作樂。中山大藤與河內藤園都是福岡縣賞紫藤花的熱點，分別在於中山大藤不收入場費，而且沿途有小橋流水，別有一番雅致。

INFO
地址：福岡縣柳川市中山大藤まつり

屋台攻略

Google Map 下載

　　去慣日本的朋友一定知道什麼是屋台，即是近似香港大排檔或台灣夜市的路邊攤。屋台主要招呼一班吃過晚飯，想與三五知己續攤吹水的食客，所以營業時間集中晚上7時至凌晨。福岡市的中洲川端及天神都是屋台的集中地，也是遊客體驗日本地道飲食的好去處。

中洲川端屋台

　　範圍由櫛田神社、冷泉公園、春吉橋、昭和通沿路至天神駅一帶，特別是博多川一帶有美麗河景及鄰近博多運河城，所以食肆非常爆場。周末假日更一位難求。

天神屋台

　　天神的屋台集中在天神駅及昭和通一帶，因為鄰近沒有大景點，遊客不算多，以本地人為主，反而有點閒暇的氛圍，不過部分屋台會在周日休息。

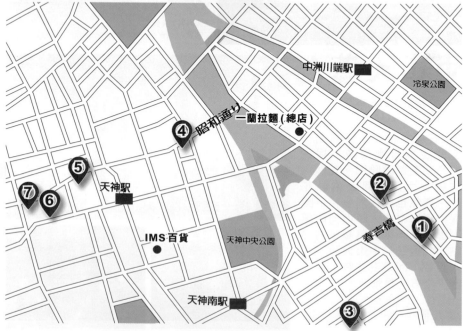

中洲川端駅

冷泉公園

④　昭和通り　　一蘭拉麵 (總店)

②

⑤

⑦　⑥　　天神駅

①

春吉橋

IMS百貨　　　天神中央公園

③

天神南駅

❶ 武ちゃん

武ちゃん以餃子馳名，全人手製作，蒜味適中。除了餃子，大手羽唐揚(炸雞翼)、鹽烤五花肉等都非常惹味，是極佳的下酒菜。

交通：地下鐵中洲川端駅1號出口步行約9分鐘　　　**地址**：福岡市博多區1丁目中洲1丁目
電話：090-9479-6348　　　　　　　　　　　　**時間**：7:00pm-12:00mn

❷ 屋台もり

もり已有40年歷史，以天婦羅聞名。雖然「年紀」比不上另一天婦羅名店玄海，但也食力非凡。除了天婦羅，這裡的串燒也非常香口惹味。

交通：地下鐵中洲川端駅1號出口步行約5分鐘　　**地址**：福岡市博多區中洲4丁目1　　**時間**：6:00pm-翌日2:00am

❸ 吞龍

吞龍是中洲川端屋台的人氣店，以拉麵馳名。濃郁的豬骨高湯加下叉燒，雖然沒有名店的光環卻讓客人吃得滿足。至於關東煮亦不可錯過，是天寒地凍的回魂湯。

交通：地下鐵中洲川端駅1號出口步行約10分鐘
地址：福岡市中央區春吉3-13　　　**電話**：090-9479-6348　　　**時間**：6:00pm-翌日2:30am

❹ ともちゃん

ともちゃん雖然有提供拉麵等美食，不過都被牛料理搶盡風頭。店家提供的牛排、牛肋條及牛舌等全部新鮮出品，而且烤製得夠火喉，是店內人氣之選。

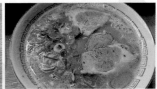

交通：地下鐵天神駅步行5分鐘　　**地址**：福岡市中央區天神1-14
電話：090-3667-5782　　　　　　**時間**：7:00pm-翌日2:30am

⑤ ふぐちゃん亭

　　ふぐちゃん亭是河豚專門店，不過這裡處理河豚的方法不是刺身生吃，而是慢火原條燒烤。另有河豚粥及河豚天婦羅烏冬，讓客人以不同方法，認識這種人間美食。

交通：地下鐵天神駅步行3分鐘　　**地址**：福岡市中央區天神2丁目13 - 1（福岡銀行本店前，昭和通り側）
電話：090-3415-5441　　**時間**：6:30pm-1:00am

⑥ 玄海

　　70年歷史天婦羅老店，必試天婦羅盛合（盛り合わせ8品）集合4種海鮮與4種蔬菜，盡情品嘗70年的功力。

天婦羅盛合 ¥900

交通：地下鐵天神駅步行5分鐘　　**地址**：福岡市中央區天神2-14-13(野村證券停車場北側)
時間：070-5693-5567　　**時間**：6:30pm-11:30pm，星期日、假日及雨天休息

⑦ 小金ちゃん

　　小金ちゃん是天神一帶的人氣店，招牌的小金炒麵賣相比較遜色，但加上秘製的醬汁及火喉十足的炒功，令炒麵充滿內涵，遠近馳名。炒麵以外，明太子卵燒也是該店不可錯過的名物。

交通：地下鐵天神駅出站步行5分鐘　　**地址**：福岡市中央區天神2 三井ビル裏親不孝通り入口
電話：090-3072-4304　　**時間**：星期一至三 6:00pm-1:00am，星期五、六 6:30pm-1:30am
　　　　　　　　　　　　　　　　　　　　星期四及日休息(如星期一為假日，則調休為星期日營業)

KUMAMON「熊」本多情 ♡♥
熊本熊大追蹤

肥頭耷耳超可愛的熊本熊（くまモン KUMAMON），誕生於2011年3月12日。熊本熊本是為了宣傳當時的新幹線「熊本駅」而創造出來的代言人，後來太受歡迎竟成為了熊本縣的吉祥物，更在2011年日本全國的吉祥物大賽中獲得冠軍。熊本熊由日本紅到全世界，在香港更設有熊本熊 Café，周邊商品也大受歡迎。去到熊本，一定要買一些熊本熊的東西回去做手信！

熊本駅的熊本熊裝飾。

第 1 站　　熊本熊電車

現時有多款「KUMAMON電車」於熊本電鐵系統行駛，花些時間耐心等候應會遇上。

　來到熊本市，不要以為一定能遇上「KUMAMON 電車」。熊本市鐵路系統主要分為熊本市電及熊本電鐵 (私鐵)，「KUMAMON 電車」只藏身於熊本電鐵系統之中。現時熊本電鐵主要有兩條路線，而在上熊本駅或北熊本駅，遇上「KUMAMON 電車」的機會較大。其中北熊本駅更設有熊本熊專門店，大量別注版精品等著各 Fans 掃貨。

車費：單程 ￥180；一日券 ￥500
網址：http://www.kumamotodentetsu.co.jp/

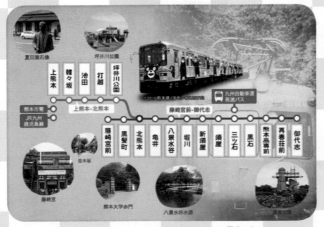

車廂內貼滿了熊本熊趣性的表情。

第2站 KUMAMON Square

交通：熊本電鐵藤崎宮前駅步行 10 分鐘

MAP 13-3A

熊本熊不但是熊本縣的吉祥物，據說還是熊本縣的旅遊營業部長。這位部長的辦公室，可能是全世界的打工仔最想逗留的 office。KUMAMON Square 設於熊本市鶴屋百貨的1樓。在這裡粉絲們不但能參觀部長辦公室及與熊本熊拍照，熊部長還會與粉絲們跳舞及玩遊戲。不過每天探班的名額有限，記得預早排隊。

地址：熊本市中央區手取本町 8 番 2 号鶴屋百貨東館 1 階
電話：096-327-9066
營業時間：10:00am-7:00pm
網頁：www.kumamon-sq.jp

第3站 KUMAMON 專門店

交通：熊本電鐵藤崎宮前駅步行 10 分鐘

MAP 13-3A

熊本熊專門店在熊門以至全日本都成行成市，不過搭開熊本熊電車又去埋 KUMAMON Square，不妨上埋鶴屋百貨6樓的熊本熊專門店逛一逛，話唔定會發現別注精品。這裡買滿 ¥5,000 仲可以即時退稅，滿足自己之餘還可幫朋友掃貨，一舉兩得。

地址：熊本市中央區手取本町 8 番 2 号鶴屋百貨本館 6 階
電話：096-356-2111
營業時間：10:00am-7:00pm（星期五、六營業至 7:30pm）
網頁：http://www.tsuruya-dept.co.jp/

KUMAMON 積木, 是熊本限定, 離開熊本便比較難買到, 熊本市鶴屋專門店。

KUMAMON 梅酒與日本酒, 杯可以循環再用, 各大土產點也可買到。

KUMAMON 啤酒, 未成年切勿幫襯。

KUMAMON 果汁啤酒, 各大土產點也可買到。

KUMAMON 限定版 File, 熊本市鶴屋專門店。

KUMAMON 面膜紙, 紙上印有 KUMAMON 的樣子, Tokyu Hands 有售。

KUMAMON 有田燒, 是 Kumamon Square 很受歡迎的產品。

KUMAMON 形樽身燒酒, 熊本縣物產館有售。

KUMAMON 便當, 每逢星期六、日及公眾假期, 可在博多站新幹線範圍便當店及熊本站新幹線範圍便當店有售。

KUMAMON
主題酒店

熊本有三間酒店都以 KUMAMON 為題, 設計了特色房間, 喜愛 KUMAMON 的朋友, 可以考慮入住, 不過這些房間都非常受歡迎, 所以請提早預訂!

Hotel New Otani KUMAMOTO 新大谷飯店

交通：JR 熊本站白川口步行 1 分鐘

飯店位於 JR 熊本站對面, 當中 3 間以 KUMAMON 為主題的房間最吸引人, 而且還有售賣熊本熊周邊的商品, 是粉絲其中一個一定要到的地方。

MAP 13-3B

地址：熊本縣熊本市西區春日 1-13-1
電話：096-326-1111
網頁：www.thenewkumamoto.jp

ANA Crowne Plaza Kumamoto New Sky

交通：JR 熊本站西口有免費巴士, 或乘市電於祇園橋下車步行 1 分鐘

酒店同樣設計了熊本熊主題客房, 3 間房的設計都一樣, 但這裡專為家庭而設, 可住 3 個人, 無論是浴簾、牙刷和床鋪都有 KUMAMON 的圖案。可惜離市中心比較遠, 適合自駕遊的旅客入住。

MAP 13-3C

地址：熊本市中央區東阿彌陀寺町 2 番地
電話：096-354-2111
網頁：http://anacpkumamotonewsky.com/

ASO Farm Village

交通：JR 立野駅轉乘的士約 15 分鐘即達

ASO Farm Village 本來已經會提供令人興奮的特色獨立度假屋, 現在還提供令人馬上尖叫的 KUMAMON 饅頭屋。不過這裡為家庭而設, 而且一定要以套餐形式訂房, 即是包三餐和一些體驗活動, 想單純住宿便不可以了。家庭以兩大人一小童計算 (6 個月至 4 歲), 亦不接受只有成人入住。

地址：熊本縣阿蘇郡南阿蘇村河陽 5579-3
電話：096-767-2600

飲食篇

九州名物

河豚 (a)

河豚產地正是連接著門司港的下關，保證新鮮！除了可作河豚刺身、涮涮鍋，更可用來煮粥，將最精華的東西完全吃清光！

博多拉麵 (c)

九州是拉麵的大本營，最大的特點是咬勁十足的細麵及超濃郁的乳白色豚骨湯。

豆腐生朱古力 (b)

口感綿密，熱量超低，是近年日本甜品界新寵。

梅ケ枝餅 (d)

在太宰府可以經常看到這款傳統小吃梅枝餅，軟糯的糯米皮烤得微脆，微溫時吃更齒頰留香！

九州鐵路便當 (e)

九州鐵路全球聞名，皆因它有十多條別具特色的特急列車，另外它們每年更會舉行「九州車站便當大獎」，即使是便當都相當有水準！

馬肉料理 (f)

馬肉料理是熊本的名物，所含有的營養價值比豬、牛肉更高，不敢吃馬刺身的話可以試試燒烤馬肉。

南蠻雞 (g)

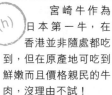

宮崎的名物南蠻雞，即是炸雞淋上甜醋再蘸醬來吃，十分惹味！

B-speak 捲蛋糕 (j)

超人氣的捲蛋糕香滑鬆軟，一試難忘，每到下午就被搶購一空，要吃就要早點起床！

宮崎牛 (h)

宮崎牛作為日本第一牛，在香港並非隨處都吃到，但在原產地可吃到鮮嫩而且價格親民的牛肉，沒理由不試！

白熊冰 (i)

綿密的刨冰加上煉奶和其他生果，從上而下看更可看到白熊的模樣，沒吃過等於沒到過鹿兒島！

金賞炸薯餅 (k)

以男爵薯加上和牛去炸，既香脆又Creamy，難怪得到日本全國第一的獎項！

買物手信篇

九州限定版零食(l)

九州名物口味的零食是九州專屬,作為手信一流!

盛田屋豆腐護膚品(b)

豆腐有豐富營養,雖然不能帶豆腐雪糕回去,但可買超人氣的豆腐護膚品作手信!

明太子(m)

博多名物明太子,煮意粉、雞翼或佐飯都得!

陶瓷有田燒(n)

位於九州的佐賀縣,自古以來就盛行陶瓷器的生產,而且在國際上也甚有地位,送人自用都非常體面!

熊本熊精品(o)

熊本的吉祥物熊本熊(Kumamon),不只紅遍全日本,以至世界各地都無人不識,所以千萬不可錯過熊本熊故鄉的限定商品!

長崎蛋糕(p)

長崎蛋糕(Castella)舉世知名,屹立了過百年的歷史,由於吃下去的口感特別而又不會過甜,老人家亦啱食。

御守(r)

日本的護身符,有守護身體健康,有保佑考試高分的,美觀之餘亦非常有心思。

Karaimo 唐芋(q)

唐芋即番薯,是鹿兒島的名物,香甜的番薯甜品更曾一度成為「空中服務員」的No.1人氣手信!

---

a) 博多割烹かじ本店:福岡縣福岡市博多區中洲2丁目3-11
b) 三原豆腐店:福岡市中央區西中洲3-19
c) 一蘭:福岡縣福岡市博多區中洲5-3-2
d) かさの家:福岡縣太宰府市宰府2-7-24
e) カイロ堂:佐賀縣武雄市武雄町大字富岡8249-4
f) 菅乃屋:熊本縣熊本市西區春日3-15-30
g) きいち:宮崎縣宮崎市橘通西3-10-32
　　ボンベルタ橘 東館8/F
h) 大淀河湖畔みやちく:宮崎縣宮崎市松山1-1-1
　　宮崎観光ホテル西館2/F
i) 天文館むじゃき:鹿兒島縣鹿兒島市千日町5-8

j) B-speak:大分縣由布市湯布院町川上3040-2
k) 金賞コロッケ:大分縣由布市湯布院町川上1511-1
l) 天文館店:鹿兒島縣鹿兒島市天文館通
m) ふくや:福岡縣福岡市博多區中洲2-6-10
n) 有田陶瓷之里Plaza:佐賀縣西松浦郡有田町
　　赤坂丙2351番地170
o) 肥後よかモン市場:熊本縣熊本市西區春日3-15-30
p) 文明堂:長崎縣長崎市江戶町1-1
q) Karaimo唐芋:鹿兒島縣鹿兒島市吳服町1-1
r) 太宰府天滿宮:福岡縣太宰府市宰府4-7-1

福岡縣
Fukuoka

福岡是連接九州和本州的交通樞紐，位於九州的北部，也是九州的代表性地區，幾乎進出九州都以JR博多車站為主。福岡集消閒娛樂、觀光、購物、美食於一身，博多的屋台及拉麵更是舉世知名，所以福岡也曾多次獲選為亞洲最佳城市。九州七縣都是臨海地區，福岡市也不例外，同樣擁有迷人的海港。一般較熱門的景點集中在博多駅周邊、中洲川端、天神及太宰府。

有用網頁：

九州觀光機構	https://www.welcomekyushu.tw/
北九州市旅遊資訊網	https://www.gururich-kitaq.com/tw/
福岡觀光聯盟	www.crossroadfukuoka.jp
福岡觀光會議事務局	www.welcome-fukuoka.or.jp
福岡、博多觀光簡介網頁 -YokaNavi	www.yokanavi.com
太宰府觀光協會	www.dazaifu.org
柳川市觀光協會	www.yanagawa-net.com
門司港レトロ倶樂部	www.retro-mojiko.jp

港灣區

中州川端

天神

博多站

門司港

福岡空港

福岡市

博多驛

太宰府

佐賀縣

大分縣

柳川

大牟田

熊本縣

長崎縣

福岡地下鐵路線圖

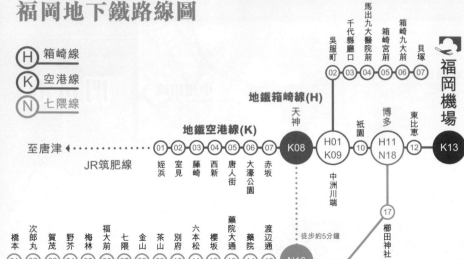

- (H) 箱崎線
- (K) 空港線
- (N) 七隈線

福岡機場

地鐵箱崎線(H)

地鐵空港線(K)

至唐津 ◀······ JR筑肥線

01 姪浜　02 室見　03 藤崎　04 西新　05 唐人街　06 大濠公園　07 赤坂 K08 天神 H01 K09 中洲川端 祇園 10 博多 H11 N18 東比惠 12 K13

馬出九大醫院前　箱崎宮前　箱崎九大前　貝塚
千代縣廳口　02 03 04 05 06 07
吳服町

17 櫛田神社

徒步約5分鐘

橋本 01　次郎丸 02　賀茂 03　野芥 04　梅林 05　福大前 06　七隈 07　金山 08　茶山 09　別府 10　六本松 11　櫻坂 12　藥院大通 13　藥院 14　渡辺通 15　N16 天神南

地鐵七隈線(N)

福岡市交通

　　福岡是九州的一個很重要城市，除了可以利用JR的新幹線及特急火車梭各縣外，在福岡市內遊客一般可以利用地下鐵、西鐵及巴士。

地下鐵

　　福岡市的地下鐵有個正式名稱，稱為「福岡市高速鐵道」，由4條路線所組成，一般遊客只使用空港線，常用的車站包括福岡空港、博多、中洲川端及天神。地鐵票價由￥210-￥380不等，也有地下鐵1日乘車券，一張￥640，大概一天只坐超過3程地鐵便可回本，在地鐵的自動售賣機可買到。

網頁：http://subway.city.fukuoka.lg.jp

相片提供：福岡市

西日本鐵道 (西鐵)

　　西日本鐵道是以福岡為主的私人鐵道，除了鐵路還有營運巴士公司。西鐵共有4條路線，分別是天神大牟田線、貝塚線、太宰府線及甘木線4條路線，遊客一般多利用太宰府線前往太宰府，其他甚為少用。

網頁：www.nishitetsu.co.jp

博多駅
Hakata Station

消閒購物・住宿

交通策略

福岡空港駅	地下鐵空港線，5分鐘
JR佐賀駅	JR特急かもめ，37分鐘
JR長崎駅	JR特急かもめ，115分鐘
JR熊本駅	山陽新幹線(櫻花號)，40分鐘
JR大分駅	JR特急ソニック，125分鐘
JR鹿兒島中央駅	山陽新幹線(櫻花號)，90分鐘
JR宮崎駅	**JR鹿兒島中央駅**

博多駅

JR特急きりしま，122分鐘 ─ **JR鹿兒島中央駅**

山陽新幹線(櫻花號) 90分鐘

JR長崎駅前	九州号スーパーノンストップ，153分鐘
鹿兒島中央客運站	西鐵巴士櫻島號，275分鐘
JR大分駅	宮崎交通巴士フエニツクス号，240分鐘

博多駅巴士總站

本區名物及推介景點

JR博多城
超大型食買玩百貨

Yodobashi
日本一哥電器店

極味屋
大大啖歎和牛

博多一番街
たんや HAKATA

Map 1-4

為什麼不用 JR福岡駅這名字呢？

　　在福岡內最早形成的城市名其實是「博多 (Hakata)」，而福岡一名在1600年關原之戰後才出現，所以博多比福岡古老，而日本人也常說「博多」而非「福岡」，只是到了明治時期，日本將福岡和博多合併，但因為在國鐵時代便已用博多駅一名，基於民意及習慣，所以仍是沿用「博多駅」。

博多駅上蓋商場
JR 博多城 Hakata City
01 ☆ MAP 1-4 D2

🚌 JR 博多駅博多口直達

　　JR 博多城就在 JR 博多駅上蓋，樓高10層，超過230間商店，還有大型生活雜貨店 TOKYU HANDS 和老字號阪急百貨，最適合在離開福岡前血拼！這裡大致分成 AMU Plaza 博多、AMU EST、DEITOS、阪急百貨及 TOKYU HANDS。由食玩到買手信，全部都可以在「城內」完成。

DEITOS	筑紫口	新幹線中央口	AMU EST
Ming手信(マイング)	博多駅		阪急百貨
TOKYU HANDS	博多口	AMU PLAZA	
巴士站	站前廣場		KITTE 0101

博多城注目商店

1a AMU Plaza

　　在 JR 博多駅「博多口」之 AMU Plaza，與阪急百貨及 HANDS 相連，非常四通八達。商場9樓和10樓是餐飲樓層，地庫1樓是食品超市。在天台 RF，是日本唯一的鐵道神社，假日時當中的迷你小火車很受小朋友歡迎呢！

Google Map 下載

1/F 的 IL BISONTE 是意大利皮革名店，以用色大膽聞名。

於天台的燕子森林廣場(つばめの杜広場)設有鐵道神社，更是免費的戶外公園遊樂場。

9-10樓的 Kooten 城市美食街匯聚九州人氣美食，包括鹿兒島縣黑豬專門店豚兵衛及烤雞串名店 Umaya，搵食唔駛四圍撲。

1/F 的 Smith 是一間非常有型格的歐陸文具雜貨店，最啱文具控掃場。

地址： 福岡市博多區博多駅中央街 1-1
電話： 092-431-8484
營業時間： 10:00am-8:00pm，
　　　　　　不同餐廳營業時間各異
🖥 **網頁：** http://www.jrhakatacity.com/amu/

E

中央街

中比惠公園通り

東6

博多駅中央通り

東5

6

04

AMU Plaza 美食推介

笑樂 1a

10/F

博多是牛腸鍋的發源地，火鍋湯以醬油及味噌味為主，再加入大量的牛腸，也有其他牛內臟、韭菜和椰菜等，味道偏濃。而笑樂開業已經有20年，湯底是祖傳秘製，他們研製出比較清淡的味道。餐牌上的牛腸鍋雖以人頭計，但兩人點一份再點其他菜也可。

一人份的牛腸鍋已夠兩人吃（¥1,180起），也可點其他牛腸小菜。

電話： 092-409-6860
營業時間： 11:00am-3:00pm、4:00pm-11:00pm
（星期六營業至 12:00mn）
網頁： www.shoraku.jp

9/F 1b Campbell Early

位於博多城9樓的 Campbell Early 一直人氣高企，門口時常出現長長人龍。小店對食物顏色的配搭很有心思，精選的時令水果令人無法抗拒不說不知，原來 Campbell Early 的本業就是販賣水果，入貨當然是最新鮮最揀手，出品冠絕同行。

電話： 092-409-6909　營業時間： 11:00am-10:00pm
網頁： www.jrhakatacity.com/gourmet/campbell_early/

椒房庵 1c

9/F

博多其中一個超有名的特產是明太子，椒房庵就是以明太子料理為主。店內最有名的料理是「博多めん鯛まぶし」，一次就能享受三種不同的口味。店家教學是第一碗先把將明太子和鯛魚生魚片放在飯上，再擠點檸檬汁，品嚐食材原味；第二碗再加入自製蛋黃高湯和山藥泥，品嚐蓬鬆的口感；最後第三碗淋上高湯，以鯛魚茶泡飯作結尾，品嚐明太子與高湯交融的鮮美味道。

電話： 092-409-6611
營業時間： 11:00am-4:00pm, 5:00pm-10:00pm
網頁： https://www.kubara.jp/shobouan/

1-5/F ①b HANDS

如果常去大阪和東京，HANDS(前稱 Tokyo Hands)一定是必去之選的一分子，因為這裡的生活雜貨應有盡有，有些更是特別設計的商品。而這家 HANDS 設於 AMU Plaza 的 1-5 樓，是九州第一間店，所以也售賣一些九州專屬的商品，還有一些限定的定期展銷商品。這裡樓高 5 層，花點時間一定找到你的心頭好。

HANDS 近年會與動漫 cross-over，銷售限量精品。

電話： 092-481-3109
營業時間： 10:00am-8:00pm
網頁： http://hakata.tokyu-hands.co.jp

みのりカフェ ①c

這間 cafe 以日本產的蔬菜和水果為主來製作的主餐、芭菲及三明治，深受當地人歡迎。他們提供的每周午市套餐用大量的時令蔬菜，配上肉或海鮮主菜，新鮮又健康；而甜點方面，cafe 提供了不同口味的甜點，有時還會推出季節限定的芭菲甜點，像是無花果芭菲、柿子芭菲等，想吃一些特別點的口味，可以到這裡試試看哦！

B1/F

除了堂食和外賣，cafe 有時會販賣新鮮農產品。

電話： 092-710-4274
營業時間： 10:00am-10:00pm
網頁： https://www.minoriminoru.jp/

博多果樹園いちごいちご
使用福岡名產「甜王」士多啤梨，外層是杏仁餅乾，中間夾著白朱古力，內餡充滿草莓的清甜香氣。￥335/3入

吉野堂 小雞饅頭(ひよ子)
百年老店吉野堂的人氣商品「小雞饅頭」，薄餅皮包裹滿滿的豆沙餡。冬季更有草莓口味。￥1,140/一盒7個

①d 阪急百貨

位於九州鐵路網的博多阪急，是遊客搜購手信的焦點。大家熟悉的 Pocky 高級版「Bâton d'or」不再只有關西才買得。在阪急 B1F 食品區除了有在東京、大阪超人氣的排隊甜點名店，還有許多九州各地的美食和土特產，人氣之選包括博多果樹園的「いちごいちご」(草莓草莓)，以及吉野堂的小雞蛋糕，都是福岡的經典伴手禮。

地址： 福岡市博多區博多駅中央街 1-1 號
電話： 092-461-1381
營業時間： 10:00am-8:00pm
網頁： www.hankyu-dept.co.jp/hakata/

DEITOS & DEITOS ANNEX 1e

　　商場位於博多站筑紫口側，Deitos集中在B1及B2樓層的商店街，有各種生活雜貨、服飾店和餐廳。而位於1至2樓的 Deitos Annex 經翻新後於2024年3月中重新開幕，目前共有11家新店舖進駐，包括 Fukuoka Craft Brewing with Comatsu、すし割烹かじ、英國風PUB等，是一個匯集九州物產與美食的專門店街。

地址：　福岡市博多區博多駅中央街 1-1
營業時間：　店舖 10:00am-9:00pm、餐廳 11:00am-12:00mn
電話：　092-451-2561
網頁：　http://www.jrhakatacity.com/deitos/

1f Ming マイング手信商場

　　マイング位於博多駅之大堂，是一個超方便的手信集中地。由零食、精品、雜貨、文具甚至農產品通通有齊。商場分為伴手禮區「和菓子通り」、甜點區「スイーツ通り」，與及連鎖店集中的「マイング横丁」等，多達92間店舖。輕鬆行一轉，九州各地的名物便通通掃齊。

地址：　福岡市博多區博多駅中央街 1-1
電話：　092-431-1125
營業時間：　9:00am-9:00pm
網頁：　http://www.ming.or.jp/

博多一番街 🈐

　　博多一番街是位於博多駅B1，聚集14家餐廳，供應不同的平價日式定食，而且大部分由早上7時營業至晚上11時，無論何時都會找到美食醫肚。

地址：　福岡市福岡市博多區博多駅中央街1-1
電話：　092-431-1125
營業時間：　7:00am-11:00pm
網頁：　https://www.hakata-1bangai.com/

一番街必吃推介

たんや HAKATA

　　牛舌專門店，以碳烤牛舌套餐最受歡迎，最平￥540就有交易，而且白飯任裝。

まわる寿司 博多魚がし

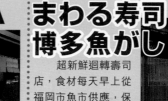

　　超新鮮迴轉壽司店，食材每天早上從福岡市魚市供應，保證啖啖海洋精華。

もつ鍋おおやま

　　馳名牛腸鍋，採用九州飼養年輕母牛的小腸。店內亦提供牛肉及馬肉刺生，對食肉獸是嶄新的體驗。

大福うどん

　　主打博多烏冬的小店，特色菜包括自家製麵條，配上香濃的昆布高湯和各式天婦羅。人氣招牌有炸雞定食和明太子飯糰，都是不錯的選擇。

郵局大轉型
KITTE 博多

MAP 1-4 D2
02

JR 博多駅西 16 出口即達

九州不似東京大阪這些大都會，大型商場的「出生率」不高，所以KITTE博多的誕生算是一大盛事。不過KITTE博多其實也不算是全新商場，只是由郵政局的原址改建，並於2016年中開張。KITTE博多大樓連地庫共14層，其中1至7樓是首度進軍九州的丸井百貨(0101)，包括位於6樓全日本第二間HMV & BOOKS。至於9至10樓則為餐飲區，結集多間首次進駐九州的知名餐廳，讓遊客一次過品嚐全日本的美食。

地址： 福岡市博多區 博多駅中央街 9-1　　**電話：** 092-260-6300
營業時間： B1F 餐廳 7:00am-12:00mn、1 至 7 樓 10:00am-9:00pm、9 至 10 樓 11:00am-11:00pm
（不同店舖營業時間各異）
網頁： http://kitte-hakata.jp/

吃貨推介

博多の大眾料理 喜水丸 9/F

9樓的「博多大眾料理 喜水丸」，是一家提供新鮮海鮮刺身、天婦羅、牛腸鍋等多樣菜色的居酒屋。店內食材均從福岡魚市場直送，因此非常新鮮。午餐時間提供定食、丼飯等價廉物美的菜單。

菜な KITTE 博多

菜なKITTE博多是一家提供京都風味的和食的店舖，它的菜色都是用當季的食材製作的，而且有很多種炙り焼き和おばんざい的選擇。它的特色是有一個吧台，可以看到廚師的烹飪技巧1。它的店內裝飾簡約而優雅，有木頭和和紙的溫暖感。

9/F

はかた天乃

はかた天乃是一家烤魚定食的專門店，提供的烤魚種類豐富，包括鮭魚、鯖魚和秋刀魚等。招牌菜還有明太丼，辣味魚卵和白飯兩者拌在一起，飯香和甘味相互融合，非常開胃。

B1/F

歷史悠久
住吉神社

★ MAP 1-4 B3 ⛩ 03

🚌 JR 博多駅西 13 出口步行 10 分鐘 /
西鉄巴士於「住吉」下車即見

福岡的住吉神社雖然不是總本社，但卻是全日本最古老的住吉神社，相傳建於公元211年，距今已有1,800年歷史。據說這裡為全國住吉神社的起源，最初是用於守護船舶和航海安全，供奉了獲稱為住吉三神的底筒男神、中筒男神和表筒男神。在古時，住吉神社的位置確是面向博多灣那珂川河口的海灣。住吉神社的建築風格甚為特殊，所以日本人稱之為「住吉造」，在柱上、垂木、破風板上都塗上朱紅色，屋頂成山形，這種建築風格獲指定為國家重要文化遺產。

住吉神社獨有的籤，白色的即「恋昇鯉」祈求戀愛；紅色則是祈求一般運程。

地址： 福岡市博多區住吉 3-1-51
電話： 092-291-2670
營業時間： 9:00am-5:00pm　　**入場費：** 免費
網頁： https://www.nihondaiichisumiyoshigu.jp/

★ MAP 1-4 E2 🍴 04 ¥ 1,500 海鮮放題
磯っこ商店 博多店

海鮮丼放題「海鮮丼ビュッフェランチ」。只在周六日及假日供應。

🚌 JR 博多駅步行 5 分鐘

磯っこ商店位於博多駅附近，以海鮮為主，無論是刺生或碳燒蠔都很受歡迎。主打菜色為來自長濱市場的新鮮海鮮，食客可以選擇生食或燒烤。招牌菜色還包括海鮮丼、刺身、壽司、烤魚等。這裡也會提供不同類型的任飲任食套餐，挑戰你胃納的容量。

地址： 福岡市博多區博多駅東 2-10-16 川辺ビル 1F　　**電話：** 050-5269-7410
營業時間： 星期一 12:00nn-10:00pm；星期二 4:00pm-11:00pm；星期三至日 12:00nn-11:00pm
網頁： https://hakata-isokkosyouten.com

異國風情
Light Years

★ MAP 1-4 A2 👓 05

🚌 JR 博多駅西 18 出口步行 10 分鐘

Light Years 的老闆品味獨特，最愛充滿民俗風情的產品。店內以織品為主，例如地毯或掛毯，亦有一些織籃或家具，都帶有濃濃的中東風格，在日本比較少見。除了 Light Years，老闆又經營另一商店1843，主要銷售各國的籐器及收納盒等，但不經常開門營業，非常之有個性。

地址： 福岡市博多區博多駅前 3-30-5　　**電話：** 092-473-1927
營業時間： 11:00am-7:00pm　　**網頁：** http://www.light-years.jp/

電器大集會
MAP 1-4 E2
06 YODOBASHI

JR博多駅筑紫口步行2分鐘

YODOBASHI是日本有名的大型電器店，全國有20間分店，旗艦店設在東京的秋葉原。最初在1960年由藤澤昭和成立，最初的名字叫「藤澤照相商會」，以售賣相機為主，1974年才正式更名為「YODOBASHI CAMERA」。這裡跟各分店一樣，分幾層售賣各種不同的電器產品，近10多年深受旅客歡迎，某些店舖更設有能說中文的店員。而博多店是全九州唯一一間YODOBASHI，如果想買電器，便一定要在福岡購買了。

地址：　福岡市博多區博多駅中央街6-12
電話：　092-471-1010
營業時間：　9:30am-10:00pm
網頁：　www.yodobashi.com

日本大型連鎖鞋店
ABC Mart
6a

ABC Mart絕對是去日本旅行必逛的鞋店，從人氣的Nike、NB運動鞋，到布鞋、商務鞋、童裝鞋等等，款式非常齊全之餘，價格亦十分優惠。而且日本ABC Mart經常販售當地限定款式，如果是喜歡日版運動鞋的朋友，一定要來看逛逛！

電話：　092-477-9830　營業時間：　10:00am-9:00pm
網頁：　https://www.abc-mart.net/shop/om

3/F

簡約知性風格
6b ikka LOUNGE

主打簡約風格的ikka，為了能對地球出一份力，推出的服飾都是以能長時間穿著，將簡約的單品加入流行的細節，希望展現自我的同時也提醒大家都是環境生態的一份子。由於衣物都是簡約風，很多場合都適合穿著，所以十分受到女生們的歡迎。

電話：　092-433-2577　營業時間：　10:00am-10:00pm
網頁：　https://tokyodesignchannel.com/c/ikka

燒肉吃到飽
燒肉の牛太 本陣
6c **4/F**

博多駅附近有很多燒肉店，但是吃到飽就比較少見，燒肉の牛太 本陣就是其中一家能吃到飽的燒肉店。這家餐廳直接向批發商入貨國產牛肉，所以可以以較便宜價格提供質量好的牛肉。餐廳提供三種不同吃到飽方案，最便宜的￥2,900就能吃到79道菜品！如果選最貴￥4,500，更加能吃到142道菜品，絕對是為食之人的首選！

電話：　092-477-3429　營業時間：　11:00am-11:00pm
網頁：　http://www.yodobashi-hakata.com/restaurant2/restaurant_gyut.html

大大啖歎和牛 07 ☆ MAP 1-4 D1

和牛漢堡牛排 極味屋

🚃 JR 博多駅步行 5 分鐘

　　極味屋是博多駅附近的人氣食肆，因為食物大件夾抵食，兼且店內只有18個座位，所以店外時常會出現輪候人龍。店家採用的都是來自佐賀縣伊萬浬的和牛，一客炭燒和牛漢堡排餐最平￥980已有交易，簡直是牛魔鬼的天堂。除了漢堡排，也可以直接燒烤牛排，最貴的黑毛和牛130克盛惠￥1,880，相比香港的天價簡直差天共地。

地址： 福岡市博多區博多駅中央街 2-1　**電話：** 092-292-9295
營業時間： 11:00am-11:00pm　**網頁：** http://www.kiwamiya.com/

08

☆ MAP 1-4 D1

🚃 JR 博多駅內步行 1 分鐘

過癮火車便當
駅弁当

　　日本人傳統都愛在火車上吃便當充飢，因此發展出各種不同的火車便當，甚至會舉行全國便當大賽，可見便當已成為日本人生活及文化的一個重要部分。在主要的進出車站中，大多都會有駅弁当店，就算身在福岡都可以吃到九州各地的特色便當，無論是買上火車吃也好，當作晚餐也好，也是個不錯的體驗。

地址： 博多駅 1 階　**電話：** 092-452-5777

博多人氣拉麵 09 ☆ MAP 1-4 C2

博多一幸舍 博多本店

🚃 JR 博多駅西 18 出口步行 8 分鐘

　　香港人比較認識的博多拉麵，不是一風堂就是一蘭，其實2012年曾經進駐香港的博多一幸舍，在九州也非常受歡迎。雖然一幸舍的湯頭同樣都是豬骨湯，但他們用上一個巨型的鍋釜熬煮，材料簡單但過程繁複，用上200公斤骨頭連續3天熬煮成只有鍋7成的份量，味道更為濃郁。每碗上桌的湯都有一層泡沫，原來這層泡沫叫「脂泡」，是脂油與空氣混合出來，乳化了的脂油混和了湯頭，吃起來令湯更鮮甜。拉麵只有一款，這才是信心的保證！

人氣名物

他們有自家製的漬物，當前菜或加進拉麵中調味也不錯。

地址： 福岡市博多區博多駅前 3-23-12
電話： 092-432-1190
營業時間： 11:00am-11:00pm；周日營業至 9:00pm
網頁： www.ikkousha.com　**消費：** ￥800 起

中洲・川端
Nakasu Kawabata

屋台小食檔・商店購物街・博物館

交通策略

博多駅 ⋯ 地下鐵空港線，2分鐘 ⋯ 祇園駅 ⋯ 地下鐵空港線，2分鐘 ⋯ 中洲川端駅

おみくじ50円

おみくじ50円

本區名物及推介景點

博多運河城
華麗運河商場

おむすび村
超人氣飯糰店

拉麵競技場
至 Top 拉麵

HANAMIZUKI F-style
茶葉專賣店

Map 2-1

集消閒購買於一身 ❶
博多運河城 🔍 MAP 2-1 D4

JR 博多駅博多口步行 7 分鐘；
地下鐵櫛田神社前駅步行約 3 分鐘

　博多運河城早於1996年開幕，一直是福岡的大地標，運河城由一座長約200公尺的人工運河貫穿其中，兩岸設有各式商店、餐廳和娛樂設施，並有定時的音樂水舞表演。博多運河城的外觀呈現曲線和色彩的美感，還有不同的生活雜貨店、拉麵競技場、THE GUNDAM BASE、Poké-mon Center 等多項人氣設施。

地址：　福岡市博多區住吉 1-2　電話：　092-282-2525
營業時間：　10:00am-9:00pm；
　　　　　　餐廳 11:00am-11:00pm
網頁：　https://canalcity.co.jp

9/F

可能猛虎不及地頭蟲，所以還是九州的拉麵店最多人。

電話：　092-282-2525
營業時間：　11:00am-11:00pm
網頁：　http://canalcity.co.jp/ra_sta
消費：　¥800 起

🔍 MAP 2-1 D4　想見多你幾面
❶ₐ 拉麵競技場

　拉麵競技場在這裡開業已超過10年，這裡以比賽的形式決定能否留低，當然其中一個條件就是以人氣來評核。這裡共有8間拉麵店，來自九州以及日本其他地方的人氣拉麵店，想知道哪家最好吃，不妨看看哪家最多人排隊。人氣不夠的拉麵店會被淘汰，然後又會邀其他新店進駐，這樣便可以真正知道哪間拉麵店最好吃。

福岡最古老商店街
博多川端商店街

🔍 MAP 2-1 C2
02

地下鐵中洲川端駅 5 號出口步行約 5 分鐘

　博多川端商店街由博多座開始，全場大約400米，連接了博多運河城及櫛田神社。這裡店舖所賣的都是很地道，以居民需要為主，跟天神地下街是兩種截然不同的風格。商店街內共有超過120間店舖，可以找到很多日本傳統的生活雜貨，在博多祇園山笠祭舉行期間，這裡是會場之一，可以在這裡買「博多人形」和山笠商品。

地址：　福岡市博多區上川端 6-135
電話：　092-281-6223
營業時間：　視乎各商店而定，一般在 7:00pm 關門
網頁：　www.hakata.or.jp

博多守護神
櫛田神社

★ MAP 2-1 D2
⑳

地下鐵中洲川端駅5號出口步行6分鐘；
地下鐵祇園駅2號出口步行約3分鐘

　　櫛田神社雖沒有京都的神社那麼壯觀，但它是守護著博多的神社，據說櫛田神社建於天平寶字元年(公元757年)，神社內有一株已有千年歷史的銀杏樹，是神社的象徵。這裡供奉著大幡主命、天照皇大神和素戔鳴尊，祈求「長壽不老」和「生意興隆」。雖然櫛田神社歷史悠久，但現在所看到的是由豐臣秀吉於1587年下令重修的，原因是之前戰亂頻生，神社因而荒廢了很久，這裡也是個不錯的賞櫻地方。

有中文、英文版本的求籤機。

代表了長壽不老的「靈泉鶴之井戶」，祈福的人要喝三口水，分別代表自己、家人和親戚。

地址：	福岡市博多區上川端野1-41
營業時間：	10:00am-5:00pm；周一休館
門票：	￥300

祇園山笠祭

　　博多祇園山笠祭是博多一年一度的盛事，起源於鎌倉時代1241年，日期從7月1日到15日。山笠分為兩種，一種是色彩裝飾用的鮮艷「飾山」，另一種是抬著走的「抬山」。「飾山」會從7月1日開始在街頭展示，而「抬山」這高潮活動則於7月15日展開，在清晨4:49鼓聲響起，所有山笠要在30分鐘左右跑完5公里路，他們除了比較誰的時間最短，也要表現出山笠雄偉的姿態。在7月13至15日間，祇園山笠祭吸引全國以至外國不少人士前來參加。

網頁：www.hakatayamakasa.com

地道紅豆沙
川端善哉廣場

★ MAP 2-1 C2
④

地下鐵中洲川端駅5號出口步行3分鐘

　　大阪有名的夫婦善哉，賣的是紅豆沙湯圓，福岡也有川端善哉，同樣是賣紅豆沙年糕。而這裡的紅豆沙是川端的地道名物，這店每星期只開店三天，也同樣吸引不少人前來光顧。在店內，還擺放了一輛山笠。紅豆沙雖然有點甜，但店家會附上一份漬蘿蔔，吃完甜的再吃酸的可以中和甜味。

地址：	福岡市博多區上川端町10-254	電話：	092-281-6223
營業時間：	周五至日 11:00am-6:00pm		
網頁：	www.hakata.or.jp/zenzai.htm	消費：	￥450

吃野菜有好運 05
博多運盛 ★ MAP 2-1 B2

地下鐵中洲川端駅步行 2 分鐘

日本有一個古老說法，日文中「ん」與運氣的「運」音同，只要吃了有「ん」音結尾的蔬菜，就會有好運，所以博多運盛用8種「ん」結尾的野菜來製作甜點，希望為吃下去的人帶來好運。店內有銅鑼燒、羊羹、麩麵包脆餅和瑞士核桃派，而8種野菜餡分別胡蘿蔔、白蘿蔔、金桔、銀杏、蓮藕、檸檬、四季豆和南瓜。不同口味野菜和甜點配搭給你選擇，讓你吃完好運連連！

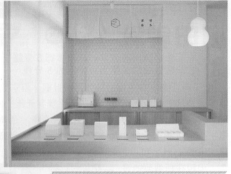

地址： 福岡市博多區上川端町 12-31-1F
電話： 092-282-0017
營業時間： 10:30am-6:30pm，
　　　　　星期日及公眾假期休息
網頁： https://www.unmori.jp/

MAP 2-1 B2
超人氣飯糰店
06 # おむすび村 本店

地下鐵中洲川端駅步行 3 分鐘

這家是當地人大推的店，店內的飯糰種類多達幾十種，手握飯糰口感蓬鬆，內餡塞得滿滿，讓人不禁一個接一個吃下去。除了福岡名產明太子外，店內的鹽漬青花魚飯糰也是超多人點來吃的，味道鹹香又不失鮮味，十分好吃！享用完飯糰後來一碗熱熱的關東煮或蜆肉湯暖暖胃，作為一餐的結尾就最適合不過了。

地址： 福岡市博多區中洲 3-4-2
電話： 092-282-3983
營業時間： 6:00pm-2:30am，
　　　　　星期日、一及公眾假期休息

美麗白屋
博多町家故鄉館 07

地下鐵祇園駅 2 號出口步行約 3 分鐘

在櫛田神社附近，有一座純白色的町家建築，町家最大特色就是「前舖後居」。博多人對於過去的文化十分重視，所以在館內花了很多心思，巧妙地利用聲和光效果呈現出博多的生活與文化。在館內還模擬出當時博多人的居室，讓參觀者可以置身其中。此外，這裡也有傳統博多手工藝的展示場，參觀者除了可即時看到師傅的精巧手工，也可以付費參與製作。

地址： 福岡市博多區冷泉町 6-10　電話： 092-281-7761
營業時間： 10:00am-6:00pm (7-8 月提早於 9:00am 開館)
　　　　　每月第四個星期一公休、 12 月 29 日 -31 日休息
入場費： ￥200　網頁： www.hakatamachiya.com

拉麵旗艦
一蘭拉麵總店 08

★ MAP 2-1 A2

🚇 地下鐵中洲川端駅 2 號出口步行 2 分鐘

一蘭拉麵的人氣一直持續不退，在香港開了分店後，更為香港人所認識，來到福岡，當然要到總店朝聖。一蘭總店非常有氣勢，因為整座大樓都給它佔了，而且成為不少遊客的拍照景點。1樓是專賣紀念品的地方，用餐區在2樓，他們只賣一款拉麵，但可以讓客人挑戰不同程度的口味，如麵條的軟硬度、湯的濃淡和辣味等，而且還有中文版本，方便遊客。他們的湯式是用了30種以上材料的秘傳湯底，而麵條也用了自己配製的特殊麵粉，所以便可以調配出一碗獨特又受歡迎的拉麵。

地址： 福岡市博多區中洲 5-3-2
電話： 092-262-0433
營業時間： 24 小時
網頁： www.ichiran.co.jp
消費： ￥980 起

茶葉專賣店
HANAMIZUKI F-style 09

★ MAP 2-1 A1

🚇 地下鐵中洲川端駅步行 2 分鐘

HANAMIZUKI F-style 是日本茶葉品牌「花水木」在九州的限定專賣店，除了有平常60種茶葉之外，還有博多限定茶葉。專賣店會把不同茶葉混合一起，形成新的口味。茶葉店認為紅茶有助改善生活，會根據客人的需要來提供選茶建議，喜歡喝茶的朋友可以到專賣店看看哦！

地址： 福岡市博多區下川端町 3-1
博多リバレインモール B2F
電話： 092-263-5772
營業時間： 10:00am-7:00pm
網頁： https://www.hanamizuki-f.com/

啖啖肉
肉肉うどん 川端店 10

★ MAP 2-1 D3

🚇 地下鐵中州川端駅 2 號出口步行 10 分鐘

肉肉うどん在全日本有十多間分店，雖然是連鎖式經營，但都是走小店路線，每間舖皆只十多個座位，環境不算舒適，不過人流極快，就算要排隊很快也會有位。該店的招牌食品滷肉蕎麥烏冬強調是元祖原創，有別於一般拉麵的豚肉叉燒。蕎麥烏冬充滿麥香Q彈，滷肉大大塊肉汁豐厚，配上自家製的辣椒粉，吃後令人感到滿足。

地址： 福岡市博多區上川端町 5-106
電話： 092-282-0966
營業時間： 11:00am-11:30pm（星期日 11:00am-8:00pm）
網頁： http://nikunikuudon.co.jp/shop/

在商場拜神
博多河岸城 Riverain

⑪ ⊛ MAP 2-1 A1

🚉 地下鐵中洲川端駅 6 號出口直達

博多RIVERAIN 本身是個綜合的消閒娛樂商場，佔地22,000平方米，集戲劇、藝術、美食、酒店及購物於一身，是博多運河城以外該區數一數二的大型商場。Riverain最大的亮點，包括5至6樓的麵包超人博物館及7至8樓的亞洲美術館。不過商場另一特色，竟然是附設神宮。位於商場內的鏡天滿宮，據説是日本學問之神菅原道真用過的鏡子曾放在此而得名。廟宇的面積不大，不過位置勝在方便。而商場旁邊的運河的堤岸名為博多夢回廊，也是散步的好地方。

地址： 福岡縣福岡市博多區下川端町 3-1
電話： 092-282-1300　**營業時間：** 10:00am-7:00pm
網頁： https://www.hakata-riverainmall.jp/

⊛ MAP 2-1 A1　**2/F**　**⑪a**

享譽全日本
Hiramatsu

Hiramatsu是日本非常著名的法式料理餐廳，由名廚平松宏之所創立。話説九州出身的平松先生早年在法國發展，不但是首位獲得法國米芝蓮星星的日本人，同時也是第一個在巴黎開設餐廳的日本老闆。1999年，平松先生回日本，開設首間日本Hiramatsu，其後在東京大阪等大城市廣開分店，把法式美食的品味和優雅，配合九州以至全日本的優質食材，向祖國美食愛好者傾情演繹。

電話： 092-263-6231
營業時間： 11:30am-1:30pm、5:30pm-8:30pm
網頁： https://www.hiramatsurestaurant.jp/

與麵包超人零距離接觸
麵包超人博物館

 MAP 2-1 A1 11b 5-6/F

麵包超人、細菌人、果醬爺爺、紅精靈等卡通角色，一直深得小朋友所愛。動畫至1988年啟播以來，創作角色之多已成為健力氏世界紀錄之最。麵包超人博物館説是博物館，其實比較像個遊樂園，對象是2-6歲的小朋友。這裡有很多只有館內才買到的限定版商品，也有麵包超人角色表演秀。館內5樓是餐廳及商店，6樓是遊樂園，要付費入場。不過想慳番入場費，其實在5樓都夠玩！

麵包超人小劇場
麵包超人與細菌人等人眾角色活現舞台，就算聽不懂小朋友也high爆！

麵包超人競技場
簡單的追逐大波波也令小朋友樂翻天！

5/F 必玩免費項目

吹氣城堡
地方小小卻可發洩小朋友無窮精力。

創意沙池
有專人指導小朋友在沙池上發揮創意。

電話： 092-291-8855　營業時間： 10:00am-5:00pm (最後入場時間 4:00pm)
網頁： www.fukuoka-anpanman.jp　入場費： ￥1,800 (1歲以上)

福岡亞洲美術館

世界唯一 **11c** ⊛ **MAP 2-1 A1**

7-8/F

福岡亞洲美術館是全世界唯一一家專門介紹亞洲近現代藝術的美術館，位於博多RIVERAIN內，共佔兩層。這裡1999年正式開幕，多年來舉辦過不少關於亞洲藝術的活動，當然也包括了日本的動漫文化展覽，包括大家熟悉的藤子F不二雄展、Hello Kitty展和幪面超人展等。此外，美術館也會邀請亞洲的藝術家和學者來到福岡參與創作活動，並且進行交流，使福岡成為了亞洲藝術的交流平台。

電話： 092-263-1100
營業時間： 9:30am--6:00pm；
　　　　　　星期五及六營業至8:00pm；
　　　　　　星期三休息
網頁： http://faam.city.fukuoka.lg.jp
入場費： 入館免費；亞洲展廳￥200

鈴懸

福岡人氣和菓子

⊛ **MAP 2-1 B1** **12**

🚇 地下鐵中洲川端駅5號出口步行1分鐘

鈴懸在博多創業了80年，中洲本店更是經常座無虛席，在飲食網站TABELOG中更是福岡縣1,200間甜品店中排行30名內。店內除了有堂食的甜品，還有傳統的和菓子出售，有招牌的鈴噹外形的和菓子寿々，外面是蛋造外皮，餡料是紅豆蓉。鈴懸在福岡有5間分店，只中洲本店有提供堂食甜品，而且相當受女士歡迎，不想排隊建議在平日前來。

人氣的すずのパフェ。

地址： 福岡市博多區上川端町12-20
　　　　福銀博多ビル1F
電話： 092-291-0050
營業時間： 菓舖 9:00am-7:00pm、
　　　　　　茶舖 11:00am-7:00pm
網頁： www.suzukake.co.jp

博多名物餃子 ⑬ ★ MAP 2-1 B3
ホウテン食堂奉天本家

🚇 地下鐵中洲川端駅 1 號出口步行 5 分鐘

想一次過吃到多款博多名物，不用跑來跑去，因為在奉天本家可以一次過吃到了。奉天本家有點像居酒屋的感覺，除了博多拉麵外，連博多的鐵鍋餃子及牛腸都可以吃到。這裡的餃子跟牛腸煮得不比那些名店差，每到8點後店內更是座無虛席，很多人都喜歡在下班後到這裡點一杯冰凍的啤酒，再點幾客香口小吃，用來紓緩白天的工作壓力。

鐵鍋餃子
¥650；鐵板
牛腸 ¥920。

地址： 福岡市中洲 2-6-12 第 5 ラインビル 1F
電話： 092-292-6655
營業時間： 11:30am-3:00pm，星期六至 4:00pm，星期日休息
消費： ¥ 1,000 起

★ MAP 2-1 B3　　響晒朵
⑭ 博多屋台

屋台的意思是路邊攤，也即是我們叫的「大排檔」。而博多屋台更是世界知名，大約傍晚6時左右，屋台便相繼開始營業，一般7時後人群開始漸多，博多人喜歡在下班後和同事朋友到屋台用膳。不過這裡的屋台分布比較散，以中洲春吉橋一帶比較旺，想感受屋台熱鬧的氣氛，可以前往中洲一帶。一般每間屋台最多坐8-10人，可容納的人不多，而且座位並不舒適。想知道哪一家好吃，可以留意一下哪家比較多人等候，一般晚上8點半以後便開始熱鬧，不想跟人逼可以在7點左右前來。

屋台點菜策略

日本的屋台飲食文化，跟香港的大牌檔文化很相似，而且政府沒有打算取締，有些地方已劃出地方成立屋台街，可以美化城市之餘，更可以保留屋台原有的風味。屋台一般都未必有中英文MENU，不過店家也略懂一點簡單英語。如果不諳日語，可以書寫上「盛合」的菜式，因為「盛合」代表了「拼盤」的意思。店內如果看到「おすすめ」，即是廚師精選，也可以點來吃，這樣就不會錯過了店內人氣的食物。

地址： 春吉橋、櫛田神社旁冷泉公園、
　　　　昭和通沿路及天神駅一帶
營業時間： 6:00pm-凌晨　消費： ¥1,500 起

明太子專門店
元祖博多めんたい重 ⑮

🚌 地下鐵中洲川端駅 1 號出口步行 7 分鐘

　　福岡以盛產明太子而聞名，但市內以明太子為主打的餐廳卻並不多見，所以元祖博多めんたい重雖然並不是百年老店，開業僅數年，已成為福岡名店。這裡的菜式，完全發揮出明太子的美味，由蓋飯、玉子燒至炸雞，都會見到明太子的蹤影，嘗到明太子的味道。當中必試的是特製明太子蓋飯「特製かけだれ」，整條明太子裹著昆布，再鋪上大量紫菜為配菜，豪邁之餘又充滿海洋風味，淋上秘製的醬汁，簡直是把明太子提升到另一層次。

胡麻鯖魚及明太子沾麵都是這裡的招牌菜式。

雖然標榜傳統美食，食肆內外裝修卻很有品味，一點都不「老餅」。

地址：　福岡市中央區西中洲 6-15
電話：　092-725-7220
營業時間：　7:00am-10:30pm
網頁：　http://www.mentaiju.co.jp/

文藝復興風格
舊福岡縣公會堂貴賓館 ⑯

🚌 地下鐵中洲川端駅 1 號出口步行 7 分鐘

　　位於天神中央公園的貴賓館，建於明治43年(1910年)，作為當時九州沖繩聯合共進會接待嘉賓之用。貴賓館以法式文藝復興風格設計，是福岡縣罕有保存完整的西式建築，百多年來曾轉為裁判所、高中，甚至教育廳辦公室，現已成為國重要文化財產。貴賓館佔地369平方公尺，無論玻璃、天花板及壁爐都充滿歐陸風格，平時有不少新人會來取景拍照。

地址：　福岡市中央區西中洲 6-29
電話：　092-751-4416
營業時間：　9:00am-6:00pm（星期一休館）
網頁：　http://www.fukuokaken-kihinkan.jp/
入場費：　成人 ￥200，15歲以下 ￥100

天神
Tenjin

大型百貨 · 文化觀光

交通策略

博多駅	天神駅
地下鐵空港線，5分鐘	
太宰府駅	西鉄福岡（天神）駅
西日本鐵路，15分鐘	
佐賀巴士中心	西鉄天神巴士中心
西鐵巴士わかくす号，80分鐘	
JR熊本駅前	
九州産交高速巴士ひのくに号，120分鐘	

本區名物及推介景點

天神地下街
購物血拼

LOFT
生活雜貨概念店

水鏡天滿宮
天神區神社

大丸福岡天神店
老牌百貨

Map 3-2

北

步行 **5** 分鐘

地下鐵空港線

天神駅

西鐵 Inn 福岡

H

天神
福岡大名
Garden City

西鐵福岡駅

天神南駅

地鐵七隈線

Google Map
下載

天神

瘋狂血拼 **01** ⭐ MAP 3-2 A1
mina ミーナ天神

🚇 地下鐵天神駅步行 3 分鐘

　　mina 天神與 NORTH 天神合併為一間大型商場，商場內一共有10層，因為商場佔地面積大，有不少九州最大的店址駐於此，像有 UNIQLO、GU、JINS、LoFt 等。從衣服配飾到傢俱雜貨，這裡通通都有，衣食住行一次全包，就算花上一天都逛不完！

地址： 福岡市中央區天神 4-3-8　電話： 092-707-9820
營業時間： 地下 1F 7:00am-10:00pm、1-6F 10:00am-8:00pm
　　　　　 7F 10:00am-9:00pm、8F-頂樓 10:00am-10:00pm
網頁： https://www.mina-tenjin.com/

02 老字號名牌
MAP 3-2 A4 ⭐ 岩田屋

🚇 地下鐵天神駅北口步行 3 分鐘

　　岩田屋百貨分為本館和新館，本館有地下2層、地上7層，有超市、充滿九州特產的食品區，亦有化妝品專區，集齊了日本品牌如 SUQQU、Lunasol、Addiction 等。由B2、3樓和6樓都可以連接到地下2層、地上8層的新館，不少國際奢侈大牌都集中在此，包括 Hermes、YSL、Celine、Chloe、Balenciaga、Moncler 等。

地址： 福岡市中央區天神 2-5-35　電話： 092-721-1111
營業時間： 10:00am-8:00pm
網頁： www.iwataya-mitsukoshi.mistore.jp/

九州唯一一間
獺祭專門店 **2a**

　　獺祭來自山口縣，曾獲日本純米酒大賞的金獎，是有名的清酒品牌，其精米程度「二割三分」比「三割九分」更香醇有口感，在獺祭專門店可以慢慢試喝。

位置： 岩田屋本館 B2　電話： 092-752-3188

人氣梳乎厘 Pancake **03** ⭐ MAP 3-2 A3
幸せのパンケーキ

🚇 地下鐵天神駅北口步行 6 分鐘

　　日本的人氣 Pancake 店，用料天然，使用日本國產原料，加上麥蘆卡蜂蜜和以北海道牛乳製作的發酵牛油打成的鮮忌廉，Pancake 綿密鬆軟，忌廉香滑濃厚，口感豐富。

地址： 福岡市中央區天神 2-7-12 天神吉富大廈 2F　電話： 092-725-1234
營業時間： 10:30am-7:30pm，星期六、日及假期 10:00am-8:30pm　網頁： https://magia.tokyo

年輕人百貨
福岡 PARCO

🔍 MAP 3-2 A2
04

🚇 地下鐵天神駅西口 7 號出口直達

Mugiwara Store

福岡PARCO分為本館和新館，超過150家商鋪，美食方面有九州美食地下街，包括吃伊萬里牛肉漢堡排的「極味や」、博多一口煎餃「鉄なべ」等，而B1F的THE 天神又可買到九州的特產及限定商品。喜愛卡動漫的朋友亦可以到Kiddy Land、One Piece 專 門 店Mugiwara Store及Disney Store，所以無論是去Shopping還是醬肚，都是年輕人的最喜愛。

地址：　福岡市中央區天神 2-11-1
電話：　092-235-7000
營業時間：　10:00am-8:30pm
🖥 網頁：　https://fukuoka.parco.jp

4a　球衣專門店
Soccer Shop KAMO

KAMO是日本最大的足球用品專賣店，售賣日本國家足球隊及J-League的球衣和周邊商品，另外亦有英超、意甲及其他國家隊的球衣和紀念品。

🖥 位置：　PARCO 本館 7F　　電話：　092-235-7285

生活用品雜貨
LOFT 天神店

🔍 MAP 3-2 C5
05

🚇 地下鐵天神駅南口步行 3 分鐘

LOFT是日本最具代表的生活雜貨店，而天神店是九州第一家分店，共有七層，由家品、廚具、電器、手機配件、藥妝、文具、背包等都一應俱全，而7樓是動漫愛好者的天堂Ani-mega及Hobby Shop，可找到不少模型玩具及書籍雜誌。

位於7樓的Hobby Shop。

地址：　福岡市中央區天神 4-3-8 ミーナ天神 4 樓
電話：　092-724-6210　　營業時間：　10:00am-8:00pm
🖥 網頁：　www.loft.co.jp/shop_list/detail.php?shop_id=29

風雨不怕
天神地下街 ⑥

🚇 地下鐵天神駅直達

　九州的天神地下街全長600公尺，連接了天神地鐵站、天神南站、西鐵天神駅和西鐵巴士中心，無論天氣如何都可以輕鬆的穿梭這幾個交通點。地下街以歐洲19世紀的藝街風格為主題，主要走成熟路線，也有年輕人喜愛的品牌。整條地下街有超過150間商店，衣食住行都可以在這裡解決，而且更連接兩間百貨公司，足以讓你消磨一整天。

MAP 3-2 B3

地址：　福岡市中央區天神 2-1-3
電話：　092-711-1903
營業時間：　10:00am-8:00pm（因各店而異）
網頁：　www.tenchika.com

6a 蘋果批專門店
RINGO

MAP 3-2 B1

一人限購4件，買滿4件就會用紅色盒子裝。

🚇 地下鐵天神駅經地下街直達

　日本著名芝士撻店BAKE開設的另一品牌RINGO，整間店獨沽一味只賣Custard蘋果批，在東京池袋爆紅，2017年5月進駐福岡即成為人氣長龍店。限定一人只能購買4個。隔著玻璃可以看見店員們在忙碌地製作及包裝，蘋果批的酥皮層層分明，外皮很薄脆，蘋果肉天然新鮮的酸味與卡士達醬的微甜，是完美的配搭。

地址：　天神地下街 西 4 番街　電話: 092-406-5028
營業時間：　9:00am-9:00pm　網頁：http://ringo-applepie.com

集體回憶 ⑦
大丸福岡天神店

MAP 3-2 C4

🚇 地下鐵天神駅 15 號出口步行 4 分鐘

　大丸在香港已消失了一段日子，重拾回憶便要來日本一趟。大丸天神店分成東館和本館，兩館皆以精品和服飾為主，東館的1樓是以高級品牌為主，而本館的6樓主打生活雜貨，種類繁多，令人愛不釋手。除了服飾精品，東館5樓及6樓是餐飲層，聚集了很多一流的餐廳。

地址：　福岡市中央區天神 1-4-1
電話：　092-712-8181
營業時間：　10:00am-8:00pm
網頁：　www.daimaru.co.jp/fukuoka

另一老字號百貨   08
福岡三越 ⊛ MAP 3-2 B4

🚍 地下鐵天神駅 6 號出口步行 4 分鐘

　　福岡三越也是個交通樞紐，因為2樓可以直接連接西鐵福岡站，而3樓可以通往天神巴士總站，所以只要走到天神，除了地下街外，更可以一同逛三越，又可以當這裡是個轉車站，先休息再前往博多其他地方。這裡幾乎每一層都有一間 CAFÉ 或日式茶屋，走累了休息一會不是難事。跟傳統的百貨公司一樣，1樓是高級化妝品及護膚品專櫃，也是進口品牌的世界。而頂樓是三越藝廊，展示出不同的藝術品，令這裡不只有購物，還可以置身於文化藝術的氛圍。

地址：　福岡市中央區天神 2-1-1
電話：　092-724-3111
營業時間：　10:00am-8:00pm
網頁：　https://www.iwataya-mitsukoshi.
　　　　mistore.jp/mitsukoshi.html

⊛ MAP 3-2 A5　09　北歐的百円店
Flying tiger Copenhagen

🚍 地下鐵天神駅南口步行約 5 分鐘

Flying Tiger Copenhagen 是來自北歐的雜貨店，於1995年創立於丹麥，品牌一向以平實好用、充滿個性的設計取勝，九州的唯一分店就在天神購物區。共 2 層的店舖內由文具、居家擺飾至廚房餐具等應有盡有，還有寵物用品及小朋友玩具，商品超過2千種，大部分貨品售價由￥100起。

從大門外面就能感受到一室的繽紛色彩。

地址：　福岡市中央區區警固 1-15-38
　　　　CAITAC SQUARE GARDEN 1F
電話：　092-791-5427　　營業時間：　11:00am-8:00pm
網頁：　www.flyingtiger.jp

百年老雞湯（水炊き）⑩
新三浦天神店 ⊛ MAP 3-2 A2

🚍 地下鐵天神駅西 2a 出口直達

　　1910年創業至今已有108年歷史，提供雞懷石、雞湯鍋（水炊き MIDUTAKI）等食品。雞湯鍋是福岡名物，店家堅守以傳統手法炮製，食材嚴選3個月大的公雞，燉煮10小時以上，熬煮用的鍋365天沒有斷過火，不斷添加新料，一直延續百年。午市小鉢定食￥2,500便可以享用，想經濟一點的可以試多款燒雞丼定食￥970起。

地址：　福岡市中央區天神 2-12-1 天神ビル B1F
電話：　092-721-3272
營業時間：　11:15am-3:00pm、5:00pm-9:00pm

福岡飲食文化
天神屋台 ⑪

⭐ MAP 3-2 C5

福岡屋台的數量為全國之冠，是福岡的象徵。

福岡非常有名的天神屋台，類似台灣的路邊攤。每到傍晚博多站、天神區、中州川端區一帶各家屋台出動，穿插在各個小角落，營業至凌晨。這些屋台提供的食物每家都不同，拉麵、餃子、黑輪、天婦羅、串燒等樣樣有，且各有其捧場客，食客大部分都是身穿西裝的上班族，輕鬆地跟不認識的人聊天，氣氛好有日劇Feel。至於九州屋台的起源，可以追溯到1920年，日本戰後各地有許多流動攤販出現，為災民提供食物，這種文化產物演變至今，成為福岡的特色飲食文化。

🔲 營業時間： 黃昏至凌晨 (各店營業時間不同)

店名	必吃食物	位置
博多っ子純情屋台 喜柳	年糕餃子、明太子玉子燒	地下鐵天神駅11號出口附近
小金ちゃん	炒拉麵	地下鐵天神駅1號出口附近
屋台玄海	天婦羅盛合	地下鐵天神駅1號出口附近
情熱の千鳥足	關東煮、鹿肉蛋燒	地下鐵天神駅三越出口

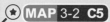
店長相當熱情親切，經常主動與客人合照。

⭐ MAP 3-2 C5

屋台新寵
Chez Rémy ⑪a

🚌 地下鐵天神駅南口步行 2 分鐘

福岡首間由法國人開設的屋台，2017年才開業即成為話題食店，人氣推薦食品有法式蒜味蝸牛￥700、自家製香腸￥700、馬賽魚湯拉麵￥1,000，飲品方面除了日本酒之外也有紅白酒供應。

地址： 福岡市中央區渡辺通 4-9
電話： 092-986-2117
營業時間： 6:00pm-11:00pm(星期五、六延長至
　　　　　　12:00mn)；星期日及一休息
🔲 網頁： www.facebook.com/yataichezremy

居酒屋小酌一杯
磯ぎよし天神店 ⑫

⭐ MAP 3-2 A1

🚌 地下鐵天神駅西 1 出口步行約 5 分鐘

日本上班族喜愛放工後到居酒屋小酌一杯，「磯ぎよし」連平日晚上都高朋滿座，一走進店內就聞到一股炭烤香味，餐廳是半開放式廚房，客人落單後即烤。店主對食材要求非常講究，又創意十足，所有刺身都由附近漁港直送，還會利用魚尾及魚子等食材，將其炭燒後加入熱清酒中浸泡，入口有鹹香又能提升酒味。

地址： 福岡市中央區舞鶴 1-9-23
電話： 092-726-6302
營業時間： 5:00pm-11:00pm 星期日休息
🔲 網頁： www.isogiyoshi.com/tenjin_tenpo

爆餡草莓銅羅燒
伊都きんぐ ⭐ MAP 3-2 B5

13

🚐 地下鐵天神駅南口步行 1 分鐘

　　位於天神的店面，一樓是販賣部，二樓是用餐區。王牌銅羅燒是店內的招牌商品，軟滑的餅皮內包著奶香濃厚的忌廉，還有草莓醬、紅豆泥，餡料內是一整顆草莓，採用「伊都きんぐ農園」自行栽種的草莓，一年四季都有供應，每件￥460。

地址：　福岡市中央區今泉 1-22-21　**電話**：　092-721-1539
營業時間：　星期一至五 11:30am-7:00pm
　　　　　　　　星期六、日及假日 10:30am-7:00pm
🖥 **網頁**：　www.itoking.jp

⭐ MAP 3-2 C1 明治時代有名建築
赤煉瓦文化館

📷 **14**

🚐 地下鐵天神駅 12 號出口步行 7 分鐘

　　赤煉瓦文化館在明治時代1909年建成，前身是日本生命保險株式會社九州分店，由當時有名的辰野金吾和片岡安所設計。「赤煉瓦」的意思是「紅磚」，這種建築風格在明治時代很流行。此外，建築還用上白色花崗岩作外牆，尖塔和圓頂具有19世紀末英國的建築風格。在1990年這裡變身成為市立歷史資料館，對外開放，直到2002年再把一部分空間改為「福岡市文學館」，展示出福岡的文學資料。

地址：　福岡市中央區天神 1-15-30　**電話**：　092-722-4666
營業時間：　9:00am-10:00pm；星期一、12 月 28 日-1 月 4 日休息
🖥 **入場費**：　免費入場

鬧市中的神社 ⭐ MAP 3-2 C1
水鏡天滿宮 **15** ⛩

🚐 地下鐵天神駅 12 號出口步行 2 分鐘

　　水鏡天滿宮又稱為水鏡神社，是供奉學問之神菅原道真。原本的水鏡天滿宮並不是在這個位置，在江戶時代初，第一代福岡藩主黑田長政，將原來建在今泉的天滿宮搬到現在的位置，作為東鎮守，這個位置就是從前福岡城的鬼門所在。因為菅原道真獲奉為天神，也因水鏡天滿宮在此，福岡的「天神」區域也因此而得名。

地址：　福岡市中央區天神 1-15-4
電話：　092-741-8754

福岡市中心綠洲 **16** 📷
大濠公園
⭐ **MAP** 3-10

🚇 地下鐵大濠公園駅步行 5 分鐘

　　大濠公園於2007年獲日本文化廳登錄為「名勝」,是福岡市民消閒的勝地。公園有大濠之稱,原因是公園內有一個湖泊,周長大約為兩公里,原來湖泊當年是作為福岡城城池的外濠之用。大湖中央有幾個小島,有小橋將它們和岸邊連接起來。公園附近一帶,都是福岡賞櫻勝地,每逢三月櫻花盛開的日子,這裡都擠滿遊人。每年8月,大濠公園還會舉行煙火大會,也是福岡市夏天的著名活動。

地址： 福岡市中央區大濠公園 1-2
電話： 092-741-2004
營業時間： 24 小時
網頁： www.ohorikouen.jp/

⭐ **MAP** 3-10 **17** 洗滌心靈
大濠公園日本庭園

🚇 地下鐵大濠公園駅步行 13 分鐘

　　大濠公園北側的日本庭園內有假山、池泉、枯山庭水,造型精巧細緻,完全體現日本建築古典優美。庭園內特別設置了幾組瀑布,其中以「三段落ちの滝」最有氣勢。而在大池泉庭北面的茶室更特別保留了傳統的日式茅屋風格。

地址： 福岡市中央區大濠公園 1-7　　電話： 092-7411-8377
營業時間： 5-9 月 9:00am-6:00pm, 10-4 月 9:00am-5:00pm;
　　　　　 周一休息
收費： ￥250　　網頁： www.ohorikouen.jp/
備註： 使用茶室須先預約

歷盡滄桑
福岡城跡

⑱

🚌 地下鐵大濠公園駅步行 15 分鐘

福岡城跡由初代福岡藩主黑田長政下令建築，於1607年完工，並以黑田祖先故鄉「備前福岡」為名，而命為「福岡」城。初期福岡城佔地廣大，包括大、中、小天守閣等共高達50座城樓。但至明治維新時期因頒布廢城令，讓福岡城許多建物都被拆除，如今遺存下來的僅有多聞櫓、下之橋御門及潮見櫓等史跡，更改名「舞鶴城」，列入日本100名城。至於福岡城原來的腹地，被改建為舞鶴公園，並種植大量櫻花樹，成為福岡市賞櫻勝地。

16. 大濠公園	3-9
17. 大濠公園日本庭	3-9
18. 福岡城跡	3-10

16　大濠公園

天神

地下鐵空港線

⑱

⑰　舞鶴公園

藥院

Map 3-10

地址：福岡市中央區城內舞鶴公園
電話：092-711-4424
網頁：https://fukuokajyo.com/

港灣區
Waterfront

Ｏｕｔｌｅｔ購物 ● 福岡塔 ● 日本巨蛋

交通策略

JR博多駅巴士總站	●●●●●●●●●●●	福岡タワー南口站
	5・6號乘車處乘306、312號 巴士，5分鐘	
西鉄天神巴士中心	●●●●●●●●●	福岡タワー站
	302、305及307號 巴士，15分鐘	

本區名物及推介景點

福岡塔
福岡地標

Marizon
海濱消閒娛樂中心

Marinoa City
FUKUOKA
九州最大Outlet

妙見岬

「マリノアシティ」巴士站

07

姪浜渡船場

港灣區

Map 4-2B

10
志賀島

09

香椎花園

11
能古島

Map 4-2A

08
博多埠頭

Map 4-2A

福岡地標
福岡塔

 MAP 4-2A F2

01

於天神巴士中心前 1A 乘車處，乘 W1 或 302 號巴士於福岡タワー站下車即見 / 於博多 BUS TERMINAL5・6 號乘車處，乘 306 號巴士，於福岡タワー南口站下車

　　福岡塔在1989年建成，慶祝福岡建市100年紀念，高234公尺，外牆由8,000多塊鏡面所組成，在晴天時鏡面倒映出的藍天白雲非常漂亮。福岡塔內的電梯速度十分快，由地下到123公尺的展望台只需70秒。而展望台上可以360度鳥瞰福岡市，亦可以遠看到福岡空港的飛機升降。在晚上，福岡塔還有燈光SHOW，至今已吸引了超過1,000萬名遊客前來觀賞。而福岡塔對出便是人工海濱，假日時非常熱鬧。

地址： 福岡市早良區百道浜 2-3-26　**電話：** 092-823-0234
營業時間： 9:30am-10:00pm；6 月最後一個星期一及二休息
網頁： www.fukuokatower.co.jp
入場費： ￥800（大人）、￥500（中小學生及 65 歲以上長者）、
　　　　　￥200（小童）

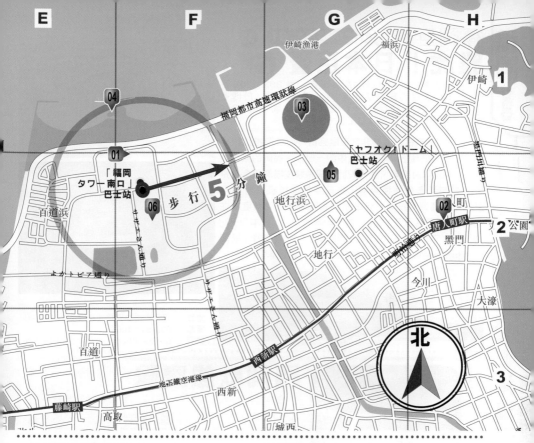

E F G H

1

2

3

伊崎漁港

福浜

伊崎

福岡都市高速環状線

04

01

「ヤフオク!ドーム」

03

「福岡
タワー南口
巴士站」

步行 **5** 分鐘

05

巴士站

06

地行浜

02 「町」

唐人町駅

公園

百道浜

地行

黑門

ヨカトピア通り

今川

大濠

百道

西新駅

北

地下鐵空港線

藤崎駅

西新

城西

高取

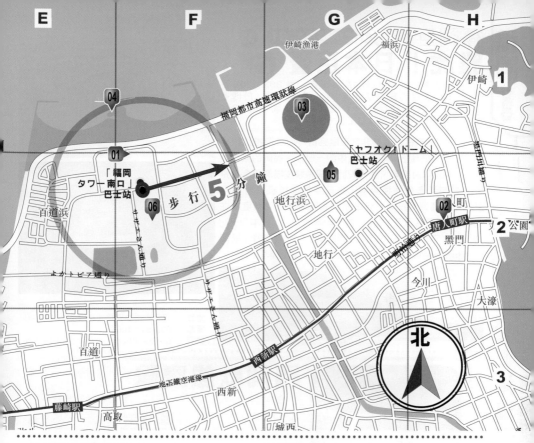

★ **MAP**4-2A **H2** 大阪燒變車輪餅

02 博多いなほ燒き

🚐 地下鐵唐人町駅 7 號出口附近

唐人町商店街的名物小吃，材料跟大阪燒很類似，麵糊裹著蔬菜及海鮮餡料，再由車輪餅專用模具加熱製成，拿在手上就可以吃得到。最受歡迎的口味有「チーズ」(￥210)，小小的車輪餅內包著高麗菜、章魚塊、芝士和特調的蛋黃醬，材料很豐富紮實。餡料選擇還有明太子＋章魚、什錦海鮮、全隻雞蛋等，據說所有配方都經過5年時間摸索而來，不僅咬下去爆漿澎湃，外皮薄薄的口感細緻，餅上還壓印有可愛的圖案。

大阪燒的材料結合車輪餅的製法。

地址： 福岡市中央區唐人町 1-5-5
電話： 092-725-3040
營業時間： 11:00am-9:00pm (星期日營業至 8:00pm)

福岡巨蛋  MAP4-2A **G1** 03

雅虎！日本巨蛋 📷

於天神巴士中心前 1A 乘車處，乘 302、305 及 307 號巴士於ヤフオク！ドーム前下車 / 於博多 BUS TERMINAL 5‧6 號乘車處，乘 306、312 號巴士，於ヤフオク！ドーム前下車

棒球這運動在日本是非常受歡迎的，而且還推出很多球隊商品，成為了日本人生活中的一部分。福岡的雅虎巨蛋於1993年4月開幕，整個設計以羅馬競技場為概念，是開放式圓頂多用途運動場，是日本首個這樣設計的巨蛋，而且圓頂可按需要自由開關和調整開啟的角度。在2005年福岡巨蛋正式改名為「福岡雅虎！日本巨蛋」(福岡 ヤフオク！ドーム)，球隊也改為軟銀鷹隊 (福岡 SoftBank HAWKS)，當這裡有比賽時，總是非常熱鬧。

地址： 福岡市中央區地行浜 2-2-2
電話： 092-847-1006
網頁： www.softbankhawks.co.jp/stadium

©SoftBank HAWKS

福岡軟銀鷹隊

日本有12支職業棒球隊，而福岡軟銀鷹隊便是其中之一，也是九州地區唯一的職業棒球隊。福岡軟銀鷹隊至今曾贏得17次聯盟優勝，5次日本總冠軍，在日本相當有名氣。他們的粉絲都會有特別的打氣方式，當7局下半鷹隊進攻的時間，全場球迷會一同將吹好的黃色汽球放飛在空中，場面非常有趣和震撼。

🔍 MAP4-2A **E1** 綜合消閒區

04 Marizon

於天神巴士中心前 1A 乘車處，乘 302、305 及 307 號巴士於福岡タワー站下車 / 於博多 BUS TERMINAL 5‧6 號乘車處，乘 306、312 號巴士，於福岡タワー南口站下車

Marizon是一個綜合的消閒娛樂中心，建在人工海濱旁，當中除了有購物商店外，還有 CAFÉ 和餐廳，雖然以輕食為主，但吸引不少水上活動過後前來休息的人。這裡夏天最多人，因為吸引了大批遊客和福岡的市民前來度假和進行水上活動。

地址： 福岡市早良區百道濱 2-902　**電話：** 092-845-1400
營業時間： 11:00am-10:00pm　**網頁：** www.marizon.co.jp

焦點商場 05 🔍⭐ MAP4-2A G2
MARK IS 福岡ももち

🚌 地下鐵唐人町駅步行 10 分鐘

　　MARK IS 福岡ももち在2018年末開業當時，即成為甚少大型商場的市內，甚至整個九州的焦點。MARK IS 福岡ももち樓高四層超過160間商店，商場樓層大致分為1樓超市百貨、2樓時尚雜貨及時裝精品、3樓美食廣場及室內遊樂場，4樓有電影院及 namco，食買玩統統有齊。

地址： 福岡市中央區地行浜 2-2-1　　電話： 092-407-1345
營業時間： 10:00am-8:00pm
網頁： www.mec-markis.jp/fukuoka-momochi

🚌 於天神巴士中心前 1A 乘車處，乘 302、305 號巴士於博物館北口站下車 / 於博多 BUS TERMINAL 5•6 號乘車處，乘 306、312 號巴士，於博物館北口站下車。福岡タワー南口 (福岡塔) 步行 5 分鐘

🔍⭐ MAP4-2A F2　上學去
06 福岡市博物館

　　福岡市博物館內展示了福岡文化的發展，包括從歷史學及民俗學的不同層面出發。館內也收藏了福岡市東區志賀島出土的漢倭奴國王金印，非常珍貴。館內的常設展共分成8個階段，詳細介紹了奴國時代直到福岡近代的歷史。

地址： 福岡市早良區百道浜 3 丁目 1-1　　電話： 092-845-5011
營業時間： 9:30am-5:30pm (閉館 30 分鐘前停止入場)；
　　　　　星期一、12 月 28 日 -1 月 4 日休息 (若為公眾假期則順延翌日休息)
網頁： http://museum.city.fukuoka.jp
入場費： 常設展覽 ● 企劃展覽入場費：成人 ￥200、高中/ 大學生 ￥150、中學生以下免費；
　　　　　特別展覽入場費：按展覽而異

九州最大 OUTLET 🔍⭐ MAP4-2A B1　07
Marinoa City FUKUOKA

🚌 於天神巴士中心前 1A 或博多駅前 A 乘車處，乘 303 號巴士於マリノアシティ福岡站下車

　　Marinoa City FUKUOKA是九州最大的Outlet。場內分成三棟購物中心，分別售賣日本本地品牌的過季服飾，也有不少外國品牌。除了品牌Outlet之外，還有餐廳和九州特產，超過170間店。此外，這裡也有摩天輪，有時更會免費開放讓遊人乘坐。知名品牌包括：Coach、Brooks Brothers、Nice Claup、Franc Franc、United Arrow、Wacoal、GAP 等。

相片提供◎福岡市

地址： 福岡市小西區小戶 2-12-30
電話： 092-892-8700
營業時間： 10:00am-8:00pm (商店)；
　　　　　11:00am-9:00pm (餐廳)
網頁： www.marinoacity.com

新鮮美食
灣岸市場

MAP4-2B D3 08

🚌 於天神乘搭 63、90 號或博多車站乘搭 99 號西鐵巴士,於博多ふ頭下車直達

灣岸市場位於Bay-side Place的B館, 分生鮮館及食品館,食品館售賣一些土產、零食、酒等,與藥妝店相連,跟一般超市無異。而生鮮館除了一些蔬果、肉類等,更有很多熟食、炸物及超便宜的自助形式壽司,買完可在市場內的餐廳找個座位,而餐廳內亦可點海鮮丼及啤酒。

地址: 福岡市博多區築港本町 136
電話: 092-292-7595
營業時間: 10:00am-8:00pm
🖥 網頁: www.baysideplace.jp/shop/shop_wanganichiba

MAP4-2B C2 09 花花世界

海之中道海濱公園

🚌 JR 香椎線等海ノ中道駅下車直達／西戶崎駅西口步行 10 分鐘

©Uminonakamichi Seaside Park

海之中道海濱公園是個大型綜合園區,主要可分為動物園、花園廣場、室外劇場、兒童樂園與夏季限定的水上世界五大區域。園內設有巨型彈床、摩天輪等兒童遊樂設施,亦可租借自行車,餐廳旁邊有日本名車歷史館,還有迷宮及小型賽車。這裡一年四季都有不同種類的花卉,包括粉蝶花、玫瑰、繡球花、向日葵和波斯菊等,而且會舉辦不同活動和祭典,適合一家大小前往。

©Uminonakamichi Seaside Park

©Uminonakamichi Seaside Park

©Uminonakamichi Seaside Park

地址: 福岡市東區大字西戶崎 18-25 電話:092-603-1111
營業時間: 3 月至 10 月 9:30am-5:30pm,11 月至 2 月 9:30am-5:00pm
收費: (入場費)成人 ¥450、65 歲以上 ¥210、14 歲以下免費;
　　　 (租借自行車)3-5 月及 9-10 月:(3 小時)成人 ¥600、兒童 ¥400
　　　 6-8 月及 11-2 月:(一日票)成人 ¥500、兒童 ¥300
　　　 (園內巴士) ¥300/ 次、¥500/ 日
🖥 網頁: https://uminaka-park.jp

神隱之地
志賀島

MAP4-2B B2 ⑩

🚌 西戶崎駅前乘 21A 號或天神乘 21 號西鐵巴士前往志賀島下車／由 Bayside Place 的博多埠頭搭乘渡輪至志賀島

連接志賀島和九州本土之間的大型沙洲稱為「海之中道」，是以陸路前往志賀島的必經之路，亦是日本國罕見的陸連島地型。在海之中道的兩側都是海，但一邊是玄界灘，另一邊側是博多灣。島上有幾個美麗的沙灘及海水浴場，亦有欣賞夕陽的潮見公園、發現東漢光武帝贈予漢委奴國王金印的金印公園，還有歷史悠久的志賀海神社等。

📍 地址： 福岡市東區志賀島 電話：092-603-6501（志賀海神社）

MAP4-2B B3 ⑪

福岡後花園
能古島海島公園

🚌 於天神高速巴士站或博多駅前 A 乘車處，乘 300、301、302 或 312 號西鐵巴士於「能古渡船場」站下車，於姪浜渡船場搭乘渡輪至能古島渡船場，抵達能古島輪渡站後，轉乘西鐵巴士往「海島公園」下車

能古島距離福岡市只是十分鐘的航程，所以福岡人都很喜歡在假日到這裡享受悠閒小島風情。能古島海島公園是個一年四季都可以賞花的地方，由春天的油菜花到櫻花、杜鵑花、虞美人，夏天的繡球花、向日葵再到秋天的大波斯菊，每片花海各有特色。園內亦很多不同的體驗，如迷你動物園、陶瓷製作、遊樂設施等，亦有一些懷舊的小店、特色餐廳，還提供戶外燒烤，輕輕鬆鬆與大自然玩足半日。

📍 地址： 福岡市西區能古 1624 電話：092-881-2494
營業時間： 星期一至六 9:00am-5:30pm，星期日及假期至 6:30pm
費用：（入場費）成人 ￥1,200、小童 ￥600、3 歲以上 ￥400；
（渡輪票價單程）成人 ￥230、小童 ￥120
網頁： http://nokonoshima.com

太宰府
Dazaifu

名勝觀光・九州名物集匯

太宰府駅
Dazaifu Sta.

ようこそ
환영합니다
欢迎您
Welcome

祝 運行開始 太宰府観光列車「旅人」3月22日
博多⇔太宰府間直行バス 4月1日
太宰府市

またのお越しを
또 방문해 주세요
欢迎再来
Please come again

西鉄電車のりば
Nishitetsu Tenjin
西鉄天神大牟田線地下鉄
니시테츠 텐진 오무라

交通策略

博多駅		天神駅		西鉄二日市駅		太宰府駅
	地下鐵空港線，5分鐘		西鉄天神大牟田線，15分鐘		西鐵太宰府線，6分鐘	

「旅人」列車 (平日9:46am、周末及假日9:47am) 直達

本區名物及推介景點

太宰府天滿宮
祈求學業

星巴克
(大宰府特別店)
星巴克概念店

かさの家
傳統土産梅枝餅

5-A

直達太宰府
「旅人」觀光列車(天神駅至太宰府駅)

從前要前往太宰府，必定要在二日市站轉車，現在西鐵為了方便旅客到太宰府，每天設有一班直通太宰府的觀光火車。這架觀光火車的外部以太宰府的觀光景點為題，內部則由6種開運圖案組成，分別代表了：學業有成(梅花)、健康長壽(龜紋)、辟邪(箭羽紋)、平安分娩(波兔)、闔家安康(七寶紋)及喜結良緣(貝殼配對圖案)。名字「旅人」是來自於第39任太宰府天滿宮宮司-西高辻信良命名，源自萬葉集的代表詩人-大伴旅人，因為他在太宰府任職期間，在當地留下許多詩歌。在3號車廂設有紀念印，大家乘搭時記得取一個紀念印。

西鉄天神駅，如果住在中洲川端，步行約10-15分鐘便到。

上車前可留意月台顯示屏，直達太宰府的便不用轉車。

班次：

旅人(急行列車)平日9:46am、假日9:47am開往太宰府，其餘只有特急列車由二日市駅前往太宰府。注意從太宰府回天神駅必須於二日市轉車，回程每小時約2班車。

網頁：

www.nishitetsu.jp/train/tabito/schedule/index.html

北

だざいふ遊園地

Google Map
下載

太宰府
天満宮案內所

步行 **5** 分鐘

西鐵太宰府駅

西鐵太宰府線

Map 5-2

太宰府

求學不是求分數
MAP 5-2 C2
太宰府天滿宮 ⓵ 开

🚌 西鐵太宰府駅步行 7 分鐘

　　太宰府以祈求學問聞名，這裡供奉了學問之神菅原道真。他是日本平安時代的學者，到了「醍醐天皇」晉升為右大臣，不過後來受到讒言攻擊，最終從京都貶到太宰府後鬱鬱而終，所以後來九州的太宰府和京都北野天滿宮同為全日本天滿宮的總本社。太宰府天滿宮每年吸引到700萬遊客來此參拜，很多家長帶同小朋友來祈求學業順利。這裡也是賞梅名所，每年冬春交替之時，這裡有6,000多株梅樹綻放。

在天滿宮中會有一些表演者，收入靠遊人給予的打賞，以猴子表演最受歡迎。

上是天神殿下的幸運使者「鷽鳥」，內藏一張籤文；右是已為學業祈福的鉛筆。

牛年出生的菅原道真與牛有很多淵源，因此牛成了天滿宮和菅原道真的使者。據說只要摸一下神牛的頭，就會變聰明。

在心字池上的三座御神橋，稱為太鼓橋，代表著過去、現在與未來三世一念。據說走過三座橋的人，可以有「拔除三世邪念」的祝福。

地址：　太宰府市宰府 4-7-1
電話：　092-922-8225
營業時間：12 月 -3 月 6:30am-6:30pm；
　　　　　6 月 -8 月開放至 7:30pm；
　　　　　9 月 -11 月開放至 7:00pm
網頁：　www.dazaifutenmangu.or.jp
入場費：　寶物殿 ￥500；菅公歷史館 ￥200

太宰府天滿宮案內所

　　案內所即是「詢問處」，一般案內所最多也只是取一些觀光資訊和蓋紀念印。而天滿宮這個案內所，則非常特別，除了可以獲取一些關於太宰府的觀光資訊外，這裡還有很多太宰府限定的商品出售，在別的地方不會買到，是來過太宰府的最好證明，比起表參道的手信更特別。此外，當中的產品會不時更換，設計也會隨季節而變化，無論你來多少次都會有驚喜。

福岡
☆☆☆

博多｜中洲・川端｜天神｜港灣區

太宰府

門司港｜柳川

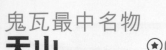

鬼瓦最中名物
天山

02 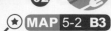 MAP 5-2 **B3**

🚌 西鐵太宰府駅步行 3 分鐘

太宰府的天山是一家知名和菓子店，創立於1922年。店內的招牌產品是「鬼瓦最中」，以太宰府天滿宮的鬼瓦為造型，外皮酥脆，內餡選用北海道十勝產的紅豆餡，甜而不膩。該店還提供各種季節限定的和菓子，例如太宰府梅ケ枝餅、栗饅頭等都相當受歡迎。

地址： 太宰府市宰府 2-7-12
電話： 092-918-2230
營業時間： 10:00am-5:00pm
網頁： https://www.monaka-de.com/

MAP 5-2 **D3** **03** 日本第4座
九州國立博物館

🚌 西鐵太宰府駅步行 10 分鐘

這是繼東京、奈良和京都之後，全日本第4座國立博物館。由知名建築家菊竹清訓所設計，充滿流線型的感覺，以「捕捉日本文化所形成的亞洲觀點」為概念。這裡的常設展跟一般博物館不同，參觀人士可以從感興趣的區域先開始，不用「順著」路線，大大提升參觀的自由度。1樓的「亞洲樂園」是個體驗區，參觀者可以近距離接觸亞洲各國的民族服飾和傳統樂器來了解各國的文化。

地址： 太宰府市石坂 4-7-2　　電話： 092-918-2807
營業時間： 9:30am-5:00pm (最後入館時間 4:30pm) ；
　　　　　 星期五及六營業至 8:00pm，星期一休息
入場費： ￥700；大學生 ￥350；
　　　　 高中生或 18 歲以下及 70 歲以上免費
網頁： www.kyuhaku.jp

特別版星巴克 ❹ 🔍 MAP 5-2 B3
太宰府天滿宮表參道店

🚌 西鐵太宰府駅步行 5 分鐘

太宰府的星巴克由日本著名建築大師隈研吾所設計，屬於星巴克的概念店之一，店面和店內都充分表現出隈研吾的「弱建築」，因為用上大量的木材和竹子等天然建築材料，再結合光線、空氣等自然元素，外表看似柔弱但結構非常堅固，因此，這間星巴克也成為了太宰府的觀光點之一。

地址： 太宰府市宰府 3-2-43
電話： 092-919-5690
營業時間： 8:00am-8:00pm
網頁： www.starbucks.co.jp
消費： ￥480 起

人氣名物

🔍 太宰府名物梅ケ枝餅
❺ MAP 5-2 A3
松屋

🚌 西鐵太宰府駅步行 3 分鐘

在太宰府天滿宮的表參道上，有不少老字號餅店專賣梅ケ枝餅，據說學問之神菅原道真在潦倒時，有一位叫淨明尼的老太太曾送贈這款糯米紅豆餅來慰問。後來他去世後，老太太在他的墓地插上他最愛的梅枝作悼念，這樣馬上令梅ケ枝餅成為太宰府人氣小吃。松屋是表參道上最前的店，店內有一個小角落可讓客人坐下吃梅ケ枝餅，而且還奉上一杯梅子茶給客人！

地址： 太宰府市宰府 2-6-12
電話： 092-922-6125
營業時間： 9:00am-6:00pm

有庭園的紀念品店 ❻
小野筑紫堂 🔍 MAP 5-2 B3

🚌 西鐵太宰府駅步行 3 分鐘

表面看小野筑紫堂是一家販售紀念品的店，但其實還有個漂亮庭園供遊客邊享用梅枝餅邊賞景！他們家的梅枝餅使用北海道產紅豆，自家製內餡，味道甜而不膩，來到這裡不要只顧著買紀念品，來嚐嚐他們家的梅枝餅吧！

地址： 太宰府市宰府 2-7-22　電話： 092-922-4210
營業時間： 平日 10:00am-5:00pm；星期日及假日 9:30am-5:00pm

川端康成最愛
梅園 07 MAP 5-2 A3

西鐵太宰府駅步行 3 分鐘

　　梅園於1946年創業，經營理念就是以「創造梅園獨有的菓子」為主，所以很多菓子都必須要到太宰才可以吃到，非常特別。這裡的「うその餅」最受歡迎，連日本著名的小説家川端康成和松本清張都很喜愛梅園。うその餅雖然外表綠色有點奇怪，但入口有淡淡的紫蘇清香味，而「うそ」的漢字為「鷽」，是一種紅腹灰鳥，在天滿宮中代表了「神的使者」。在店門外會放著試吃的菓子，除了可選擇合自己口味的菓子外，還可以小試不同味道，體驗這裡獨有的傳統和菓子。

地址：　太宰府市宰府 2-6-16　電話：　092-922-4058
營業時間：　10:00am-5:00pm
網頁：　http://www.dazaifu-baien.jp/

限量明太子烤飯糰
08 MAP 5-2 A3 福太郎

西鐵太宰府駅步行 1 分鐘

　　福太郎是福岡有名的明太子老店，他們獨家的「二次腌制法」的明太子十分受歡迎。福太郎最有名的手信就是MENBEI煎餅，明太子的風味與魷魚、章魚等魚介香味濃縮其中，香辣酥脆的口感，最適合當作下酒小吃。除此之外，太宰府店還有每日限200份的明太子烤飯糰，新鮮出爐熱呼呼的明太子飯糰，絕對不能錯過！

地址：　太宰府市宰府 1-14-28
電話：　092-924-0088
營業時間：　9:00am-5:00pm
網頁：　https://www.fukutaro.co.jp/

除了明太子加量版外，還有普通版以及醃漬物高菜版烤飯糰。

傳遞日本文化的手工製品 09
蛇の目うさぎ MAP 5-2 A2

西鐵太宰府駅步行 3 分鐘

　　這家雜貨店由一對上年紀的夫婦共同創立，販售各種不同手工製品如手袋、香包、面罩、衣服等等。他們家的以舊和服以及和服腰帶來改造，利用他們自己巧手賦予舊物新生命，改造成手袋、掛毯等，所以基本上所有東西都是獨一無二，從服飾到家居用品，種類繁多，應有盡有。

地址：　太宰府市宰府 3-4-31　電話：　092-923-7893
營業時間：　10:00am-6:00pm，星期三休息
網頁：　https://jyanomeusagi.com/

人氣梅ケ枝餅店 ❿
かさの家 ☆ MAP 5-2 B3

🚌 西鐵太宰府駅步行 4 分鐘

　　走到天滿宮的表參道上，這家梅枝餅最受歡迎，人龍由開店到關店都存在，有人會買一塊邊走邊吃，也有人會在店內坐下慢慢享用。かさの家已有60年歷史，最初以賣雨傘起家，因為「かさ」是雨傘的意思。後來改賣梅枝餅反而非常受歡迎，現在即買即烤，軟糯的糯米皮烤得微脆，在微溫時吃齒頰留香。

地址： 太宰府市宰府 2-7-24
電話： 092-922-1010
營業時間： 9:00am-6:00pm
網頁： www.kasanoya.com

梅枝餅5個/￥750

⓫ 獨家五角形碗筷
☆ MAP 5-2 A3 一蘭拉麵

🚌 西鐵太宰府駅旁（觀光案內所側）

全九州只有在這裡才能品嘗到合格拉麵。

　　這家店與一蘭的其他分店不同，店內使用的麵碗和筷子都是五角形的；由於日文的「五角」和「合格」的發音相同，象徵考試成功，祝福可以考進想入讀的學校。太宰府店供應的拉麵亦比其他分店長2倍以上，麵條的長度達59cm，代表合格過關的分數，祈求幸福長長久久，吸引不少莘莘學子來朝聖。

太宰府店有獨家五角形碗的拉麵，讀音與「合格」相同，寓意合格麵。

地址： 太宰府市宰府 2-6-2
電話： 092-921-5117
營業時間： 10:00am-6:00pm
網頁： www.ichiran.co.jp

門司港
Mojiko

九州鐵道・博物館・名物土產入手

交通策略

*JR全九州及北九州火車證，不可免費乘搭山陽新幹線，需要額外付車費

| JR
博多駅 | JR山陽新幹線，20分鐘 | JR
小倉駅 | 鹿兒島本線，20分鐘 | JR
門司港駅 |
| | ソニック号，40分鐘
*JR全九州及北九州火車證，可免費乘搭 | | 鹿兒島本線，20分鐘 | |

JR鹿兒島本線，93分鐘
*JR全九州及北九州火車證，可免費乘搭

本區名物及推介景點

門司港駅
九州最古老車站

九州鐵道紀念館
體驗駕駛火車

海峽PLAZA
食買玩購物中心

MINATO HOUSE
MINATO HOUSE
特色土產店

燒カレー
名物燒咖哩

15

東港町

14
11
12
09
10

05
02
08
07
13
06

JR門司港駅

步行 5 分鐘

01

2丁目

栄町

04

九州鐵道紀念館

鹿兒島本線

03

1丁目

Google Map 下載

2

3

4

5

Map 6-1

百年懷舊車站 01

門司港駅 ★ MAP 6-1 C3

🚌 JR 門司港駅直達

門司港車站在大正3年(1914年)興建，距今已有100年歷史，近年正在維修，預計2017年3月會完成整項工程。門司港駅是九州最古老的車站，帶淺粉紅色的外牆，是文藝復興建築風格的木造車站，不但止成為了鐵道迷必到的車站外，更獲日本政府指定為重要文化遺產。這裡保留了很多大正時代的面貌，包括了員工制服、舊時使用漢字所寫的標示等等，與福岡時的現代感大相逕庭，充滿懷舊味道。

月台上已經是觀光景點。

車站洗手間仍可使用，門口的「帰り水」是給在戰前戰後被遣返日本的人上岸後飲用，但現在已不再使用。

MAP 6-1 C3 02 曾招待愛因斯坦

📷 舊門司三井俱樂部

🚌 JR 門司港駅步行約2分鐘

舊門司三井俱樂部本來是三井公司用來接待貴賓住宿的地方。因為三井是日本當時的大企業，所以這裡也展現出他們的氣派，無論是家具、牆紙、地毯和窗簾等，都用上歐洲的進口貨，就像是有錢人的豪華大宅。這裡是兩層木造的建築，裝潢則是以幾何圖案為主，充滿了浪漫氣氛。在1922年這裡聲名大噪，因為曾招待愛因斯坦夫婦在這裡過聖誕節，所以現時2樓設置了愛因斯坦的紀念室。這裡1樓是餐廳，有門司港名物燒咖喱(燒カレー)。

地址：　北九州市門司區港町 7-1
營業時間：　11:00am-3:00pm、
　　　　　　5:00pm-9:00pm
網頁：　www.mitsui-club.com
入場費：　2 樓紀念室 ￥150、
　　　　　中小學生 ￥70

門司港名物燒咖喱

門司港名物除了河豚之外，還有名物燒咖喱。在門司港的燒咖喱店有很多，不過每家的烹飪方式也略有不同。一般來說是飯會用上白飯、咖喱飯和牛油炒飯三種，再配上牛肉或者海鮮，然後淋上自家秘製咖喱，再用烤焗方式烹調，上桌後香氣四溢。

體驗駕駛火車 ★ MAP 6-1 C4

九州鐵道紀念館 03

🚌 JR 門司港駅步行約 6 分鐘，北九州銀行後方

　　日本全國有多間鐵道紀念館，而這裡以九州的鐵路資料展示為主，有大量有關歷史資訊，館內設計讓參觀人士可以體驗不同火車的車廂，更有很多互動體驗。這裡前身是在1891年建造的九州鐵道本社，在2003年時改建成為九州鐵道紀念館。在入口處展示了從明治到昭和時期行走的蒸汽火車，成為了這裡的地標之一。在蒸汽火車後有幾架不同時代及型號行走的火車，而且更可讓參觀人士登上車廂內參觀。在館內則展示很多不同年代關於火車的資料，如當時的火車便當盒，也有紀念品店，有些紀念品更只在館內發售。

室內除了展示昔日月台和火車的場景，還有大量鐵路歷史資料及收藏品。

戶外展示了數架火車駕駛艙，可體驗當車長的感覺。

地址：　北九州市門司區清滝 2-3
電話：　093-322-1006
營業時間：　9:00am-5:00pm (最後入場時間 4:30pm)；
　　　　　每月第二個星期三 (8 月除外)、7 月第二
　　　　　個星期三及星期四休息
網頁：　www.k-rhm.jp
入場費：　￥300；中學生以下 ￥150；4 歲以下免費

可登上退役火車參觀。還有因新幹線出現而被淘汰的退役寢台列車，非常珍貴。

★ MAP 6-1 A4 04　回到過去

🔵 海峽 Dramaship

🚌 JR 門司港駅步行約 7 分鐘

　　海峽劇場船博物館是一個利用模擬場景，展示關門海峽的過去與現在，有別於一般單純展示歷史文物的博物館。1樓的海峽懷舊通把大正時代的浪漫古老街道重現大家眼前，參觀人士仿如街道上的遊人般，體驗當時的居民生活。這裡還重現了當時的商店、電車、銀行及旅館等場景，參觀人士可走進店內參觀。此外，這裡的天花會有不同的變化，隨著時間可以造出白天、黃昏及晚上的情景。

相片提供：北九州市

地址：　北九州市門司區西海岸 1-3-3
電話：　093-331-6700
營業時間：　9:00am-5:00pm
　　　　　(最後入場時間 4:30pm)
入場費：　￥500；中小學生 ￥200
網頁：　https://mojiko-retoro9.jp/

百年木造建築 MAP 6-1 C3

舊大阪商船 05 📷

🚐 JR 門司港駅步行約 3 分鐘

這橙白色磚牆的建築，是在1917年建成的大阪商船門司支店，是當時給開往大陸航線的船員休息的地方。這兩層高建築，建有八角形塔頂，原來曾用作燈塔使用。現時已改裝為海事資料館，1樓是多功能展示廳，2樓則是海洋和郵輪的資料館，展示了日本在航運最繁榮時期的船隻模型。

地址： 北九州市門司區港町 7-18
營業時間： 9:00am-5:00pm
🚪 **入場費：** ￥150；中小學生 ￥70

究竟是噱頭還是破壞氣氛，則是見仁見智。

MAP 6-1 D3 一站式食買玩

06 海峽 PLAZA

🚐 JR 門司港駅步行約 5 分鐘

JR 門司港駅步行3分鐘，便可以看到另一個不一樣的環境。門司港除了很有懷舊味道之外，在海峽廣場可以找到很現代化的一面。海峽廣場是沿門司內港的大型購物中心，1樓是售賣土產、雜貨和海鮮的商店，而2樓是紅磚玻璃館及食肆。廣場前有兩個與這裡格格不入的搞笑雕像，靈感來自香蕉拍賣的香蕉超人，幾乎成為來到海峽廣場必定拍照的熱點。

廣場內可以買到很多福岡的土產。

地址： 北九州市門司區港町 5-1
電話： 093-332-3121
營業時間： 商店 10:00am-8:00pm；
　　　　　　餐飲 11:00am-10:00pm
🚪 **網頁：** www.kaikyo-plaza.com

蜂蜜專門店 **07** ⭐ **MAP** 6-1 **D3**
Bee Honey

🚌 JR 門司港駅步行約 5 分鐘

　　Bee Honey 的 蜂 蜜 是 100% 天然，而且有數十款不同的蜂蜜，客人可試吃不同味道，然後按喜好去購買。除了蜜糖之外，這裡也設有 CAFÉ，蜂蜜雪糕新地十分人氣，將清香的蜂蜜淋在雪糕上，比韓國的蜂巢雪糕，反而顯出清新的味道，不會太濃烈太甜，是夏天必吃的甜品。

　地址： 北九州市門司區港町 5-1 海峽 PLAZA 西館 1 樓
　電話： 093-332-3720
　營業時間： 平日 10:00am-7:00pm、
　　　　　　　星期六及日營業至 8:00pm
　消費： ￥350 起

⭐ **MAP** 6-1 **D3**

08

精緻手工藝
赤煉瓦ガラス

🚌 JR 門司港駅步行約 5 分鐘

　　赤 煉 瓦 ガ ラ ス 在 海 峽 PLAZA 的 2 樓，店內所賣的都是玻璃製品，而這些玻璃產品是店主從世界各地搜羅回來，手工非常精緻。除了售賣玻璃手工藝品，這裡還有體驗工作坊，可以在玻璃上繪畫自己喜好的圖案，成為一件很特別的手信。

　地址： 北九州市門司區港町 5-1 海峽 PLAZA 西館 1 樓
　電話： 093-322-3311　**營業時間：** 10:00am-8:00pm
　網頁： https://www.facebook.com/Kurashikarugaden

浪漫藍橋 **09** ⭐ **MAP** 6-1 **C2**
Blue Wing Moji

🚌 JR 門司港駅步行約 7 分鐘

　　這條吊橋是全日本可供步行者走的吊橋，當某些時段要讓船隻進入門司的避風港，吊橋便會向兩旁張開，大約每小時一次，每天6次，因為像一雙藍色翅膀所以名為「BLUE WING」。而現時在每日上午10時至下午4時（正午12時除外），逢正點便有約20分鐘的開橋表演。面對漂亮的海港，白天是浪漫的散步地方，晚上吊橋亮起燈來，投射在水面上，又是另一番浪漫景象。吊橋在每次張開的時間，都會播放不同音樂，吸引很多遊人前來。

　地址： 北九州市門司區港町 4-1
　電話： 093-332-3121
　營業時間： 10:00am-4:00pm
　　　　　　　（每小時整點開橋 20 分鐘）
　網頁： www.mojiko.info

懷舊紅磚建築 ⭐ MAP 6-1 D2

舊門司稅關 ❿ 📷

🚌 JR 門司港駅步行約 7 分鐘

　　「稅關」即是我們稱的「海關」，這棟建築是明治時代的建築，於1912年興建完成，這個時間是門司港貿易經濟最繁榮時代。這裡跟很多歷史建築一樣，曾經遭大火摧毀，不過外牆的赤煉瓦一直保留至今。現時，內部大樓仍保留到當時的豪華吊燈及貴賓室，而2樓是展望室可眺望門司港，1樓則是展示廳和喫茶店。

地址： 北九州市門司區港町 1-24
電話： 093-321-4151　營業時間： 9:00am-5:00pm
網頁： http://www.mojiko.info/spot/zeikan.html

⭐ MAP 6-1 D2

飽覽門司港

門司港懷舊展望室 ⓫

🚌 JR 門司港駅步行約 7 分鐘

　　展望台高103米，1999年落成，由日本著名設計師黑川紀章操刀設計，跟門司港的懷舊感有點不同，因為採用了較具現代感的設計。這裡31樓的展望層，可以鳥瞰整個門司港，天晴時可以遠看到下關及關門海峽。白天跟晚間有不同的景致，晚上可欣賞門司港夜景。

地址： 北九州市門司區東町 1-32
電話： 093-321-4151　營業時間： 10:00am-10:00pm
網頁： http://www.mojiko.info/3kanko/spot_tenbow.html
消費： 大人 ￥300 / 中小學生 ￥150

紀念與大連市友好 ⭐ MAP 6-1 D2

國際友好紀念圖書館 ⓬ 📷

🚌 JR 門司港駅步行約 7 分鐘

　　這裡是1902年為紀念和大連市結為友好城市15周年，所以將這裡很有德國風格的建築，從大連市複製過來。這裡建築原本是俄國在大連市建造，是一棟德式的洋樓。現在館內一部分成了北九州市的圖書館，也有一間大連料理店。

地址： 北九州市門司區東港町 1-12
電話： 093-331-5446　營業時間： 9:00am-5:00pm
消費： 免費
網頁： https://www.mojiko.info/spot/kokusai.html

門司港名物河豚
海人 ⑬ ⓧ MAP 6-1 D3

🚌 JR 門司港駅步行約 7 分鐘

　　門司港與下關相鄰，也是盛產河豚，日本人視河豚為高級食物。在門司港海峽廣場附近的海人，每日從漁港直接入貨，保證河豚和其他海鮮都一定新鮮，因為直接入貨，所以成本較低，不用花昂貴價錢便可以吃到高級河豚。這裡分成兩層，2樓是進餐區，可以點高級料理；而1樓則是迴轉壽司，壽司師傅都是老師傅，而且可以吃到壽司與河豚。

地址： 北九州市門司區港町 3-3　電話： 093-322-5522
營業時間： 11:30am-3:00pm、5:00pm-9:00pm；
　　　　　　星期三休息
網頁： www.kaito.ne.jp　消費： ￥1,500 起

ⓧ MAP 6-1 D2　不可錯過的土產店
⑭ 北九州觀光市場

日本人很喜歡把河豚燒香，然後放到清酒中增添香味。

🚌 JR 門司港駅步行約 7 分鐘

　　要在門司港買到門司港的特色土產，除了可以在海峽 PLAZA 買到之外，還可以多走一點路，來到由北九州觀光協會開設的土產店，很多商品在一般的九州土產店不易買到。除了門司港人氣的香蕉商品外，還有地道的鄉土風味手信，如人手繪製的傳統風箏、河豚酒和手工藝品。

地址： 北九州市門司區東港町 6-72　電話： 093-321-6399
營業時間： 10:00am-6:00pm
網頁： http://www.kcta.jp/shop.html

從九州走到本州 ⑮ 🚗
關門人道 ⓧ MAP 6-1 A1

🚌 JR 門司港駅乘西鐵巴士往「和布刈」方向，
於関門トンネル人道口下車

　　九州跟本州分離，中間隔著關門海峽。除了靠水路，在九州跟本州之間有一條海底隧道，深60米，分為兩層，上層是車道，下層是行人專用步道，全長780米，只要15分鐘便可以從九州走到本州的下關山口縣。這裡對遊客是一個不錯的體驗，因為可以用雙腳從一個縣走到另一個縣，跨越兩州。在出發前和通過了以後，記得在下關及門司兩邊出入口的電梯口處附近，取得「關口 TOPPA！紀念」證並蓋印。

地址： 北九州市門司⇔下関市みもすそ川町
營業時間： 6:00am-10:00pm
網頁： www.kanmon.gr.jp
費用： 行人步道免費；單車 ￥20

柳川
Yanagawa

船遊柳川水道 ○ 蒸鰻魚飯

交通策略

西鉄福岡（天神）駅 ・・・・・・・・・・・・・・・ 西鉄柳川駅

西鉄大牟田線，45分鐘

本區名物及推介景點

柳川川下り
遊船賞垂柳

北原白秋生家紀念館
詩聖 文物

蒸鰻魚飯
柳川名物

日本詩聖紀念館 **01** ⭐ **MAP** 7-2 **A3**
北原白秋生家紀念館

🚌 西鐵「西鉄柳川」駅乘西鐵巴士於
「御花前」下車步行 7 分鐘

　北原白秋在九州出生，在明治至昭和時間的詩壇相當活躍，所以又獲稱為「詩聖」。這裡曾在1901年被大火摧毀部分建築，現在僅剩下的部分便改建為紀念館。而這裡保存了北原白秋的史料、照片和手稿等重要文物。紀念館1樓展出了和柳川相關的歷史資料，而2樓則展出了白秋的親筆原稿、詩集及用品。

相片提供：北原白秋生家記念財團

地址： 柳川市沖端町 55-1　　電話： 094-472-6773
營業時間： 9:00am-5:00pm
網頁： http://www.hakushu.or.jp/index02.php
入場費： 成人 ￥600、學生 ￥450、小童 ￥250

⭐ **MAP** 7-2 **A3**

🍴 **02**

鰻魚專家
若松屋

🚌 西鐵「西鉄柳川」駅乘西鐵巴士
於「御花前」下車步行 5 分鐘

鰻魚捲蛋

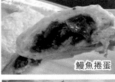

　柳川的鰻魚料理眾多，其中以元祖本吉屋與若松屋最有名。若松屋創立於安正年間(1854-1859年)，開業接近150年，料理功力當然深厚。若松屋就在柳川「川下り乘下船場」附近，非常易找。若松屋沿用柳川傳統的蒸焗方法處理鰻魚，不過吃不慣也可選擇慣常的蒲燒，分量與價格就是按松(最大最貴)、竹、梅去選擇。

炸鰻魚也是鰻魚料理必吃。

地址： 柳川市沖嵩町 26　　電話： 094-472-3163
營業時間： 11:00am-8:00pm、星期三及每月第三週星期二休息
網頁： http://www.hakushu.or.jp/index02.php
　　　 https://wakamatuya.com/

人氣名物

柳川名物蒸鰻魚飯

相片提供：
©OHANA Co., Ltd. All rights reserved

柳川的名物美食便是「蒸鰻魚飯」，大約出現於江戶時代中期，距今已有300多年歷史。這裡的鰻魚飯有別於關西和關東風的鰻魚飯，先把鰻魚烤至半熟，白飯淋上醬汁，然後連同鰻魚一起蒸煮，鰻魚的鮮甜味跟醬汁混在白飯中，每粒白飯都是滿滿香甜的醬汁，這種味道便是柳川風的鰻魚飯。

彩色冰品 ⭐ **MAP 7-2 B3**
椆島氷菓 ❸

西鐵「西鉄柳川」駅乘西鐵巴士
於「御花前」下車步行 2 分鐘

九州的夏日也是熱不可耐，當觀光行至身水身汗時，椆島氷菓的冰棒肯定令你涼透心。這裡的冰品色彩繽紛，但絕不含人造色素，全部由新鮮水果提煉，大人細路都食得放心。

地址：　柳川市本城町 53-2
電話：　094-474-5333
營業時間：　11:00am-4:00pm，周三休息
網頁：　http://kabajirushi.com/

遊船賞風景 ⭐ **MAP 7-2 F1**
柳川川下り ❹

西鐵「西鉄柳川」駅步行約 7 分鐘

柳川水道在江戸時代已開闢出來，距今已有300年歷史，當時的城主為了保護柳川城而在周邊挖掘許多水道，縱橫交錯蜿蜒曲折，現在便成了著名的觀光景點。現在遊客乘船的一段水路船程大約1小時，沿岸有6個上落船處，遊客可自由選擇上落的地方。這裡之所以稱為柳川，原因是水路兩旁都有種植垂柳，每當春秋兩季都可以看到櫻花與紅葉，一年四季都有不同景致。

地址：　柳川市西鐵柳川附近
電話：　094-473-2145
營業時間：　9:30am-4:00pm
網頁：　www.yanagawa-net.com

乘船處資料

1. 柳川觀光開發（株）
電話：094-472-6177
網頁：www.yanagawa-net.com

2. 柳川リバー觀光（株）
電話：0944-76-1550

3 水柳鄉川觀光（株）
電話：094-473-4343
網頁：www.kawakudari.com

4.（株）大東エンタープライズ
電話：094-4-72-7900
網頁：www.dedaito.com

5.（有）城門觀光
電話：094-472-8647
網頁：www.interq.or.jp/kyuushu/jyoumon

（地圖標示）
A　B　北　1
筑紫町　新外町
筑紫町　白秋道路
水郷 2 入口
鬼童町
稻荷町　「御花前」巴士站　03
01
3　城隅町
02　05

東魚屋町　細工町　　　三橋町藤吉　三橋町下百町

一新町　　椿原町　　　　　　　武市築　西鉄柳川駅

北長柄町

南長柄町　新町

FamilyMart

出來町

Google Map 下載

南町

本町

庵町　奧州町

宮永町

步行 **5** 分鐘 **04**

1

2

3

柳川

Map 7-2

🔍 **MAP 7-2 B3** 明治時代西洋豪宅

📷 **05** 御花 • 松濤園

🚌 西鐵「西鉄柳川」駅乘 6 號西鐵巴士於「御花前」下車，步行 5 分鐘

　　初代柳川藩主立花宗茂在1587年於豐臣秀吉統率的九州平定戰有功，因而封為柳川城主。到了明治末期，第14代領主寬治伯爵將第5代藩主貞俶開始，歷代藩主一直居住在重新改建的「御花畠」，宅邸融合了西式的伯爵邸「西洋館」及格調高尚的和式建築「大廣間」與「御居間」，另外也加入了以松樹及石頭造景為主的庭園。史料館展覽出由初代藩主宗茂開始歷代藩主的甲冑及婚禮用具等留存下來的藩主物品，一窺300年歷史的變化。另外亦有設於伯爵家族起居間的料亭，可一邊眺望「松濤園」一邊用膳的餐廳，以及酒店設施、手信店等，供遊人優悠地遊覽。

相片提供：©OHANA Co., Ltd.
All rights reserved

📍 地址：　柳川市新外町 1　電話：　094-473-2189
🌐 網頁：　www.ohana.co.jp　營業時間：　10:00am-4:00pm
🎫 入場費：　成人 ￥1,000，高中生 ￥500，中學生 ￥400

佐賀縣
Saga

　　佐賀縣位於九州的西北部，屬於北九州的一部分，臨海位置呼子町盛產魷魚，其他海產也相當聞名。佐賀的內陸土地肥沃，出產優質米之餘，連同出產的日本酒也非常高級，佐賀酒在日本全國相當知名。除了農產海產外，有田燒瓷器更聞名全世界；日本三大美肌湯之一的嬉野溫泉也在佐賀中，所以佐賀的景點雖不算多，但這裡的土產卻是數一數二的優質。

　　從福岡博多到佐賀的路程不遠，無論乘火車或高速巴士也十分方便，車程約為40分鐘。而從長崎到佐賀也相當方便，建議可將長崎和佐賀的行程安排在相連的日子。

有用網頁：

佐賀縣香港事務所	www.sagapref.com.hk
佐賀市交通局	www.bus.saga.saga.jp
佐賀縣觀光聯盟	http://asobo-saga.jp
佐賀縣觀光協會	www.sagabai.com
唐津觀光協會	www.karatsu-kankou.jp
嬉野溫泉觀光協會	http://kankou.spa-u.net
有田觀光協會	www.arita.jp
鹿島市觀光協會	http://kashima-kankou.com

佐賀市
Saga

名勝觀光 • 佐賀牛

交通策略

JR博多駅	鹿兒島本線 • 特急海鷗號 (かもめ) 列車，40分鐘	**JR佐賀駅**
JR長崎駅	鹿兒島本線 • 特急海鷗號 (かもめ) 列車，80分鐘	
JR鹿兒島中央駅 新幹線櫻花號 (さくら) 列車，82分鐘	**JR新鳥栖駅** 長崎本線普通 (肥前山口行)，23分鐘	

本區名物及推介景點

牛笑
親民牛肉燒烤

一季樂本店
認證佐賀牛

九年庵
優雅紅葉庭院

JR長崎本線

A   B   C   D

03 JR佐賀駅

08

東横Inn佐賀駅前   佐賀華盛頓酒店

04

グランデはがくれ

02

1

2

05

「吳服元町」巴士站

07

3

佐賀市

09

4

「大隈記念館入口」巴士站

06

Google Map 下載

01

北

5

Map 8-3

佐賀美食巡禮

佐賀美食在九州非常著名。除了譽滿全國的佐賀牛、海鮮、米酒，以至傳統糕點都極具水準，遊佐賀前做定功課，確保大家有口福。

呼子烏賊

位於佐賀縣北方的呼子，前臨對馬海流與黑潮的交會處，孕育出許多美味的烏賊。當地的漁民是以釣竿一隻隻捕捉上岸，放進池中也只能存活幾天，現宰的烏賊便成為當地的一大特色料理。

推薦食肆： 呼子朝市
地址： 唐津市呼子町呼子朝市通り
電話： 095-582-3426

佐賀錦

獲得全日本隱藏版甜點第二名的佐賀錦，芋頭的海綿蛋糕基底中放入了甘甜鬆軟的栗子與顆粒感十足的紅豆，蛋糕上下層用朱古力將年輪蛋糕貼合，為佐賀最為代表性的甜點。

推薦商店： 村岡屋
地址： 佐賀市駅南本町 3-18
電話： 0952-22-4141
網頁： https://www.muraokaya.co.jp/

湯豆腐

嬉野以溫泉聞名，而以溫泉水熬煮的湯豆腐，更是當地必吃名物。湯豆腐使用100%嬉野產大豆所製成的木棉豆腐，豆腐熬煮後表面會溶解，化為豆漿般的白色湯底，搭配野菇、海鮮、豬肉等食材的火鍋料理，清新得來味道又不會太寡，最啱咀刁的香港人。

推薦食肆： 宗庵よこ長
地址： 佐賀縣嬉野市嬉野町下宿乙 2190
電話： 095-442-0563

佐賀牛

佐賀牛與神戶牛、近江牛並稱為日本三大和牛，肉質特色為脂肪細膩緊實度高，色澤鮮艷的頂級霜降牛肉，肉味濃郁、入口即溶。除了燒烤和火鍋之外，佐賀人也會用蒸的方法，認為更能吃出牛肉的鮮味。

推薦食肆： 季樂
地址： 佐賀市大財 3-9-16
電話： 095-228-4132

唐津漢堡

長期停泊在唐津知名景點虹之松原的美食車唐津漢堡，竟在全日本的票選中打敗眾多食肆，勇奪最美味漢堡全國排名第4位。當中人氣第一名的Special漢堡，內餡超豐富有火腿、蛋、芝士、漢堡肉、萵苣等食材，每一口都是真材實料的美味。

推薦食肆： 唐津漢堡からつバーガー
地址： 唐津市虹之松原
電話： 095-556-7119

竹崎螃蟹

太良町位於佐賀縣南部，而町內的竹崎地區則以竹崎螃蟹聞名。竹崎蟹棲息於海床下10米深的泥地中，菱形的外殼最大可長達30厘米。螃蟹吸收了有明海海洋的精華，無論是夏季還是秋季都可以品嘗。

推薦食肆： 竹崎海產
地址： 佐賀縣藤津郡太良町多良 4261-1
電話： 095-467-0603

佐賀城跡 **01** ⭐ **MAP** 8-3 **C5**
佐賀城本丸歷史館

JR 佐賀駅巴士中心,在 3 號乘車處乘 6 號佐賀城跡線,於佐賀城跡站下車即見

　　佐賀城本來建於1611年,是屬於鍋島藩的城池,後經歷了多次大火和戰爭而損毀,最後只剩下鯱門。現在的佐賀城本丸在2004年完成重建,專家根據現有的歷史資料,復原了江戶時代末期由第10代藩主所完成的佐賀城,雖然規模只有原建築的三分之一,卻是日本規模最大的木結構復原建築。館內有160坪的寬闊空間,春天時還可以看到漂亮的櫻花。當中展示出佐賀的歷史資料,利用各種影像及電腦動畫,讓參觀人士對史料提起更多興趣。

地址: 佐賀市城內 2-18-1　**電話:** 095-241-7550
營業時間: 9:30am-6:00pm
網頁: http://sagajou.jp　**入場費:** 免費

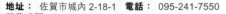

吃認證佐賀牛 **02**
⭐ **MAP** 8-3 **C1** 　季樂本店

JR 佐賀駅南口步行 12 分鐘

　　季樂是獲得JA(日本農業合作社,簡稱農協)認證的佐賀牛餐廳,可以吃到現宰直送的牛,新鮮度十足。佐賀牛並不便宜,想以相宜的價錢試吃,可選擇在午市時候前來,若不想等,建議要早一點到達,採訪當天中午12時已需花十分鐘等位。縱使午餐價錢平,但品質絕不差,肉上的油花平均分布,微微煎烤便可把肉汁封住,入口即化的感覺令人難忘。

地址: 佐賀市大財 3-9-16　**電話:** 095-228-4132
營業時間: 午餐 11:00am-3:00pm、
　　　　　　晚餐 5:00pm-10:00pm;星期三休息
網頁: http://kira.saga-ja.jp/　**消費:** ￥3,500 起

美食購物商場 **03** ⭐ **MAP** 8-3 **B1**
サガハツ SagaHatsu

JR 佐賀駅南口

　　佐賀駅西側高架下的新商場サガハツSagaHatsu,於 2023年 4月開張,集合了佐賀縣特產的美食、酒吧、工藝品、雜貨和書籍等店舖。其中 2024年最受矚目的新店是「らーめん八六」,這是一家用佐賀縣牛骨和牛肉煮出濃郁鮮美湯頭,搭配有嚼勁的麵條和豐富的配料的拉麵店,經常出現排隊的情況。

地址: 佐賀市站前中央 1 丁目 11-20
電話: 0952-24-5335
營業時間: 11:00am-8:00pm
網頁: https://www.jrkbm.co.jp/
　　　　sagaeki-koukashita/

地道佐賀牛店
牛笑 04 ★ MAP 8-3 B1

JR 佐賀駅南口步行 5 分鐘

　　想體驗地道一點的佐賀牛店，可以到車站南口的牛笑。這間店的價格相當親民，採用日本地道自助燒烤的模式，一人份的佐賀牛便宜得不用 ¥1,000！牛笑不做午市，只在晚上5點開始營業，專門做上班族的生意，晚晚都人山人海，而且營業至相當夜，算是少有夜關門的餐廳。

地址：　佐賀市駅南本町 6-2
電話：　095-237-6329
營業時間：平日 6:00pm-10:30pm；
　　　　　星期六 5:00pm-10:30pm；
　　　　　星期日至 9:30pm
消費：　¥3,000 起

★ MAP 8-3 D3 05 了解佐賀文化
佐賀市歷史民俗館

JR 佐賀駅巴士中心乘往「東与賀」或「相久富」方向巴士，於「吳服元町」下車步行 1 分鐘

　　佐賀市歷史民俗館由五棟明治至大正時期的建築物組成，包括了在佐賀舊城中最古老的住家「舊牛島家」(經搬遷復原)、具有西洋味道的「舊古賀銀行」和「舊古賀家」、明治初創立的「舊三省銀行」和集近代與日本傳統的「舊福田家」。這五棟建築可免費入場，可以看到佐賀從明治到大正時期的生活文化及建築變化。

地址：　佐賀市柳町 2-9　電話：　095-222-6849
營業時間：　9:00am-5:00pm；星期一及假期翌日
　　　　　（星期六、日除外）及年末年始休息
網頁：　https://www.sagarekimin.jp/
入場費：　免費

百年古老建築 06 ★ MAP 8-3 D4
大隈記念館 📷

JR 佐賀駅巴士中心乘 20、21 或 23 號巴士，於「大隈記念館入口」下車

　　大隈記念館是紀念佐賀出身的大隈重信，他除了是世界知名學府早稻田大學的創辦人之外，也是明治維新時期舉足輕重的政治人物，曾經兩度出任日本內閣總理大臣 (首相)，可謂近代日本殿下基石的風雲人物。

　　記念館建於大隈重信故居的隔鄰，館內展示大量有關大隈重信的珍貴歷史資料及物品。而大隈重信的故居是武家宅邸，歷史久遠而且保存完整，所以已獲指定為國家史跡。

地址：　佐賀市水ケ江 2-11-11
電話：　095-223-2891
營業時間：　9:00am-5:00pm (最後
　　　　　入場時間 4:30pm)；星
　　　　　期一及年末年始休息
網頁：　www.okuma-museum.jp
入場費 成人 ¥330、小童 ¥160

貴族的精神象徵 **07** 佐嘉神社

MAP 8-3 **C3**

JR 佐賀駅巴士中心乘 20、21、23 或 29 號巴士，於「佐嘉神社前」下車

「佐嘉」是佐賀的舊稱，到了明治維新時將「嘉」改為「賀」，所以可以説佐嘉神社是代表了佐賀的神社。佐嘉神社並不是很古老的神社，創建於昭和8年(1933年)，只有幾十年的歷史。而這裡是為了紀念佐賀藩藩主鍋島直茂。日本人會將天皇神化，同樣也會將一個藩的重要人物神化，為其興建神社。所以佐嘉神社成為了加賀藩下大大小小貴族的精神象徵。

地址：佐賀市松原 2-10-43
電話：095-224-9195　營業時間：24 小時
網頁：www.sagajinjya.jp
入場費：免費

 **MAP** 8-3 **C1**

 08

紅葉名所 九年庵

JR 佐賀駅至 JR 神埼駅，轉乘的士 15 分鐘

這裡原先是大企業家伊丹彌太郎的別莊，於1900年開始在淨土真宗的阿和尚指導之下，花了9年時間建造成九年庵。這裡的建築簡樸有致，由數間茅草屋宅邸，再加上以筑紫平野為背景建造而成的庭院，清靜優雅，這裡是秋天的賞楓名所。每年11月中旬紅葉季節的時候將會對外開放9天，供大眾前來賞楓。

地址：神埼市神埼町神埼的 1696
電話：095-237-0107
營業時間：8:30am-4:00pm，每年只有指定時間開放，最新消息參考網頁
入場費：￥500

一望無際 **09** **MAP** 8-3 **B4**

佐賀縣政府13樓展望台

JR 佐賀站徒步前往約 20 分鐘

佐賀並非大城市，沒有什麼高樓大廈。想飽覽全市景色，到佐賀縣政府已足夠。原來該政府大廈為了服務市民，竟開放了頂層13樓為展望台，免費予當地居民和遊客進內參觀。此外展望台內亦設有，餐廳「志乃」，走西日式路線，必試她的西西里飯，是佐賀的家喻戶曉的地方美食。

政府大廈外觀平凡，不過歡迎參觀。

展望台外望的風光。

地址：佐賀市城內 1-1-59
電話：0952-24-2111
營業時間：8:30am-10:00pm

武雄・嬉野
Takeo Ureshino

溫泉・賞花・江戶景區

交通策略

JR佐賀駅	●●●●●●●●●●●●●●●●●●	JR武雄溫泉駅

特急Green號（みどり）列車（往佐世保方向），30分鐘

＊持JR九州或北九州火車證可免費乘坐

JR 佐賀駅	JR肥前 山口駅	JR武雄 溫泉駅	嬉野 溫泉
特急海鷗號（かもめ）列車（往長崎方向），9分鐘	佐世保線，15分鐘	於南口搭坐JR九州巴士，於「嬉野溫泉」站下車，35分鐘	

＊持JR九州或北九州火車證可免費乘坐，JR九州巴士除外

本 區 名 物 及 推 介 景 點

カイロ堂
人氣火車便當

武雄溫泉
歷史悠久溫泉

豐玉姬神社
参拜美肌之神

肥前夢街道
江戶懷舊景區

Google Map
下載

嬉野

Map 9-1A

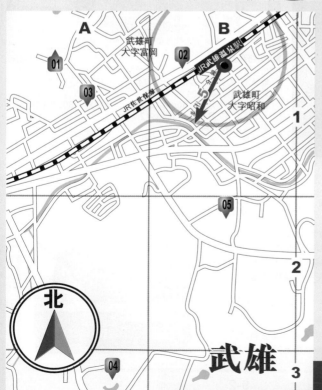

武雄・嬉野

武雄

Map 9-1B

古色古香 📍MAP 9-1B A1
武雄溫泉 01 ♨

🚌 JR 武雄溫泉駅北口步行 15 分鐘

武雄溫泉在1,300年前的《肥前國風土記》中就有記載，是個很古老的溫泉。充滿中國風的朱色樓門是武雄溫泉的象徵。由佐賀縣出身的，曾參與東京站設計的建築家辰野金吾設計。樓門建於1915年，2005年被指定為國家重要文物。樓門對面的武雄溫泉新館也是辰野先生的設計，同樣是國家指定重要文物。2003年恢復設計成當時的面貌，現在作為資料館對外開放。公共溫泉池包括具有懷舊氣氛的元湯，以及蓬萊湯，鷺乃湯共3家。溫泉水令人感覺肌膚潤滑，因其美容功效而廣為人知。

佐賀市 武雄 ● 嬉野 有田 唐津 佐賀廣域

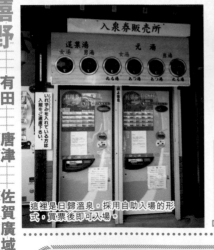

這裡是日歸溫泉，採用自助入場的形式，買票後即可入場。

地址： 佐賀市武雄市武雄町 7425
電話： 095-423-2111
營業時間： 元湯 6:30am-12:00mn；蓬萊湯 6:30am-9:30pm；
鷺乃湯 6:30am-12:00mn
網址： www.takeo-kk.net
入場費： 元湯及蓬萊湯 ￥500(大人)、￥250(小童)；
鷺乃湯 ￥740(大人)、￥370(小童)

武雄溫泉 · 嬉野溫泉

武雄市和嬉野町位於佐賀縣西部靠近與長崎縣交界的地方。武雄溫泉已有1,200多年歷史，因洗浴後能使人皮膚光滑而聞名全日本。這裡最令人熟悉的是位於溫泉街中央的公共浴場入口處，有一座中國風的朱紅色樓門。

嬉野溫泉非常受女性歡迎，因為有日本三大美肌之湯的美譽，傳說神功皇后戰爭回來後路經此地，看到疲累的白鶴將翅膀浸在溫泉中，突然變得很有活力，因此叫受傷的士兵浸泡一下，傷勢也馬上好轉。

得獎火車便當 ② ✒ ★MAP 9-1B B1

カイロ堂

JR 武雄溫泉駅北口
觀光案內所內

牛丼對香港人並不陌生，不過這個可是個得獎的牛丼！JR九州每年都會舉行「九州車站便當大獎」，而這個牛肉壽喜燒便當連續兩年獲得了獎項。這個比賽共有50多個便當參賽，所以得獎的便當是需要有相當的水準。這便當由武雄溫泉站的咖啡室カイロ堂所製作，店主池田太右和員工一起設計出來，將A5等級的佐賀牛造成牛肉壽喜燒再鋪上米飯上。這個便當相當受歡迎，採訪當日只是十二時許便售罄了。

日本人做牛丼相當認真，得獎之餘還可以使大家用這麼便宜的價錢就吃到佐賀牛。

如果在這裡點咖啡，客人可自選一隻武雄燒咖啡杯（當然不能拿走啦！）。

地址： 武雄市武雄町大字富岡 8249-4
電話： 095-422-2767
營業時間： 10:00am-6:00pm
網頁： http://kairodo.com

★MAP 9-1B A1 ③ 百年民宿

大正ロマンの宿 京都屋

JR 武雄溫泉駅步行 15 分鐘

京都屋開業超過一百年，懷舊是她的賣點，希望每位住客都能感受到大正時代(1912-1926)的浪漫。未進入民宿前，住客已可要求乘坐京都屋迷你懷舊巴士或古董房車接送(其實武雄車站離民宿只有10分鐘腳程)。進入民宿，住客會發現大量古舊擺設，令人仿如時光倒流。雖然噱頭多多，但民宿的料理也很有水準，更必嘗冰滴咖啡，其香濃細滑真正與別不同。

地址： 武雄市武雄町大字武雄 7266-7
電話： 0954-23-2171
房價： 雙人房 ￥18,000 起
網頁： http://www.saga-kyotoya.jp/

佐賀 ☆☆☆

杜鵑花海
御船山樂園

 MAP 9-1B A3

04 📷

🚌 JR 武雄溫泉駅南口乘 JR 九州巴士，於御船山樂園下車步行 3 分鐘

櫻花除了日間觀看，賞夜櫻也美得令人眩目。

佐賀市

武雄・嬉野

有田　唐津　佐賀廣域

四季的御船山

春

御船山樂園相傳是武雄藩第28代藩主鍋島茂義為了建設別莊，花了3年時間建造出來的庭園。這裡因為形似唐朝時期的海船，故命名為「御船山」。

每年春天及初夏交替的時間，2,000多棵櫻花及20萬多棵杜鵑花一同盛放，而且巧妙地運用御船山的斷崖為背景，造出仿如中國山水畫的景致，景觀宏偉壯麗。秋天的紅葉更是絕景，所以一年3個季節都吸引不少遊客前來。冬末初春時也不甘示弱，因為這裡的梅林種有1萬棵梅花，同時開放時也甚為壯觀。

夏

秋

地址： 武雄市武雄町武雄 4100　**電話：** 095-423-3131
營業時間： 8:00am-5:00pm(非全年開放)
網頁： www.mifuneyamarakuen.jp
入場費： 成人 ￥500，小童 ￥300(收費按花期而改動)

夏天除了賞花，晚間還有精彩的光影表演。

冬

9-4

話題性圖書館 MAP 9-1B B2
武雄市圖書館 05

1樓是蔦屋書店的部分，採用了無縫空間的設計，感覺寬敞。

1樓設有藏量豐富的DVD區，除了出租給市民，也可以在這裡購買CD和DVD。

館內有星巴克，遊客可買咖啡在這裡閱讀書籍。

🚌 JR 武雄溫泉駅步行 15 分鐘

武雄市圖書館做了一個很話題性的壯舉，就是與蔦屋書店合作，共同營運一所公共圖書館，將圖書館、書店、DVD出租店和咖啡店融為一體。武雄市圖書館在2013年4月重新開放後，在短短3個月便創下26萬人入館的紀錄（武雄市只有5萬人）。蔦屋書店重新將時尚的設計感注入這裡，令大家對於一向帶沉滿感的圖書館印象大改。由於有私人企業參與營運的關係，這裡更可以營業至晚上9時。由於是公共圖書館，因此來此參觀的遊客也要時常保持安靜！

地址： 武雄市武雄町大字武雄 5304 番地 1
電話： 0954-20-0222　營業時間： 9:00am-9:00pm
網頁： https://takeo.city-library.jp/

免費足湯 📍 MAP 9-1A B1
湯遊廣場 06 ♨

🚌 嬉野溫泉巴士中心步行 5 分鐘

湯遊廣場位於嬉野溫泉街上，嬉野居民會在這裡舉行各種活動，成為嬉野居民的一個重要聚腳地。這廣場全天候24小時開放，不過沒有提供毛巾，如果想泡足湯便要自備毛巾。這裡有個角落的外形跟Siebold之湯（シーボルトの湯）很像，所以也稱為Siebold足湯（シーボルトの足湯）。

地址： 嬉野市嬉野町大字下宿 882-1　電話： 0954-42-3310
營業時間： 24 小時　入場費： 免費

免費蒸汽足浴
湯宿廣場 07 ♨

⭐ MAP 9-1A B1

🚌 嬉野溫泉巴士中心步行 3 分鐘

　　湯宿廣場為大眾提供免費足湯及蒸氣足浴，平日有不少這裡的居民都會喜歡前來享用。最特別的是蒸汽足浴，用上高溫蒸汽，將嬉野的天然溫泉水經特殊技術所製成，水的粒子會變成納米粒子，只有0.38納米，是毛孔的20萬分之一的大小，有高度的滲透力，所以加強了美肌之湯的效果。

地址： 嬉野市嬉野町大字下宿乙 2183
電話： 095-442-3310
營業時間： 24 小時，
　　　　　　　蒸汽足浴 9:00am-8:00pm
入場費： 免費

⭐ MAP 9-1A B1
歌德式浴場
08 Siebold 之湯 ♨

🚌 嬉野溫泉巴士中心步行 6 分鐘

　　Siebold之湯(シーボルトの湯)是個公眾浴場，原名為古湯溫泉，在1996年時因為設施老舊而面臨關閉的命運，最後在嬉野居民大力的要求下，終於在2010年重建了木造建築的原貌。這裡用上歌德式的建築風格，配上搶眼的橙白色外牆，感覺跟溫泉有點格格不入。原來，這是大正時代很流行的建築風格，整棟木建築面積達750平方公米，1樓有男湯及女湯，也有5間貸切湯(付費獨立溫泉)。

地址： 嬉野市嬉野町大字下宿乙 818-2
電話： 095-443-1426　　**營業時間：** 6:00am-10:00pm
入場費： ￥420，貸切湯 50 分鐘 ￥2,100
　　　　　 (最多 5 人一室，超出 5 人多付入湯稅 ￥50/ 人)
網頁： spa-ureshino.com

美肌之神　⭐ MAP 9-1A A1
豐玉姫神社 09 ⛩

🚌 嬉野溫泉巴士中心步行 5 分鐘

　　豐玉姫神社位於嬉野溫泉街，位置並不起眼，要花點時間去找。神社供奉的是有美肌之神之稱的豐玉姫，在日本神話中是海神「綿津見」的女兒，因為擁有美麗的容貌和嫩滑的肌膚，所以有此稱號。這裡有一座陶瓷白鯰魚像，全長110公分，是豐玉姫的使者。如果想祈求肌膚美麗光滑，可舀水灑在白鯰魚像上，再輕輕撫摸並誠心祈禱，而且還可以祈求皮膚病早點痊癒。

地址： 嬉野市嬉野町大字下宿乙 2231-2
電話： 095-443-0680
營業時間： 24 小時　**入場費：** 免費

忍者主題樂園
肥前夢街道

  MAP 9-1A D2 ⑩

🚌 嬉野溫泉巴士中心步行 20 分鐘

　　嬉野的肥前夢街道是九州唯一以忍者為題的大型主題樂園。「肥前」是江戶時代連結長崎到小倉之間的重要街道名稱，這裡將300年前江戶時代的街道重現出來，配合各個主題設施，大家可以一試當忍者的生活。「忍者夢幻屋」內有各種奇幻機關和「忍法謎之館」有不同謎題考考各位忍者；一家大小又可以去「大江戶時空迷宮」嘗試破解機關找出口，當然還有精彩的各種忍者表演。小朋友可以在「小小忍者學院」，穿上忍者裝束跟隨忍者頭目「劍源藏」學習忍術，通過大概2小時修行的小小忍者，可獲頒發忍者認定書！

地址： 嬉野市嬉野町大字下野甲 716-1　　**電話：** 095-443-1990
營業時間： 平日 9:30am-4:00pm，　星期六、日及公眾假期 9:30am-5:00pm；星期二休園
網頁： www.hizenyumekaidou.info
入場費： 成人 ￥1,100、小童 ￥600；8 回數券 ￥1,000，忍者服成人 ￥1,300 小童 ￥1,000

MAP 9-1A A1 　人氣湯豆腐
⑪ 宗庵よこ長

午餐時間的湯どうふ定食，￥850起。

🚌 嬉野溫泉巴士中心步行 5 分鐘

　　嬉野的其中一種名物就是湯豆腐，而湯豆腐的發祥地就是在宗庵よこ長。它的湯豆腐由直營工場豆匠よこ長製作，100% 用上嬉野的大豆，再配上經處理的溫泉水，無論是軟硬度和濃度都十分講究，使豆腐吃起來香嫩細膩，口感獨一無二。這裡深受居民及各地饕客的喜愛，採訪日3點到訪已坐滿半間店，據說中午時分都會客滿。

地址： 嬉野市嬉野町下宿乙 2190
電話： 095-442-0563
營業時間： 10:30am-3:30，5:00pm-9:00pm；
　　　　　　星期三休息
網頁： http://yococho.com
消費： ￥850 起

嬉野茶

　　除了湯豆腐，嬉野也盛產茶葉。由於地理環境處於盆地中，有雲霧環抱，又有清澈的水源，加上空氣潔淨，所以可以出產相當優質的茶葉。嬉野茶的製法大概分成兩種，一種是蒸菁綠茶，另一種是炒菁綠茶。除了綠茶，近年有相當人氣的嬉野紅茶，因為甘甜不苦澀，所以深受歡迎。

嬉野溫泉旅館推介

MAP 9-1A **A2** ⑫ **湯宿清流**

嬉野溫泉巴士中心步行 2 分鐘

　　湯宿清流跟大正屋及椎葉山莊屬同一公司，而在三者中價錢最平。雖然價錢最平，但質素絕對保持上等級數。嬉野溫泉較少外國人前來，但酒店的職員卻意外地主動用英語溝通，在晚餐及早餐時也安排懂英語的職員服務，而且也主動介紹餐點，所以值得一讚！這裡的服務一流，職員的招呼非常主動，能做到日本傳統高級溫泉旅館的服務質素。入住清流的客人，可免費泡大正屋及椎葉山莊的溫泉。

地址：	嬉野市嬉野町下宿乙 2314 番地
電話：	0954-42-0130
網頁：	www.seiryuu.jp
房價：	雙人房 ￥28,080/ 晚起 (包早晚餐)

早餐也不遜色，可選飯或粥。

晚餐有湯豆腐，還有佐賀牛，可以吃到佐賀的名物。

大正屋 ⑬ **MAP** 9-1A **A2**

嬉野溫泉巴士中心步行 2 分鐘

　　大正屋於1925年創業，是純日本風味的旅館，四周種有杉木，令客人有種很寧靜的感覺。這裡由曾為日本皇室設計新宮殿的吉村順三大師設計，配上各種名家出品的藝術品，無論是走廊上的雕塑擺設、或是手工地毯、在大廳中的古老家具、甚至是裝飾用的插花設計，全部都出自名家手筆，連咖啡杯也是日本名瓷「有田燒」。溫泉也有特別設計，名為「四季之湯」。在不同季節泡溫泉都有不同的景致，春天可賞花，冬天可賞雪，一邊泡湯一邊感受自然之美。

地址：	嬉野市嬉野町下宿乙 2276-1
電話：	095-442-1170
網頁：	http://taishoya.com
房價：	雙人房 ￥20,520/ 人起 (包早晚餐)

和多屋別莊 ⑭ ★ MAP 9-1A C1

嬉野溫泉巴士中心步行 13 分鐘

　　和多屋別莊歷史很悠久，曾是薩摩藩島津家往來長崎途中的休憩場所，橫跨嬉野川兩岸，佔地大約3萬坪。這裡以「直線美」為主，再用木與石作調和，用天然御影石和檜木建造設計的大浴場「御影殿」。露天溫泉「浮世風呂」非常吸引，一邊泡溫泉，一邊在庭園之中細聽嬉野川流水淙淙。

地址：　佐賀縣嬉野市嬉野町下宿乙 738
電話：　095-442-0210
網頁：　www.wataya.co.jp
房價：　雙人房￥14,040/ 人起 (包早晚餐)

MAP 9-1A A3 ⑮ 華翠苑

嬉野溫泉巴士中心步行 5 分鐘

　　這裡跟一般日式傳統溫泉旅館略有不同，因為這裡融合了日本和西洋風格，餐廳延續了平安時代的餐飲風格，聘請了一流的廚師設計餐飲。館內樸素平實，價錢亦較便宜，而且還有日歸溫泉，不住只泡溫泉也可。

地址：　佐賀縣嬉野市嬉野町岩屋川內甲 333
電話：　095-442-2111
網頁：　www.kasuien.co.jp
房價：　雙人房￥11,000/ 人起 (包早晚餐)

うれしの元湯 ⑯ ★ MAP 9-1A A1

嬉野溫泉巴士中心步行 1 分鐘

　　旅館就在嬉野巴士總站旁邊，一下車就到達，位置十分方便！另外，旅館還提供住宿者限定活動，住客可以免費體驗姐妹館的大眾溫泉設施「百年之湯」。

地址：　嬉野市嬉野町大字下宿乙 2202-8
電話：　0954-20-2111
網頁：　http://www.motoyu-spa.co.jp/
房價：　￥16,610/ 晚起 (包早晚餐)

有田
Arita

陶瓷燒物

交通策略

| JR佐賀駅 | •••••• 特急Green號（みどり）列車（往佐世保方向），40分鐘 •••••• | JR有田駅 |
| JR博多駅 | 特急海鷗（かもめ）號列車（往長崎方向），49分鐘 | JR肥前山口駅 •••••• 佐世保線，36分鐘 |

本區名物及推介景點

China on The Park
陶瓷器主題公園

有田陶瓷之里 Plaza
陶瓷批發地

有田瓷器公園
瓷器宮殿

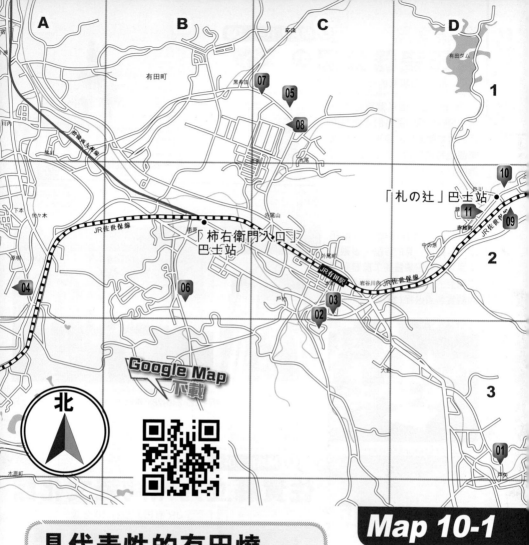

Google Map 下載

北

Map 10-1

具代表性的有田燒

「有田」這個名字幾乎已成為日本陶瓷燒物的總稱。從佐賀駅乘JR前往有田約40分鐘，走出了車站，兩旁盡是各家不同風格的窯元或售賣有田燒的店家，有些更可以體驗燒陶瓷的樂趣。有田燒距今已有400多年歷史，也是日本歷史上最早的瓷器，從中國的景德鎮及朝鮮傳入，以青花瓷、白瓷和色彩繽紛的彩繪等技術燒製出優質瓷器。

有田

瓷器宮殿

有田瓷器公園 01

★ MAP 10-1 D3

🚌 JR 有田駅乘的士 10 分鐘

有田瓷器公園以歐風建築為主，包括仿德國風格的古堡和仿歐洲博物館風格的建築。這裡以德國風格的宮殿「茨溫格爾宮」為中心，展示不同時代的華麗陶瓷器，其中最值得一看的是曾於明治時代維也納萬國博覽會展出過的有田燒青瓷大花瓶，花瓶高達182cm，繪有細緻的圖畫花紋，是難得一見的珍品。參觀人士還可在有田燒體驗工房體驗製作陶瓷的樂趣，也可在酒造工場內觀賞製酒過程(須預約)。

地址： 西松浦郡有田町戶矢乙 340-28　電話： 095-541-0030
營業時間： 9:00am-5:00pm
網頁： www.nonnoko.com/app/info_facilities01.html
入場費： 入園免費，宮殿 ¥600，學生 ¥300

★ MAP 10-1 C3 02　一屋「陶」寶

佐賀縣立九州陶瓷文化館

🚌 JR 有田駅步行 10 分鐘

為了好好保存九州陶瓷文化遺產，佐賀縣建立了九州陶瓷文化館，從各處收集來自九州各地的陶瓷，又以肥前(從前對佐賀及長崎的名稱)陶器為主。館內有3層，展示了九州的陶瓷歷史，以及現代陶瓷藝術家的作品。這裡還有個很值得參觀的展覽，就是「柴田夫婦珍藏系列」，包括柴田夫婦捐出10,311件江戶時期有田燒瓷器。

地址： 西松浦郡有田町戶杓乙 3100-1
電話： 095-543-3681
營業時間： 9:00am-5:00pm；
　　　　　星期一及 12 月 29-31 日休息
網頁： http://saga-museum.jp/ceramic
入場費： 免費

瓷器咖啡廳 03 ⭐ MAP 10-1 C2
ギャラリー 有田

🚌 JR 有田駅步行 7 分鐘

　　這家 cafe 收藏很多有田燒杯子，當中也不乏稀有停產的限量款，而這些杯子可不只是收藏品，食客還可以在這裡挑選自己喜歡的款式當作用膳時所使用的餐具。餐點方面以佐賀的鄉土料理為主題，當中以每日限量 10 份有田燒五膳最為有名，瓷盒中裝著五種不同料理方式的雞料理，配以熱湯、冷盤豆腐、漬菜和白飯，是一道非常豐盛的料理！

地址：	西松浦郡有田町本町乙 3057
電話：	0955-42-2952
營業時間：	11:00am-5:00pm
網頁：	https://gallery-arita.co.jp/

⭐ MAP 10-1 A2 04 陶瓷器主題公園
China on The Park

🚌 JR 有田駅乘的士約 10 分鐘

　　陶瓷器主題公園由深川製磁營運，深川家的有田燒歷史可追溯到 1650 年，到了 1910 年即明治 43 年，便開始為皇室燒製瓷器，可說是有田燒中的名門望族。園內的「畫廊 • 忠次館」室內設計古色古香，展示出深川製磁初期的作品，及有 350 年歷史的窯戶深川家的珍藏陶瓷器，以及各式各樣作為日本皇室、宮廷之內專用的陶瓷製品。此外，每逢 5 月中旬至 6 月上旬，這裡還有一片九州難得一見的薰衣草田。

地址：	西松浦郡有田町原明乙 111
電話：	095-546-3900
營業時間：	9:00am-5:30pm；星期二休息
網頁：	www.fukagawa-seiji.co.jp/cotp/index.php
入場費：	免費

步驟講究
源右衛門

⭐ MAP 10-1 C1
05

🚌 JR 有田駅步行 25 分鐘或乘的士 5 分鐘

　　源右衛門在有田燒界已有 260 年歷史，手工精巧，很多人專誠來購買他們的產品。他們目前有 50 多位師傅，每人至少有 10 年以上經驗，從製陶、上釉、上色和燒陶等都堅持用最古老的方法，每一個步驟都十分費時，有些更要花上數月來完成，只要一有多達 20% 的瑕疵便會淘汰。這裡還有一個小型的古伊萬里資料館，在欣賞這麼漂亮的陶瓷之餘，更可以簡單了解有田燒的歷史。

地址：	西松浦郡有田町丸尾丙 2726 番地
電話：	095-542-4164
營業時間：	8:00am-5:00pm、星期六及日 9:00am-5:00pm
網頁：	www.gen-emon.co.jp

柿樹取名
柿右衛門窯

MAP 10-1 **B2** 06

🚌 JR 有田駅乘有田社區巴士於「柿右衛門入口」站下車步行約 5 分鐘或 JR 有田駅乘的士 8 分鐘

柿右衛門已經有300多年歷史，在1640年創立，他們獨創了「赤繪」這種燒瓷技術，在瓷器上成功燒上柿紅色，成為享負盛名的國際陶瓷大師。據說最初的構想是來自柿右衛門自宅的柿子樹，也因此將店名改為柿右衛門。而這裡的瓷器有種獨特的淡乳白色，散發出清雅的透明感，這種乳白色名為「濁手」，也是柿右衛門不外傳的技術。

地址： 西松浦郡有田町南山丁 352
電話： 095-542-2267
營業時間： 9:00am-5:00pm
□ **網頁：** www.kakiemon.co.jp

🔍 **MAP** 10-1 **C1** 07

全人手繪製
しん窯青花

🚌 JR 有田駅步行 30 分鐘或乘的士約 5 分鐘

地址： 西松浦郡有田町黑牟田丙 2788
電話： 095-543-2215
營業時間： 8:00am-5:00pm，
　　　　　星期六、日
　　　　　1:00pm-5:00pm
□ **網頁：** http://shingama.com

しん窯早在天保年元年(1830年)已開始在有田築窯燒瓷，是鍋島藩的藩窯。直到現在，他們仍然堅持用傳統的方法製瓷，全部工序只用人手製作，器皿上的一筆一繪都是用人手畫上。此外，他們製作的青花瓷相當精美，也是知名的餐具。這裡除了是工作室，也有展覽場，還有陶藝術教室，平日可以讓公眾參觀工作室。

陶瓷批發地
有田陶瓷之里 Plaza

08 ⭐ **MAP** 10-1 **C1**

🚌 JR 有田駅步行 20 分鐘或乘的士約 5 分鐘

其實，有田燒也不是這麼的難以接近，花點時間從有田駅乘5分鐘車，便可以去到有田陶瓷之里 Plaza。這裡集合了25間店，店舖圍住中間的是一個廣闊的廣場，讓人購買完畢後也可以坐下來休息一會。這裡可以買到平價的有田燒，價錢比專門店平好幾倍，而且設計都會有驚喜，很多都配合了現代風設計，所以吸引不少年輕女性前來。

地址： 西松浦郡有田町赤坂丙 2351 番地 170
電話： 095-543-2288
營業時間： 10:00am-5:00pm
□ **網頁：** www.arita.gr.jp

關於有田燒五膳的餐廳資料：
www.arita.jp/gourmet/post_22.html

有田燒五膳

有田燒五膳是有田町的餐廳結合了有田燒和有田產的雞肉推出的地道餐點。最特別的地方是以有田有名的藝術家有田燒作器皿，盛載著時令新鮮食材。五膳包括了燒物、醋物、煮物、蒸物及炸物，菜式也會隨季節而改變，在有田只有5處可以吃到。

陶瓷之神
陶山神社

★ MAP 10-1 D2 **09**

JR 有田駅乘有田社區巴士，於「札の辻」站下車後步行 5 分鐘

　　陶山神社於1658年建成，供奉「陶祖」李參平。李參平是朝鮮陶匠，是有田燒其中一位創始者，供奉他主要是保護有田居民，也是陶瓷行業的守護者。神社內最特別的是所有狛犬、鳥居等都是陶瓷製品，而繪馬和御守也是有田燒所製造，是相當特別的手信。

地址： 西松浦郡有田町大樽 2-5-1
電話： 095-542-3310
營業時間： 24 小時
網頁： www.arita-toso.net
入場費： 免費

★ MAP 10-1 D2 明治石造倉庫
10 有田陶瓷美術館

JR 有田駅乘有田社區巴士，於「札の辻」站下車後步行 5 分鐘

　　有田陶瓷美術館前身是明治時代的石造倉庫，於1954年改建而成。館內有系統地收藏了有田陶瓷創始初期到現代的陶瓷作品，及關於燒窯資料、美術史等文獻。當中收藏染付有田皿山職人所繪製的陶瓷碟，畫中生動地表現了江戶時代有田皿山的職人工作情景，更被列為縣重要文化財產。此外，還展示出與有田燒歷史淵源深厚的中國景德鎮、德國邁森市的陶瓷作品，了解世界各地的陶瓷藝術。

地址： 西松浦郡有田町大樽 1-4-2
電話： 095-543-2678
營業時間： 9:00am-4:30pm；星期一及 12 月 29-1 月 3 日休息，4 月 29-5 月 5 日陶器市期間照常營業
入場費： ￥120

華麗風陶瓷
香蘭社

★ MAP 10-1 D2 **11**

JR 有田駅乘有田社區巴士，於「札の辻」站下車後步行 5 分鐘

　　香蘭社於1879年由第八代深川榮左衛門創立，有百多年歷史，他集合當時出色的陶瓷工匠、畫師，製造手工精緻的陶瓷，風格傾向華麗斑斕，曾於萬國博覽會獲得殊榮。他們採用有田泉山出產的白瓷土，配以白、輕、薄的風格，製造出獨有的陶瓷。在明治時代更一直被日本皇室採用為御用品。

地址： 西松浦郡有田町幸平 1 丁目 3 番 8 号
電話： 095-543-2131
營業時間： 9:00am-5:00pm；12 月 31 日至 1 月 2 日休息
網頁： www.koransha.co.jp

唐津
Karatsu

古蹟 ● 朝市 ● 波戶岬

交通策略

JR佐賀駅 ● **JR唐津駅**

長崎本線 ● 唐津線（往西唐津方向），70分鐘

＊持JR北九州/JR全九州火車證可免費乘坐

本區名物及推介景點

唐津城／
舞鶴公園
賞景地標

唐津市ふる
さぇと会館
土產手信

名護屋城跡
日本第二大城跡

呼子朝市
熱鬧漁市場

Map 11-1A
Map 11-1B

Google Map
下載

呼子

JR西唐津駅

JR唐津駅

JR虹ノ松原駅

JR浜崎駅

JR和多田駅 JR東唐津駅 JR唐津線

08 13 12 11 10 09 07 03 02

北

A B C D

1 2 3

北城內 06 東城內 01

大名小路

南城內 千代田町

刀町 本町

米屋町 吳服町 木綿町

平野町 05 京町

桐屋町 高砂町 魚屋町

JR唐津駅 04

A B C

1 2

北

佐賀市　武雄・嬉野　有田　**唐津**　佐賀廣域

唐津地標
唐津城／舞鶴公園 ❶ 📷

🔍 **MAP** 11-1B **C1**

🚌 JR 唐津駅北口步行 25 分鐘，或 JR 唐津駅北口前乘昭和循環巴士東路線 20 分鐘，於「唐津城入口」站下車步行約 7 分鐘

唐津城是唐津藩第1代藩主寺澤廣高花了7年時間於1608年建成，他是豐臣秀吉的武將。現時唐津城位於舞鶴公園內，全區都對外開放，春天是賞櫻熱點，初夏時又是紫藤花的觀賞名所，這裡5萬朵紫藤花，樹齡達100歲以上，成為公園最人氣的地方。天守閣共有6層，內部改裝為鄉土博物館，頂層可俯瞰唐津港灣，遠眺虹之松原及高島。在日本明治時期，由於城堡是武家的政權象徵，所以唐津城也難逃拆卸的命運，現時看到的天守閣是1966年重建的。

在 JR 唐津駅北口外有「昭和循環巴士」前往唐津城，每45分鐘一班。
網頁：www.showa-bus.jp

登上舞鶴公園有兩個方法，一是步行一條231級的長樓梯，或者付 ¥100 乘升降機。

從天守閣居高臨下，還可以遠眺虹之松原。

地址： 唐津市東城內 8-1
電話： 095-572-5697
營業時間： 9:00am-5:00pm；
　　　　　　 12 月 29 日 -31 日休息
入場費： 成人 ￥500，小童 ￥250

關於 唐津市

唐津市位於佐賀縣的西北部東松浦半島側的港灣城市，也是佐賀縣北部的中心地帶。這裡取名為「唐津」，是因為在中國唐代時這裡是日本前往中國的重要港口，而「津」則是日文「港」的意思，因此而得名。從佐賀市到這裡，乘火車車程約為1小時8分鐘。

壯麗松原
虹の松原 ❷ 📷

🔍 **MAP** 11-1A **D3**

🚌 JR 筑肥線「虹之松原」駅步行 30 分鐘 / JR 唐津駅前乘昭和循環巴士東路線 20 分鐘，於「シーサイド前」下車步行約 7 分鐘

從唐津城天守閣望過去，沿著唐津灣有一片壯觀青翠的松原，因形狀像彩虹一樣而得名。這裡是日本三大松原之一，松樹林長達 5 公里，闊約1公里，松樹數目達100萬棵。據說在17世紀初，唐津藩主寺澤廣高為了防風和防潮，在海岸線的沙丘上種植了黑松林，成為了今天這美麗的松景。而這裡也曾獲 NHK 電視台舉行的「21世紀要保留的日本風景」投票中的第5位。

地址： 唐津市東唐津
電話： 095-572-5697

橫財之神
寶當神社 ⓿③ ⛩ ★ 🔍 MAP 11-1A C2

🚌 JR 唐津駅步行 15 分鐘到寶當棧橋，乘船 10 分鐘到高島港

　　神社建於1768年，那時是用來祭祀曾經保護高島不受海盜侵襲的戰國時代武將「野崎隱岐守網吉」。於90年代，有島上居民參拜寶當神社後中了彩票頭獎，之後接二連三有類似情況發生，經傳媒報道後，現在這小小神社每年卻有約20萬人參拜。在神社內不難找到信眾寄來的感謝信，感謝神明保佑中獎，這樣可知道這裡究竟有多靈驗！

高島⇔唐津船班次時間表　船票：單程 ¥220					
唐津出發	7:50am	10:00 am	11:40 am	2:10 pm	4:00 pm	6:00 pm
高島出發	7:00am	9:00 am	10:45 am	1:20 pm	3:00 pm	5:00pm

參考網頁：www.kaiun-houtou.com/koutsuuannai2.html

地址：　唐津市高島 523　　電話：　095-574-3715　　營業時間：　24 小時
網頁：　http://houtoujinja.jp　　入場費：　免費

★ 🔍 MAP 11-1B A2 ⓿④ 土產館
唐津市ふるさと会館APRINO

🚌 JR 唐津駅北口步行 1 分鐘

　　FURUSATO会館ARPINO就在JR唐津駅旁，專賣唐津的土產，對於遊客來說是非常方便。這裡的1樓是專賣唐津土產，有松露饅頭和魷魚燒賣等。而2樓則是唐津燒陶瓷器展賣場，除了可以買到唐津燒陶瓷器外，還可以體驗繪製陶瓷彩繪。3樓是餐廳，這裡可以吃到玄界灘新鮮海產。

地址：　佐賀縣唐津市新興町 2881 番地 1
電話：　095-575-5155
營業時間：　9:00am-6:00pm；餐廳 10:00am-5:00pm
網頁：　www.karatsu-arpino.com

唐津重要文化財產 ⓿⑤ 📷
舊唐津銀行 🔍 MAP 11-1B B2

🚌 JR 唐津駅北口步行 10 分鐘

　　舊唐津銀行已擁有超過百年歷史，於1912年竣工，當時由明治建築界大師辰野金吾博士監修及由其弟子田中實設計建造，辰野博士就是東京火車站的建築師，而他本是從唐津市出身。設計的時候整體採用了典型的「辰野式」結構，而且選用獨有的赤煉瓦磚塊等獨特設計。這裡展示出唐津近代的重要歷史資料，已獲唐津市指定為重要文化財產。

地址：　唐津市本町 1513-15　電話：　095-570-1717
營業時間：　9:00am-6:00pm；12 月 29 日至 31 日休息
網頁：　http://karatsu-bank.jp
入場費：　一般展覽免費，特別展覽個別收費

和洋風格建築 06

舊高取邸 ★ MAP 11-1B B1

JR 唐津駅北口乘昭和循環巴士於「城內二の門」站下車後步行 5 分鐘

　　這裡是明治時期肥前(長崎、佐賀一帶的舊稱)大企業家炭坑王高取伊好的宅邸，現時獲指定為日本重要文化財產，並修復至昭和時間的面貌。因為高取伊好喜好能劇，所以屋內設有表演舞台，而舞台的布景是一棵大松樹的杉戶繪，跟充滿西式風味的房間形成強烈對比，反映出屋主深受西洋文化的影響。

地址：　唐津市北城內 5-40　　電話：　095-575-0289
營業時間：　9:30am-5:00pm；
　　　　　　星期一、12 月 29 日至 1 月 3 日休息
網頁：　www.karatsu-bunka.or.jp/kyutakatoritei.html
費用：　成人￥520、小童￥260

★ MAP 11-1A A1 日本第二大城跡

名護屋城跡

07

JR 唐津駅北口步行 5-8 分鐘至唐津市大手口巴士中心乘巴士於「名護屋城博物館入口」站下車

　　名護屋城於1591年建成，是日本現存規模第二大的城跡。名護屋城是當年豐臣秀吉在出兵朝鮮的文祿慶長戰役中所築建的城堡，佔地約有17萬平方公尺，從城堡中心向外延伸半徑3公里的範圍內，有多達130座日本戰國名將所建造的陣屋。現在的城跡內建立了博物館，展出有關日本與朝鮮的交流歷史，亦有舉辦關於陶瓷的展覽，因為在文祿慶長戰役中，韓國人將製陶的技術傳到了九州。

地址：　唐津市鎮西町名護屋 1931-3　　電話：　095-582-4905
營業時間：　9:00am-5:00pm；星期一、12 月 29 日-12 月 31 日休息
費用：　免費

戀人之聖地 08 ★ MAP 11-1A A1

波戶岬 人氣景點

2024年4月重開

JR 唐津駅北口步行 5-8 分鐘至唐津市大手口巴士中心乘巴士於「波戶岬」站下車步行 5 分鐘

　　波戶岬是東松浦半島最北端的海角，有廣闊的草原和美麗的玄界灘日落。由於岬上有一個白色的心形雕刻，加上「波戶」和「心」的發音相近，波戶岬於2008年獲選為「戀人之聖地」之一，也被稱為「心心岬」，成為戀人們約會和求婚的熱點。波戶岬還有一個人氣景點，就是「海中展望塔」，這是一座連接海岸的展望塔，塔底深入水底7米，可以看到海底的生物和景觀。2024年4月展望塔完成復修並重開，內部增設3D影像投射，讓遊客可以360度環顧四周並體驗海底世界。

地址：　唐津市鎮西町波戶
營業時間：　戶外：24 小時；
　　　　　　展望塔：
　　　　　　4-9 月 9:00am-6:00pm；
　　　　　　10-3 月 9:00am-5:00pm
展望塔費用：　￥570
網頁：　https://hadomisaki.jp/

關於呼子町

呼子町地方小小，卻是盛產魷魚，而且全國知名，這裡可以品嚐到最新鮮肥味的魷魚刺身。這裡位於唐津市內東松浦半島的最北端，由福岡駕車過來只不過是30分鐘車程。這裡是個漁港小鎮，有種歐洲度假小鎮的味道。由於魚產豐富，活魷魚刺身更是風靡全日本，這裡的漁獲更是在業界中知名。

09 日本三大朝市之一

MAP 11-1A B1 呼子朝市

JR 唐津駅北口步行 5-8 分鐘至唐津市大手口巴士中心乘搭昭和巴士於呼子站下車

呼子朝市是日本三大朝市之一，位置就在呼子港旁，早上漁船停靠海港時，聚集了許多餐廳前來選購新鮮漁獲，也有不少居民前來買新鮮的海產，因為商業往來頻繁，所以形成一個熱鬧市場。這裡全長200公尺，兩旁攤販林立，雖然只在早上開市，但非常熱鬧，可買到各式各樣的新鮮漁獲、花卉蔬果等。這裡每天早上7點半到11點會禁止車輛駛入，供攤販使用，也成為行人步道。

地址： 唐津市呼子町呼子朝市通り
電話： 095-582-3426
營業時間： 7:30am-12:00nn；
　　　　　　1月1日休息

海中展覽船 10

ZEELA MAP 11-1A B1

JR 唐津駅北口步行 5-8 分鐘至唐津市大手口巴士中心乘搭昭和巴士往呼子方向路線，於「呼子」站下車，跟著「呼子港 Marinpal 呼子」的指示往碼頭

海中展覽船「ZEELA號」是一艘半潛水海中展覽船，往返呼子及鷹島之間，可透過船中的玻璃窗欣賞1.2米下的海底世界，和海洋生物來個近距離接觸。設計以可愛的鯨魚為概念，讓乘客好像騎在鯨魚背上出海，走到鯨魚的肚子裡又可以欣賞海底世界。「ZEELA號」分別有兩艘藍色鯨魚和粉紅色鯨魚，而粉紅色鯨魚則由女船長掌舵。

地址： 唐津市呼子町
班次： 9:00am、10:00am、11:00am、12:00nn、1:00pm、 2:00pm、3:00pm、4:00pm、5:00pm；
　　　　11月-2月：最後班次是 4:00pm
網頁： www.marinepal-yobuko.co.jp　　**參加費：** 成人 ￥2,200，小童 ￥1,100

七釜觀光遊覽船
魷魚丸號 ⑪ 🚗

MAP 11-1A **B1**

🚌 唐津市大手口巴士中心乘搭昭和巴士往呼子方向路線，於「呼子」站下車，跟著「呼子港 Marinpal 呼子」的指示往碼頭

七釜洞窟是受到玄界灘的激浪侵蝕而形成的斷崖，因為岸壁上的七個巨大洞窟，外觀像七個鍋釜並列在一起，因而得名，也獲指定為國家天然紀念物。這裡最大的洞窟入口處闊3米，深度長達110米多，所以遊客可以乘坐七釜觀光遊覽船，船程約40分鐘，進入洞窟探索神秘，近距離欣賞大自然的鬼斧神工，很適合一家大小前來。

地址：　唐津市呼子町
班次：　9:30am 10:30am 11:30am 12:30pm 1:30pm 2:30pm 3:30pm 4:30pm
網頁：　www.marinepal-yobuko.co.jp　參加費：　成人 ￥2,000，小童 ￥1,000

MAP 11-1A **A1** 📷

美麗壯觀
呼子大橋 ⑫

🚌 唐津市大手口巴士中心乘搭昭和巴士往呼子方向路線，於「呼子」站下車，轉乘往加部島方向的巴士，於「呼子大橋入口」站下車

呼子大橋全長728米，1989年竣工，連接呼子本島和加部島的大橋。在加部島側有一個風見丘公園，這裡是呼子地區最代表性的一個展望台，在展望台上可以將壯觀的呼子橋和呼子灣盡收眼簾，也可以遠眺玄界灘的景色。

地址：　唐津市呼子町殿ノ浦加部島

風都見得到 🔍 MAP 11-1A **A1**
風の見える丘公園 ⑬

🚌 唐津市大手口巴士中心乘搭昭和巴士往呼子方向路線，於「呼子」站下車，轉乘往加部島方向的巴士，於「呼子大橋入口」站下車，步行25分鐘

這個公園的名稱意思是「可以看見風的山丘公園」，位置就在玄界灘的加部島。公園有一座白色的風車，相當易認，而風車輕輕的轉動，便代表了你可以「看到」風，也是這裡的名字由來。公園內四季開滿花，欣賞湛藍的海港，吹著微微的海風。

地址：　唐津市呼子町加部島 3279-1
營業時間：　9:00am-5:00pm(周二休館)
網頁：　www.asobo-saga.jp/search/detail.html?id=99

佐賀廣域
（鹿島、吉野里町、鳥栖）
Kashima, Yoshinogari & Tosu
部落遺跡・Outlet

交通策略

JR佐賀駅	長崎本線・特急海鷗號（かもめ）列車，20分鐘	**JR肥前鹿島駅**
	JR吉野ヶ里公園駅	
	11分鐘　長崎本線（往鳥栖方向）　14分鐘	**JR鳥栖駅**
JR博多駅		
	鹿兒島本線・特急列車，20分鐘	

本區名物及推介景點

吉野ヶ里歷史公園
彌生時代遺址

Tosu Premium Outlet
購物血拼

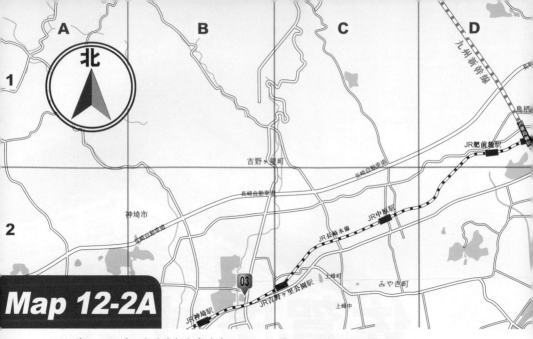

A **B** **C** **D**

北

1

JR肥前鹿島駅

吉野ヶ里町

神埼市

2

JR中原駅

JR長崎本線

みやき町

03

上峰町

JR吉野ヶ里公園駅

JR神埼駅

上峰中

Map 12-2A

日本三大稻荷神社 ⑪
祐德稻荷神社 ⛩

★ MAP 12-2B A3

🚌 JR 佐賀駅乘長崎本線於 JR 肥前鹿島駅下車，再轉乘祐德巴士於祐德神社前下車再步行 5 分鐘

　　祐德稻荷神社位於佐賀縣南部的鹿島市，是日本三大稻荷神社之一，當地人暱稱為「祐德SAN」。祐德稻荷神社於1687年創建，距今已有300多年歷史。當中最令人深刻的是朱紅色神殿、拜殿、樓門等主要建築物，非常漂亮，被獲稱為「鎮西日光」。每年有多達300萬名信眾前來參拜，日本的稻荷神社就是祈求商業繁盛的地方。這裡每年2月初會舉行初午祭，祈求生意興隆；12月8日又會舉行火祭，感謝秋天豐收，也是象徵給予神靈的饗宴。

這裡祈求良緣也相當有名。

地址： 鹿島市古枝　電話： 095-462-2151
營業時間： 24 小時　網頁： www.yutokusan.jp

JR鹿兒島本線

長崎自動車道

JR田代駅

JR鳥栖駅

JR鹿兒島本線

浜町

鹿島バイパス

JR肥前浜駅

北

1

2

3

01

Map 12-2B

Google Map 下載

佐賀廣域

02 阿嬤電影拍攝場景

MAP 12-2B **B1** 肥前浜宿

JR 佐賀駅乘長崎本線
於 JR 肥前浜駅下車

　肥前浜宿是肥前浜的一個江戸時代已有的宿場，而肥前浜是室町時代就已經成立的鄉町。在江戸時代，這裡是通往長崎的「長崎街道」的其中一段路，因為多人聚集於此地而形成完整的街町。這裡還保留了很多江戸時代的建築，如有防火功能的倉庫居藏造町家、土藏造的大型酒藏、茅葺町家和武家住宅等。2006年日本的一部電影「佐賀的超級阿嬤」大受好評，拍攝場景就在這裡。這裡也有歷史悠久的傳統日本釀酒廠，可以試飲及參觀。

地址：　鹿島市浜町 933 　電話：　095-469-8004

佐賀市
武雄・嬉野
有田
唐津
佐賀廣域

特別史跡 03 ★ MAP 12-2A B2
吉野ヶ里歷史公園

🚌 JR 佐賀駅乘長崎本線（往鳥栖方向），
於 JR 吉野ヶ里公園駅下車步行 15 分鐘

吉野里歷史遺跡是日本彌生時代最大規模的環壕部落遺跡，獲日本國家指定為特別史跡，把部落逐漸發展為集中聚居成國家的雛形展示出來，登上展望台更可以清晰觀察到整個部落的結構和分布。這裡分為4個區域，包括入口區、古代森林區、環壕部落區和古代原野區，公園內還復原了彌生時代的主祭殿、豎穴式居所等建築物，亦有設置展覽館展出重要的出土文物。

地址： 神埼郡吉野ヶ里町田手 1843
電話： 095-255-9333
營業時間： 4 月 1 日至 5 月 31 日、
　　　　　9 月 1 日至 3 月 31 日 9:00am-5:00pm；
　　　　　6 月 1 日至 8 月 31 日 9:00am-6:00pm
網頁： www.yoshinogari.jp
入場費： 成人 ￥460

★ MAP 12-2A E1 04 血拼到底
人氣景點
鳥栖 Tosu Premium Outlets

🚌 JR 佐賀駅乘長崎本線往 JR 鳥栖駅，再轉乘穿梭巴士直達

鳥栖 Premium Outlet 是全九州最大規模的 Outlet，跟大阪和御殿場都屬同一集團。這裡佔地13萬4千平方米，以南加州風情作主題，並且集結了超過150個世界知名品牌，喜歡 shopping 的人一定可以逛上一整天。從佐賀駅來這裡非常方便，乘20分鐘 JR 再轉乘15分鐘穿梭巴士（平日每小時1班，星期六、日假期約每小時2班），福岡更有高速巴士前來。

地址： 鳥栖市弥生が丘 8-1
電話： 094-287-7370
營業時間： 10:00am-8:00pm；2 月第三個星期四休息
網頁： www.premiumoutlets.co.jp/tosu
車費： JR 鳥栖駅穿梭巴士 ￥210

佐賀名物

佐賀縣無論是農產品還是海產都非常有名，如果來到佐賀，可以買一些特色的土產回去當手信。

佐賀酒

因為有清澈的水源，加上土地肥沃，所以令佐賀成為稻米之鄉。日本酒以米釀製，以佐賀的優質米釀製的清酒自然是好酒，有些佐賀酒更獲得國際獎項。

松露饅頭

松露饅頭是代表唐津的點心之一。所謂的松露，其實是虹之松原在每年的春、秋之季所生長的蘑菇名字。松露饅頭的形狀就是仿照松露的形狀，外面的是蛋糕包入甜味上等的紅豆沙餡。

佐賀海苔

佐賀的有明海盛產海苔，不論是品質或數量都堪稱日本第一位。有明海是一個具有豐富營養成分的灘塗海，當河川在流入有明海時，便把含有大量營養成分的沙土運入了灣內，加上潮流，所以助長了海苔的養殖。因為潮流將淡水與海水摻混在一起，海苔得到了最適當的鹽分濃度，加上海苔每天能得到充分的日曬，因而形成其獨特且甜美的風味。

丸房露

丸房露也是代表佐賀的點心，本來是西洋點心，在300年以前，由居住在長崎的荷蘭人傳入的。傳之後，日本以雞蛋、蜂蜜、發酵粉等加以改良，浸泡牛奶後再吃會更好味！

佐賀羊羹

羊羹這種甜品從中國傳入，最初是鹹味，後來在日本發展成甜品。據說在明治時代就以櫻羊羹之名而頗受歡迎。其原料乃使用小豆、砂糖、寒天、抹茶等。小城羊羹是日本全國的有名商標，屬於非常大眾化的珍品。

佐賀牛咖喱

「佐賀牛」為黑毛和牛，肉質柔軟，油花豐富、分佈均勻，入口即溶，而且肉味濃郁，令人一試難忘。想把佐賀牛帶回家，可以考慮買佐賀牛咖喱，很多土產店都有售。

熊本縣
Kumamoto

熊本縣的人口大約有180萬人，位於九州的正中央，從福岡乘新幹線到熊本，車程不過是38分鐘左右，不論是即日來回，還是住宿一晚的旅行形式，也是非常適合。熊本縣最出名的是阿蘇火山，還有不少草原和湖泊。除了自然風光，這裡也有日本三大名城之一的熊本城，喜歡泡溫泉的可前往黑川溫泉。美食方面，熊本最出名和最特別的非馬肉料理不可！當然，熊本名物怎少得熊本熊Kumamon的份！

有用網頁：

熊本縣觀光網站 Ngomi 紀行
阿蘇市觀光協會
阿蘇溫泉觀光旅館協同組合

http://kumanago.jp/tw
www.asocity-kanko.jp
http://onsen.aso.ne.jp

福岡縣

山鹿溫泉

阿蘇山

熊本市

長崎縣

宮崎縣

熊本縣

鹿兒島縣

熊本市
Kumamoto

大型百貨・馬肉料理

交通策略

JR博多駅	新幹線櫻花號（さくら）列車，35分鐘 ＊持JR全九州及北九州火車證可免費乘搭	
JR鹿兒島中央駅	新幹線櫻花號（さくら）列車，44分鐘 ＊持JR全九州及南九州火車證可免費乘坐	**JR熊本駅**
JR佐賀駅 **JR新鳥栖駅**	長崎本線・特快列車 海鷗號，13分鐘　　JR鹿兒島本線，35分鐘 ＊持JR全九州及北九州火車證可免費乘搭	
博多站巴士總站	西鐵巴士（九州產交バス／ Super Express），130分鐘	**熊本駅前**
長崎駅前	產交巴士（高速りんどう号），230分鐘	

本區名物及推介景點

熊本城
三大名城

水前寺
江戶時代庭園

菅乃屋
馬肉料理

Kumamon Square
熊本熊迷朝聖景點

A B C D

北

Google Map
下載

熊本市

1.熊本市電   13-4
2.肥後よかモン市場   13-5
3.熊本城周遊巴士   13-6
4.熊本城   13-6
5.水前寺成趣園   13-9
6.熊本市現代美術館   13-10
7.Tsuruya   13-11
8.岡田珈琲   13-11
9.燒肉すとう   13-11
10.菅乃屋   13-12
11.桜の馬場城彩苑   13-12
12.加茂川   13-13
13.Kumamon Square   13-13
14.蜂樂饅頭   13-14
15.勝烈亭   13-14
熊本屋台村   新事-2
新大谷飯店   F8-3
ANA Crowne Plaza
Kumamoto New Sky   F8-3

04

11

上林町
南坪井町

丸小酒店

城東町

草

水道町

熊本城堡酒店

09
14

上通

12

06

手取本町

通町筋

熊本屋台村

08
熊本市電

07
水道町

花畑町

安政町

KUMAMON Square &
KUMAMON専門店

13

15
10

下通
1丁目

GR酒店水道町

中央街

第一 SUNRISE HOTEL

第三 SUNRISE HOTEL

丸品寺

熊本市電

Map 13-3A

北

熊本市

熊本城

熊本市電

ANA Crowne Plaza
Kumamoto

豊肥本線

九州新幹線

05

Map 13-3C

北

A B

3丁目

鹿児島本線

03
出口

新大谷飯店

01

JR
熊本
駅

02

JR九州酒店熊本

出口

熊本 Station 酒店

2丁目

東橫 INN 熊本駅前

1丁目

Map 13-3B

MAP 13-3B A1 歷史悠久

01 熊本市電

　　熊本市電的歷史相當悠久，早在大正13年（1924年）已行走於熊本市，已有90年歷史！直到現在，熊本市電仍扮演著重要角色，為熊本市市民每日的上班上學的重要交通工具。現時，熊本市電的路線分成2條，一般遊客常用站有：熊本駅前、熊本城前、通町筋和水前寺，單程車費大人￥180、小童￥90。

市電1日乘車券

　　熊本市電為方便遊客，推出了一日乘車券，乘車券訂價成人￥500，小童￥250，可一天內無限次乘坐熊本市電。另設有三種區間指定乘車證，售價￥700、￥900及￥2,000，可在熊本縣內一天任乘各種巴士、市電及火車。

一日乘車券，可以在JR熊本駅的綜合觀光案內所買到。

網頁：　www.kotsu-kumamoto.jp
　　　　（熊本市交通局）

熊本市電路線圖

―――― 路線 A
―――― 路線 B

資料來源：熊本市交通局

熊本名物集中地 02 ★ MAP 13-3B A1

肥後よかモン市場

🚌 JR 熊本駅內

　　肥後よかモン市場有60家商店，當中少不了觀光客喜歡的手信店、食品店和餐廳。市場就在JR熊本站檢票口前，門前還有熊本有名吉祥物熊本熊歡迎你。如果想帶隻熊本熊回家，可以到熊本銘品蔵和くまもと旬彩館逛逛，那邊有各式各樣的熊本熊周邊，從公仔到餐具都有它的身影。

　　如果逛到肚餓，可以到菅乃屋試試當地特產馬肉料理，店內提供刺身、壽司、咖哩、馬肉排等等，馬肉煙韌鮮甜的口感吸引很多人前來一試。如果不敢吃馬肉，也可以到另一家熊本人氣老字號桂花拉麵，濃厚的豚骨湯底加上黑蒜油調味，配上他們家有名「太肉」，令人不禁一口接一口吃下去。

熊本人吃馬肉？

　　其實日本人吃馬肉的歷史很悠久，最遠可追溯到戰國時代，當時統治熊本城的加藤正清特別喜歡馬肉，幾乎每天無馬肉不歡。而且，熊本人深信馬肉有治療的功用，實際上馬肉含大量蛋白質和維他命，而且脂肪也很少，所以就成為了熊本的名物了。熊本人替馬肉改了個別名「櫻花肉」，原來是因為受佛教的影響，不能公開吃肉，因此用上這種代名詞，因為新鮮馬肉呈粉紅色，也在櫻花季節特別好吃，故名之。

地址： 熊本市西區春日 3 丁目 15-30　電話：096-356-5015
營業時間： 商店 10:00am-9:00pm、餐廳 11:00am-11:00pm、熊本駅綜合觀光案內所 9:00am-5:30pm
網頁： https://www.jrkumamotocity.com/amu/floor

熊本城周遊巴士

03 🔍 **MAP** 13-3B **A1**

　　熊本城周遊巴士另一個名是「しろめぐりん」，也是熊本市市民對它的愛稱。這架巴士從早上9時至下午5時在熊本市內行走，途經熊本城周邊各個熱門的觀光景點，每20－30分鐘一班，對於遊客來說可說是十分方便。這架巴士從JR熊本駅開出，終點也是回到JR熊本駅。這巴士也有發行1日券，每張￥500，而單程車費為￥180，跟市電一日券相同，可在JR熊本駅的綜合觀光案內所買到。

景點	巴士站
熊本城、熊本縣立美術館、監物台樹木園、加藤神社	→熊本・城二の丸駐車場
舊細川刑部宅邸	→博物館・細川刑部邸前
櫻之小路、湧之座	→櫻の馬場・城彩苑
熊本現代美術館、小泉八雲熊本舊居	→市役所前
熊本縣傳統工藝館	→KKRホテル熊本前
熊本市兒童文化會館	→子ども文化会館前
熊本縣立美術分館	→県立美術館分館

🖥 網頁： https://shiromegurin.com/

熊本城是賞櫻名所，每年吸引超過十萬人前來。

📷 **04** 日本三大名城

🔍 **MAP** 13-3A **A1**

熊本城

 JR熊本駅乘市電往「健軍町」方向，於「花畑町」下車，步行約10分鐘

　　熊本城在1601年開始動工，1607年完成，現時與名古屋城和姬路城並稱為日本三大名城。熊本城的規模相當宏大雄偉，擁有3座天守閣、18座櫓門、29道城門、49座櫓，佔地共98萬平方公尺。江戶末期的政治家勝海舟曾評論熊本城為「外圍最大、城牆最高、非常堅固的城堡」。這裡在春天的時候3月下旬吸引最多人前來，因為這裡種了600多株櫻花，是當地賞櫻的熱點。

　　2016年4月，因為熊本縣的6級地震令熊本城嚴重損毀，原定要20年時間修復，但經過一番「搶救」，熊本城已於2021年逐步開放，讓公眾能再次欣賞這座華麗的名城。

📍 地址： 熊本市本丸町1-1　　📞 電話： 096-352-5900
🕐 營業時間： 9:00am-5:00pm　　🖥 網頁： https://castle.kumamoto-guide.jp/
🎫 入場費： 成人￥800，中小學生￥300；熊本城＋湧湧座(わくわく座)套票成人￥850，中小學生￥300；
　　　　　熊本城＋湧湧座＋熊本博物館 套票成人￥1,100，中小學生￥400

【熊本城必遊景點】

天守閣

櫻花盛放下的熊本城。

熊本城共有三個天守閣，其中主天守閣外側為三層，內部為地上六層、地下一層。從頂層可以看到熊本市和遠處的阿蘇群山。熊本城天守閣的特點是四面的千鳥山牆和頂層南北兩側的唐破風（圓弧形博風板），鞏固了熊本城的防衛，令它享有「易守難攻」的美譽。

由頂層可以看到熊本市和遠處的阿蘇群山。

本丸御殿區

熊本城現存的本丸御殿區，是根據遺留下來的圖紙、舊照片及舊文獻重建，並於2008年竣工。當中主要的殿堂秋久野殿，掛有一幅描述中國漢元帝時代王昭君故事的壁畫，非常特別。

平左衛門丸地帶

天守閣西側的藏輪被稱為平左衛門丸，位於本丸西北側的宇土矢倉，是唯一一座保留原貌的多層砲塔。因其規模和結構堪比城堡的天守閣，也被稱為「第三天守閣」。

三之丸專區

原為藩主細川氏的支脈細川御部家的宅邸，現被縣指定為重要文化財產。在這裡可以見證到昔日武士的住宅環境及日常生活。

※ 部分景點或在復修中，未能全面開放。

湧湧座（わくわく座）

　　湧湧座設於熊本城內，是專門介紹肥後（當今的熊本縣）300年歷史文化的體驗館，透過多媒體設備，讓遊客可以看到、聽到甚至觸摸到熊本城的歷史。除了一些問答遊戲，館內亦設有互動裝置，例如拍照換裝及熊本城救火遊戲，甚至可穿上古裝體驗江戶時代的生活。館內設有一間劇場，定時播放熊本城珍貴的歷史片段。

地址： 熊本市中央區二の丸1番1（桜の馬場 • 城彩苑之內）
營業時間： 9:00am-5:30pm
網頁： https://www.sakuranobaba-johsaien.jp/waku-index/
入場費： 成人 ￥300，中小學生 ￥100
　　　　＊建議購買熊本城套票

熊本博物館

　　博物館位於熊本城西北部，一樓展示熊本市的歷史和文化，二樓展示熊本縣的自然歷史。一樓展廳展示從舊石器時代到武士時代、再到20世紀中期熊本的文物，藉此了解熊本官民數千年的生活。二樓以介紹自然歷史及其生物多樣性為中心，較矚目的是展品有劍齒象骨骼化石，非常珍貴。

地址： 熊本市中央區古京町3-2　　**營業時間：** 9:00am-5:00pm
網頁： https://kumamoto-city-museum.jp/
入場費： 成人 ￥400，大學及高中生 ￥300，中小學生 ￥200
　　　　＊建議購買熊本城套票

九州賞日本庭園 ★ MAP 13-3C
水前寺成趣園 05 📷

沙米推介

🚌 JR 熊本駅乘市電往「健軍町」方向，於「水前寺公園」下車，步行約 3 分鐘

一説起日式庭園，大家可能馬上想起京都，又或者是金沢的兼六園，其實，熊本市內也有一個在江戶時代建成的庭園，而且相當聞名，就是水前寺成趣園。這裡於1636年建成，當時熊本第1代藩主細川忠利建此作為款客飲宴的地方，最初名為「水前寺御茶屋」。後來經過第3代藩主增建不同的部分，成為現在的面貌。這裡用了桃山式池泉迴遊的庭園風格，以阿蘇湧泉的水池為中心，引進阿蘇山的伏流水，因此池水終年不會乾涸。這裡也是賞櫻名所，每到櫻花季節都會有很多人前來，可以搭配熊本城的行程，來一個櫻花之旅。

這裡的長壽水，來源自阿蘇伏流水，據説喝了就會長壽。

這裡也是祭祀歷代細川氏的出水神社。

在水前寺附近，有很多店家賣這種紫薯饅頭，特別在番薯當造的秋天，特別香甜，￥85。

地址：　熊本市中央區水前寺公園 8-1
電話：　096-383-0074
營業時間：　8:30am-5:00pm；關門前 30 分鐘禁止入場
網頁：　www.suizenji.or.jp
入場費：　成人 ￥400，小童 ￥200

關於熊本

熊本市的城下町，在17-19世紀不斷發展，日漸繁榮，到現在，於熊本城周邊一帶仍然是熊本市最熱鬧的地方。比較可惜的是，因為2016年的熊本地震，有許多景點與路段都遭到嚴重的破壞，而市內其他觀光景點大致回復正常。如果櫻花季節前來，熊本城和附近的水前寺公園，都是賞櫻的好地方。在選擇酒店時，不妨放棄JR熊本駅周邊，而住在熊本城前至通町筋一帶，更方便你Shopping之餘，也有不少餐廳。

大人小朋友適合 📍 MAP 13-3A B2
熊本市現代美術館 06

🚌 JR熊本駅乘市電往「健軍町」方向，於「通町筋」下車，對面即見

熊本市現代美術館沒有一棟獨立的建築，位於一棟綜合大樓熊日會館內，是九州首個以「現代美術」為主題的美術館，於2002年正式開幕。這裡除了出身熊本縣的藝術家作品外，還有世界知名的草間彌生、宮島達男的個人作品，而奈良美智也曾在此舉行個人作品展。這裡設有兒童展覽廳及家庭展覽廳，有適合一家大小閱讀的圖書，把藝術帶入生活，令藝術變得更平易近人。

這裡的空間感很強，小朋友有很多走動的地方，也可以接觸這裡各種給小朋友的藝術品，這也是一種生活藝術。

這裡設有cafe，看完展覽後可在這裡休息。

地址： 熊本市中央區上通町2-3　電話： 096-278-7500
營業時間： 10:00am-8:00pm；逢星期二及年末年始（12月29日至1月3日）休息，如星期二為公眾假期，則改為翌日休息
🖥 網頁： https://www.camk.jp/　入場費： 免費（特別展覽除外）

購物好去處 🔍 MAP 13-3A B2
鶴屋 / Hands ⓻

🚌 JR 熊本駅乘市電往「健軍町」方向，於「水道町」下車，對面即見

　　去到九州，別失望以為不能 Shopping，除了福岡外，熊本市的中心地段其實還有很多大型百貨。而 Tsuruya 鶴屋是日本很大的百貨公司，分成東館和本館，搜羅了很多名牌，無論外國或日本品牌都有，夠你逛上半天。此外，這裡的6樓是 Hands，雖然佔地不夠東京大阪的多，但喜歡買雜貨的人不可錯過。而 B1、B2 分別是甜品區和超級市場，看看熊本的市民平常會吃什麼。

地址：　熊本市中央區手取本町 6-1
電話：　096-356-2111
營業時間：　10:00am-7:00pm；星期五及六營業至 7:30pm
網頁：　www.tsuruya-dept.co.jp

🔍 MAP 13-3A B2　獨家口味
⓼ 岡田珈琲

🚌 JR 熊本駅乘市電往「健軍町」方向，於「通町筋」下車，步行 2 分鐘

　　岡田珈琲在九州相當有名氣，開業已有 60 多年，現在於熊本有 5 間分店。這裡的裝潢是日本傳統的咖啡廳感覺，柚木地板和棕色家具，氣氛懷舊又沉靜。一推門進來，咖啡的香氣四溢，這裡有自家烘焙的咖啡豆，入口順而香醇，難怪這裡很受歡迎。這裡除了咖啡，蛋糕也是不錯，下午茶時段有提供蛋糕套餐，客人可以到前枱自己挑選，而且全部都做得非常精緻，一杯咖啡加一件香甜的蛋糕，是個不錯的享受。

Cappuccino 跟我們平日喝到更濃滑。

地址：　熊本市上通り 1-20 2/F
電話：　096-356-2755
營業時間：　10:00am-7:00pm
網頁：　www.okada-coffee.com
費用：　￥650 起

這裡的蛋糕做得很精緻，就算你點的是套餐一樣可以選這些蛋糕。

嚴選和牛燒肉店 ⓽
焼肉すどう ☆ MAP 13-3A B2

🚌 JR 熊本駅乘市電往「健軍町」方向，於「通町筋」站下車步行 5 分鐘

　　這間燒肉店十分講究用料，除了使用季節性的熊本產米、無農藥蔬菜之外，還提供九州產的黑毛和牛。燒肉套餐共有 3 個價錢，分別是每位 ￥6,500、￥8,000 及 ￥10,000，包括不同部位的黑毛和牛和熊本名產地雞「天草大王」，每桌也有服務員為你燒烤食物，手勢十分好，不會燒焦，生熟剛好。除了套餐以外，還可以單點肉類拼盤，特別是梅山豚及牛上橫膈膜及牛臀肉，十分受歡迎。

地址：　熊本市中央區上通町 4-10 トラヤビル 3F
電話：　050-5448-3772
營業時間：　11:00am-4:00pm、5:00pm-11:00pm
　　　　　（L.O. 10:00pm)；星期日休息

吃上等馬肉 ❿
菅乃屋 🔍 MAP 13-3A A3

人氣名物　沙米推介

🚌 JR 熊本駅乘市電往「健軍町」方向，於「辛島町」下車，步行 3 分鐘

　　馬肉料理是熊本的名物，菅乃屋提供各種不同馬肉料理，用上自家牧場出產的馬，有 Shabu Shabu、壽司和刺身等等，想節儉一點，可以在午餐時間前來，比晚餐便宜很多。想吃得滋味一點，可以先點 Shabu Shabu，再加一份粥(日文「雜炊」)，在煮過馬肉上的湯被粥吸收後，非常鮮甜美味。

馬刺し盛り3種
有三款不同部位的馬肉，白色的就是馬脂肪。

　　根據日本食品衛生法，馬肉須經零下20度冷凍48小時以上，或零下30度36小時以上、零下40度冷凍18小時以上，方可提供給客人食用。菅乃屋為了減低肉質帶雪藏味及令肉質保持彈性，店內都會採用快速解凍的獨家秘方，令馬肉仍可以保持最佳狀態。

馬肉 Shabu shabu

地址： 熊本市中央區新市街 2-10
　　　 コンフォートホテル熊本 1F
電話： 096-312-8345
營業時間： 5:00pm-10:00pm
網頁： https://service.suganoya.com/

★ MAP 13-3A A2 一站式觀光購物點
⓫ 桜の馬場・城彩苑

🚌 JR 熊本駅乘熊本城周遊巴士於「桜の馬場・城彩苑」站下車

　　城彩苑位於熊本城山麓地帶的櫻花馬場，是一所集飲食、購物及文教於一身的觀光設施。苑內的湧々座是專門介紹肥後(今天的熊本縣)300年歷史與文化的設施。櫻花小路則是由23家熊本縣內著名的土產及餐飲店組成，包括馬肉專家「菅乃屋」、鄉土料理店「櫻道」及有近400年歷史的甜點菓子名店「白玉屋新三郎」，是遊覽完熊本城後最佳的休憩地。

地址： 熊本市中央區二の丸 1-1-1
電話： 096-288-5600
營業時間： 湧々座 9:00am-5:30pm、櫻花小路物產館
　　　　　 9:00am-6:00pm、 美食天堂 11:00am-6:00pm
網頁： http://www.sakuranobaba-johsaien.jp/
費用： 湧々座成人 ￥300，小童 ￥100，其餘地方免費入場

美味すき焼き ⑫
加茂川 ⊙ MAP 13-3A B2

🚌 JR熊本駅乘市電往「健軍町」方向，於「通町筋」下車，步行3分鐘

すき焼きは香港會譯作「日式甜豉油汁」，而且一般都採用火鍋的方式去進食。這裡採用是傳統的吃法，先把材料稍微煎熟，然後再淋上醬汁，再煮熟才奉上給客人享用。這裡有提供熊本另一名物「天草大王」雞，這種雞最大可有7kg重，用すき焼きの做法，雞肉可吸收醬汁，又能保持嫩滑，比牛肉すき焼き更好吃！想經濟一點，可於午餐時間前來，大概可以用晚餐的70%價錢吃到，分量不大，當作試試也不錯。

馬肉刺生

牛肉壽喜燒

地址： 熊本市中央區上通町2-6　電話： 096-354-2929
營業時間： 11:00am-2:30pm(午餐)、5:00pm-9:30pm(晚餐)； 星期二休息
網頁： www.kamogawagenpo.co.jp/　費用： ￥950 起

去熊本熊辦公室探班 ⑬ ⊙ MAP 13-3A C2

Kumamon Square

🚌 JR熊本駅乘市電往「健軍町」方向，於「水道町」下車，步行6分鐘

熊本的吉祥物熊本熊(Kumamon)，不止紅遍全日本，以至世界各地都無人不識。不少粉絲都會專程來熊本熊的辦公室朝聖，因為牠是熊本的旅遊營業部長，好運的話或許會碰到牠在這裡辦公。這裡更設有表演台，Kumamon在熊本時，會在這裡表現勁歌熱舞，也會和大家一起玩遊戲，看得一班小朋友如癡如醉。最後，當然別錯過這裡的限定商品，因為是這裡獨家發售。

Kumamon的辦公室，牠不在的時候便會由公仔去代替。

限定商品，這款只有田燒在外面是很難買到的。

有很多名人都曾經前來，Kumamon的受歡迎程度很高呢！

地址： 熊本市中央區手取本町8番2号　テトリアくまもとビル1階
電話： 096-327-9066
營業時間： 10:00am-7:00pm
網頁： www.kumamon-sq.jp
備註： 可於官網參考熊本熊部長在辦公室的時間

MAP 13-3A **B2**

九州名物老店
熊本蜂樂饅頭 ⑭

🚌 JR熊本駅乘市電往「健軍町」方向，
於「通町筋」下車，步行5分鐘

　　蜂樂饅頭是九州另一名物，許多當地人都會買一盒做茶點。至於饅頭一詞，說穿了其實是燒餅（或台灣的車輪餅）。老店標榜餅身加入「國產純正蜂蜜」，但餡料只做兩種口味：紅豆（くろあん）及白豆（しろあん）。每個100円，買得多是沒有折的！除了燒餅，還有七彩刨冰發售。想休息一下的話，可以點個刨冰入店內坐坐！

除了燒餅，還有刨冰發售。雖是風馬牛不相及，但總算是透心涼之選！

蜂樂饅頭（紅豆餡）

　地址：　熊本市中央區上通町5-4
　電話：　096-352-0380
🚻 **營業時間：**　10:00am-7:00pm，星期二休息

MAP 13-3B **A3** ⑮

熊本排隊炸豬扒店
勝烈亭

🚌 JR熊本駅乘市電往「健軍町」方向，
於「辛島町通」下車，步行2分鐘

　　熊本限定的排隊名店，日本其他地區暫無分店。勝烈亭創業於昭和50年(1975年)，位於新市街的本店在大地震後進行全面裝修，現在已恢復營業。「六白」系列黑豚是店家最主打的食品，嚴選自鹿兒島高原指定農場，帶有油脂的豬肉吃起來很細嫩，金黃酥脆的麵衣十分誘人。桌上擺放著芝麻及醃菜，磨好芝麻後再倒入一旁的醬料，用來蘸豬扒非常好配飯。至於白飯、味噌湯和高麗菜都可以免費添加。

　地址：　熊本市中央區新市街8-18 林ビル1F
　　　　　（辛島町商店街內）
　電話：　096-322-8771
　營業時間：　11:00am-9:30pm
🖥 **網頁：**　http://hayashi-sangyo.jp

13-14

阿蘇
Aso
火山 ● 溫泉

交通策略

阿蘇熊本空港	●●●●●● 產交巴士（特急やまびこ号，50分鐘） ●●●●●●	阿蘇駅前
JR博多駅	新幹線櫻花號（さくら）列車，33分鐘	JR熊本駅
JR大分駅	豊肥本線 ● 九州橫斷特急，107分鐘	JR阿蘇駅

JR熊本駅 豊肥本線 ● 九州橫斷特急，67分鐘

本區名物及推介景點

阿蘇中岳火山口
世界第一活火山口

Aso Boy列車
親子小黑狗火車

Cuddly Dominion
阿笨與阿占

黑川溫泉
超人氣溫泉

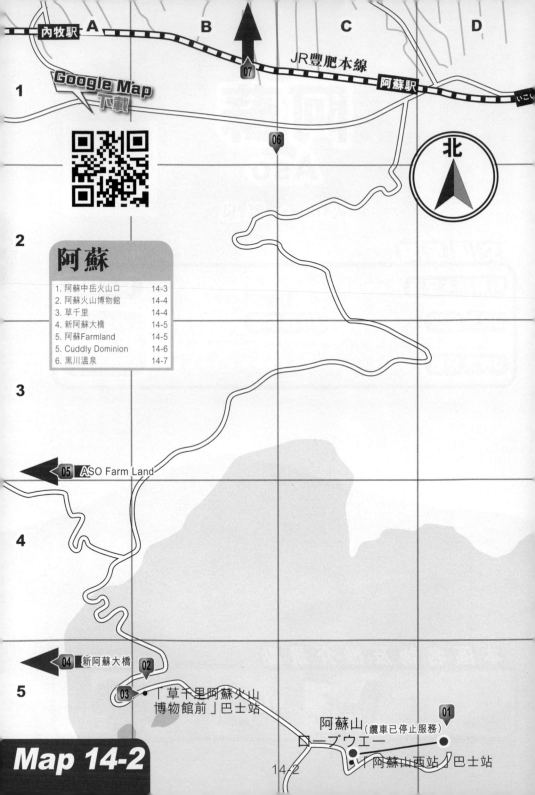

内牧駅 **A** **B** **C** **D**

JR豊肥本線

阿蘇駅

いこ

1

Google Map
下載

北

2

阿蘇

3

05 ASO Farm Land

4

5

04 新阿蘇大橋 02

03 「草千里阿蘇火山
博物館前」巴士站

阿蘇山 (纜車已停止服務)
ロープウエー

01

「阿蘇山西站」巴士站

Map 14-2

14-2

世界第一活火山口
阿蘇中岳火山口

★ MAP 14-2 D5

01

人氣景點

JR 阿蘇駅前乘往「阿蘇西山站」方向的九州產交巴士，於「阿蘇山西站」下車，車程 35 分鐘，車費 ￥730。下車後轉乘「阿蘇山 LOOP 區間巴士」（每日 9:00am-3:45pm 運行，每天有 9 班車）

阿蘇火山成了熊本的標誌，這裡也是世界上最大破火山口，也是個活火山，只要它噴發，展望台就會關閉，而遊客便不能登山。所以在出發前，最好先到相關網頁查看火山的最新狀況。整個阿蘇火山只有中岳才開放參觀，纜車站於2014 年暫停營運，遊客仍可乘「阿蘇山 LOOP 區間巴士」登上山頂，可以看到南北闊約1公里、東西長約400米的火山口。由於火山仍然活躍，遇到突然噴發時，要遵守規定向安全地方避難，不過這種情況相當少見。此外，在火山口旁會有攤販售賣火山石紀念品，但這些石頭是不能帶離日本的，所以購買前要三思。

現場的警報系統共分四級，藍色、綠色在安全範圍內，黃色建議躲在室內，而最危險的紅色是連火山口都不能進入的。

地址： 阿蘇市黑川 808-5　電話：096-734-0411
營業時間： 3 月 20 日至 10 月 31 日
　　　　　 8:30am-6:00pm(最終登山 4:50pm)；
　　　　　 11 月 01 日至 11 月 30 日
　　　　　 8:30am-5:00pm(最終登山 3:50pm)；
　　　　　 12 月 01 日至 3 月 19 日
　　　　　 9:00am-5:00pm(最終登山 3:50pm)
網頁： www.kyusanko.co.jp/aso
九州產交巴士網頁： www.kyusanko.co.jp/sankobus/aso_sen
「阿蘇山 LOOP 區間巴士」費用： 成人 ￥600、小童半價
（自駕）阿蘇山公園道路收費： 普通私家車 ￥800

14-3

了解火山知識 🔍 **MAP** 14-2 **B5**
阿蘇火山博物館 02

🚌 JR 阿蘇駅前乘往「阿蘇西山站」方向的九州產交巴士，於「草千里阿蘇火山博物館前」下車

　　阿蘇火山博物館是日本現時最具規模的火山博物館，將關於火山的知識深入淺出地向公眾介紹。博物館在阿蘇中岳火山口架設了兩部攝影機，參觀人士可以即時觀看火山口的情況。當然，這裡有很多珍貴的火山資料，並讓人可以了解火山口活動的真實情況。此外，5樓設有劇院，播放有關阿蘇的短片，每30分鐘一次，片長18分鐘，設有中英文字幕。

這裡關於火山的資料非常豐富，可以花45分鐘至1小時遊覽。

地址： 阿蘇市赤水 1930-1　**電話**： 096-734-2111　**營業時間**： 9:00am-5:00pm (最後入場時間 4:30pm)	
門票： 成人 ￥880，小童 ￥440　**網頁**： www.asomuse.jp	

草原風光 🔍 **MAP** 14-2 **B5**
草千里 03 📷

🚌 JR 阿蘇駅前乘往「阿蘇西山站」方向的九州產交巴士，於「草千里阿蘇火山博物館前」下車

　　草千里就是指這個位於這群火山中的大片草原，位置就在火山博物館前，參觀完火山博物館你可以在這裡感受草原的風光。這裡是最代表到阿蘇的景點，在每年的3月初至12月初，都可以在這裡更可以體驗騎馬活動，由專人牽馬環繞一周，欣賞周圍的景色，費用大約￥1,500起。

地址： 阿蘇市阿蘇山上草千里
電話： 096-732-1960
營業時間： 24 小時

火之國

　　來到熊本，阿蘇幾乎是不可不去的一個地方，這裡是火山的故鄉，想近距離看到火山口，便要來到阿蘇火山。從熊本市乘火車來這裡大概1小時10分的車程，十分方便。這裡的阿蘇五岳更是全世界最大的火山口地形，雄偉壯觀。由於火山的關係，這裡更有豐富的溫泉鄉，來這裡過兩日一夜的小旅行是十分不錯。此外，這裡還有動物園 Cuddly Dominion，也可以到草千里騎馬，是大人小朋友都喜歡的地方。

全新瞭望台 　MAP 14-2 A5

新阿蘇大橋 04

JR 立野駅轉乘九州產交巴士，於「立野病院前」站下車，步行 8 分鐘

因為熊本大地震倒塌的阿蘇大橋，重建完畢後改名為「新阿蘇大橋」。新大橋新增設人道，遊客可以在橋上步行。另外還加設了瞭望台「ヨ・ミュール」，「ヨ・ミュール」是熊本腔的風景視線很好的意思，在瞭望台上能看到新阿蘇大橋、長陽大橋、白川第一橋梁。另外，雖然瞭望台24小時開放，但那邊洗手間和休息室，以及販賣的阿蘇牛奶雪糕只在10:00am-4:30pm開放，想去品嘗雪糕的朋友可要留意一下了！

地址：　熊本縣南阿蘇村河陽 4368-1
電話：　0967-65-8073
網頁：　https://minamiaso.info/spot/yomyuru/

　MAP 14-2 A3　05 夢幻樂園

阿蘇 Farmland

JR 立野駅轉乘的士約 15 分鐘即達

阿蘇 Farmland 真可算是令大人小朋友都樂而忘返的夢幻度假村。先由營房説起，整個 Farmland 設有450個蒙古包營房，室內設備當然齊全，最殺食是五顏六色，萌到不得了的外觀。最搶手的，當然是熊本熊萌樣的主題單位。整個 Farmland 佔地極廣，有餐廳、溫泉Spa、室內外遊樂場，甚至是動物王國。入住期間，大小朋友更可參與各類 DIY 手作班，一展藝術天份。

地址：　南阿蘇村大字河陽 5579-3
電話：　0967-67-0001
營業時間：　5-7 月參考價：四人房含兩餐 ￥60,000 起
網頁：　http://www.asofarmland.co.jp/

與動物近距離接觸
Cuddly Dominion 06

MAP 14-2 B1

人氣景點

JR 阿蘇駅前乘往「熊本」方向的九州產交巴士，於「くま牧場前」下車 / 從 JR 阿蘇駅步行 20 分鐘 / JR 阿蘇駅乘的士前往，車程約 4 分鐘

因為十幾年前的「阿笨與阿占」，使這裡變得非常人氣，很多香港遊客除了去阿蘇火山，然後就是這裡了。可惜，阿占已經離世，而阿笨亦已經退休，但仍有黑猩猩、羊駝、熊等來自世界各地的動物表演。雖然場內有很多與動物接觸的機會，但很多都要額外收費，所以在入場費以外，還要預留一些在場內的消費呢！園內另一個較人氣的活動，就是乘搭直昇機高空觀賞阿蘇中岳火山口，非常壯觀。

動物表演Show是這裡不能錯過的節目。

Welcome to Cuddly

阿蘇山遊覽飛行
Helicopter Flight!!

園內提供了很多與動物親近的機會。

地址： 阿蘇市黑川 2163　電話： 096-734-2020
營業時間： (10 月中至 3 月中)10:00am-4:30pm，
　　　　　(3 月中至 10 月中)9:30am-5:00pm
　　　　　＊ 12 月 -2 月逢星期三休息
網頁： www.cuddly.co.jp
門票： 大人 ￥2,600，小童 ￥1,300

日本人氣溫泉 **MAP** 14-2 **B1**
黑川溫泉 ⓿⓿ ♨

熊本駅：	熊本駅前乘九州橫断バス7号，於「黑川溫泉」下車，車費￥2,800(單程)，車程約2小時40分
阿蘇駅：	乘九州橫断バス/九州產交巴士，於「黑川溫泉」下車，車程約50分鐘
福岡：	博多巴士中心/福岡空港國內線，乘九州產交巴士的高速巴士，於「黑川溫泉」下車，車費￥3,470(單程，來往有折扣)，車程約3小時
別府駅/由布院駅：	乘九州巴士，於「黑川溫泉」下車，車費￥3,300(別府出發)、￥2,200(由布院駅前出發)，車程2小時26分鐘(別府出發)、1小時35分鐘(由布院駅前出發)

黑川溫泉最引人入勝的地方，就是古色古香的情調，很多人都會穿起浴衣，在溫泉街上遊走。

　　九州的黑川溫泉可說是近年的榜上常客。黑川溫泉位於熊本和大分的交界處，一年便有約30萬人來這裡住宿，如果加上即日來回的遊客，一年便有90萬人。這裡現時有28家溫泉旅館，如果你喜歡多浸幾間，可以用￥1,300買一個入湯手形，這是一個通行證，可以在6個月內任選3間旅館的露天風呂，所以就算你只入住一間，買一個通行證，你便可以一次過浸4間旅館的溫泉。

沙米推介

黃昏時的黑川溫泉，古雅的氣息令人著迷，所以還是來這裡住一晚吧！

地址：	阿蘇郡南小国町黑川
電話：	096-744-0076(黑川溫泉觀光旅館協同組合)
網頁：	www.kurokawaonsen.or.jp
九州橫断バス：	www.kyusanko.co.jp/sankobus/kyushu_odan/index.php
九州產交巴士：	www.kyusanko.co.jp/sankobus
溫泉旅館一覽：	www.kurokawaonsen.or.jp/oyado/index.php

山鹿溫泉
Yamagaonsen

藝術・溫泉

交通策略

JR博多駅	·····九州新幹線 40分鐘·····	JR新玉名駅	·····九州產交巴士 50分鐘·····	山鹿巴士中心
JR熊本駅	·····九州新幹線 10分鐘·····		·····九州產交巴士 50分鐘·····	

本區名物及推介景點

八千代座
百年劇場

さくら湯
百年澡堂

豐前街道
山鹿老街

有用網頁：

山鹿溫泉觀光協會
山鹿溫泉觀光指南

www.y-kankoukyoukai.com/
https://www.facebook.com/yamagaonnsen/

北

A　B　C　D

1
2
3
4
5

山鹿巴士中心

山鹿溫泉觀光會

中央通

07
01
06
05
02
03
04
08

歩行 **5** 分鐘

Onsen
Plaza
Yamaga

Google Map
下載

Map 15-1

百年劇場 ☆
八千代座 ①

🚍 從豐前街道さくら湯步行 5 分鐘

　　八千代座建於明治時代1910年，是一座純木造的劇場，日本人稱之為「芝居小屋」。至1990年，山鹿市民找來了著名歌舞伎演員坂東玉三郎來表演，直到現在也是每年都會演出，成為山鹿市民的一件重要的事。八千代座因此再次熱鬧起來，去到1996年終於展開了修復的工程，並於2001年重新開幕。

MAP 15-1 **D2**

在老街上有清楚指示，請先到八千代座對面的夢小藏資料館購票，在館內了解山鹿及八千代座的歷史，然後才到八千代座參觀。

這裡曾經是山鹿市市民重要的娛樂中心。

天花的廣告，全部都是當時畫上去的廣告，有小部份的商店至今仍然在山鹿營業。

來到八千代座要先參加導賞團，現時只有日語。導賞員會帶大家深入劇場的每一個角落，值得參加。

地址：　山鹿市山鹿 1499 番地
電話：　0968-44-4004
營業時間：　9:00am-6:00pm
網頁：　https://yamaga.site/
門票：　￥530
　　　　（先到對面的夢小藏資料館購票）

這裡展出了坂東玉三郎的戲服。

當時的化妝間。

MAP 15-1 **D4**
百年澡堂
さくら湯 ②

🚍 從山鹿巴士中心步行 7 分鐘、八千代座步行 5 分鐘

　　根據歷史記載，さくら湯最早於1604年便出現了，是日本現存罕有的木造公眾澡堂，最初是由細川藩藩主建造的御茶屋。到了明治時代，政府實行了廢藩置縣，御茶屋變得沒有用，所以改建成公眾澡堂，讓市民大眾都可以泡溫泉。さくら湯之後也經歷過好幾次翻修，最終在2012年完成整修，就是現在大家看到的模樣，也成為了八千代座以外，另一個山鹿溫泉的標誌。

地址：　山鹿市山鹿 1-1　　電話：　0968-43-3326
營業時間：　6:00am-12:00mn (每月第 3 個星期三休息)
網頁：　http://yamaga.site/?page_id=1548　　門票：　￥350

山鹿老街
豐前街道

MAP 15-1 D4 **03**

從山鹿巴士中心步行 5 分鐘、さくら湯對面

在250年前，於日本江戶時代時，山鹿是個知名的溫泉小鎮，街道上十分熱鬧繁華。這裡更是連結了熊本和小倉的豐前街道，是山鹿的最熱鬧的地方，直到現在仍然保留了古老的氣味。除了工藝品店，豐前街道上還保留了不少古老的建築，有些可能改建成了cafē，大家可以一邊吃一邊感受老建築的氛圍。

在さくら湯的對面，老街的開端，還有一個免費足湯。

百年老店
木屋本店

MAP 15-1 C5 **04**

從山鹿巴士中心步行 15 分鐘、さくら湯步行 10 分鐘

木屋本店於1830年創業，創辦人是井口伴吉先生，現在已傳到了第9代了，井口裕二先生不只繼承了祖業，還很致力推廣山鹿的文化給大眾知道。這裡主要販售米麴、味噌和甘酒，而且全部都是依傳統的製作方法，一絲不苟，還不會添加任何化學材料，因此平日也吸引不少山鹿以外的人前來購買產品。

店的內部是個小型博物館。

木屋本店收藏了以前店內用過的東西，包括了古老的計算機。

人手釀製的甘酒，甘酒其實是沒有酒精成分的，日本人最愛冬天熱飲，身體會馬上溫暖起來。

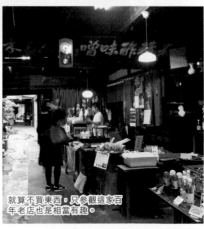

就算不買東西，只參觀這家百年老店也是相當有趣。

地址： 山鹿市山鹿 1820　**電話：** 0968-43-2301
營業時間： 9:00am-5:00pm；不定休
網頁： www.kouji-kiya.kumamoto.jp

親手做燈籠
燈籠民藝館 05

MAP 15-1 D3

從山鹿巴士中心步行 8 分鐘、八千代座步行 3 分鐘

走到山鹿市街上,可以隨處看到用燈籠裝飾的地方。傳統上在山鹿燈籠祭上,會由當地小孩用頭頂著燈籠在街上起舞。來到燈籠民藝館除了可以體驗一下頂著燈籠的重量外,更可以跟全日本6位燈籠師的其中一位師傅,學做一個燈籠。整個過程花時一個半小時,沙米親身體驗,一點也不難,花的是時間和多加兩分細心就成了。

＊外國人預約,可以到「山鹿溫泉觀光指南」的 Facebook 粉絲團、或者前往山鹿溫泉觀光協會(熊本縣山鹿市中央通510-2)請職員幫忙預約。也可以利用簡單英語,上網填上資料預約:https://he20001.coara.or.jp/inquiries/form。

這幢充滿大正浪漫味道的建築,於1925年建成,現在已成為了山鹿灯籠民芸館。

工具十分簡單,燈籠師會預備好材料,只要跟著做就行了。

這裡有一個真的燈籠,大家可以體驗一下頂在頭上的感覺。

參加者要小心翼翼把各個部分組裝起來。

雖然材料已一早裁切好,但還是需要一點心機把各個部份弄成所需的形狀。

完成品,大概花1小時30分便完成。

地址: 山鹿市山鹿 1606-2　**電話:** 0968-43-1152
營業時間: 9:00am-6:00pm;12 月 29-1 月 1 日休息
體驗費: ￥5,000,透明保護盒 ￥700
網頁: www.yamagatourou.jp

蠶繭娃娃製作體驗 06 MAP 15-1 D3
やまが門前美術館

從山鹿巴士中心步行 10 分鐘、
八千代座步行 5 分鐘

　　蠶繭娃娃也是山鹿傳統的手工藝品之一，利用吐絲後沒有用的蠶繭，製作為可愛的小擺設。從前山鹿養蠶工業非常流行，所以令到有蠶繭娃娃的出現。除了傳統的蠶繭娃娃之外，也可以製作成近年很人氣的KUMAmON呢！而且工序一點都不複雜，只要花40分鐘便可完成。此外，這裡也有浴衣及燈籠體驗，女生可以穿上浴衣及帶上燈籠，模仿一下山鹿少女呢！

每一個蠶繭娃娃都是人手製造，絕對獨一無二。

工具非常簡單，有導師帶領大家一起製作，變得十分容易。

蠶繭娃娃可以變成KUMAmON呢！

浴衣體驗是很多女生都喜愛的活動。

你還可頂著真的山鹿燈籠體驗一下。

地址： 山鹿市九日町 1585
電話： 0968-42-8200
營業時間： 10:00am-6:00pm；周二休息
門票： ￥2,000 （蠶繭娃娃，最少 2 人報名），
　　　　 ￥1,500 （浴衣及燈籠體驗）
網頁： http://ww21.tiki.ne.jp/~tsunoda

老酒藏改建
天聴の蔵 Metro Café

MAP 15-1 D2 **07**

🚌 從さくら湯步行 10 分鐘

山鹿保留了很多老東西，包括了很多老建築，有很多喜歡山鹿的人，都希望把山鹿的歷史一直流傳下去。天聴の蔵便是由吉田酒造場改建而成的 Café，這裡在江戶時代1830年建成，距今已有186年歷史。老闆用上山鹿的新鮮食材，烹調出非常健康的美味菜式。Café 內還有小朋友遊戲的角落，也有很多小朋友的故事書，活像個小型圖書館。

飲品可選岳間玄米茶。岳間製茶是山鹿市的一間茶店。

這裡的午餐都是以蔬菜為主，沒有肉類。

地址： 山鹿市山鹿 1392　　**電話：** 090-5473-6677
營業時間： 11:30am-6:00pm；星期二、三、四休息
網頁： http://tenntyounokura.web.fc2.com

MAP 15-1 A5 **08** 溫泉旅館
ゆとりろ山鹿

🚌 從山鹿巴士中心步行 10 分鐘

想靠近一點山鹿老街，可以選擇入住位於山鹿市中心的 New Grand Hotel。New Grand Hotel 是溫泉旅館，基本會提供早晚餐，房間有洋式及和式房，有露天溫泉，房價也比較經濟。

地址： 山鹿市宗方通 702　　**電話：** 0570-067-877
房價： ￥33,000 起（雙人房，包早晚餐）
網頁： https://www.yutorelo-yamaga.com/

極上旅館

09 🔍 ⭐ MAP 15-7

一木一草

🚌 從山鹿巴士中心乘前往「平山溫泉」巴士，於「平山溫泉」下車步行 10 分鐘

　一木一草位於平山溫泉內，每個房間都是獨立的，整棟旅館都自成一角，客人可真正體驗度假休息的氣氛。這裡只有8個客房，地點雖然不是很方便，但經常都會爆滿。每個房間都有私人風呂，最大的房間「草庵」可容納7-8人，更有一個露天風呂，很適合一班朋友或家庭前來。這裡的晚餐是懷石料理，菜式十分豐富，菜式會隨季節而變。

這裡全部以木建造，很有懷舊的感覺。

地址：	山鹿市平山 4995-1
電話：	0968-43-1013
房價：	￥36,000 起（雙人房，包早晚餐）
網頁：	www.ichiboku.com

房間基本是洋式床。

而客廳則是和式，2人以上可以睡在榻榻米上。

最大的房間草庵更有私人露天風呂。

料理用上當地新鮮食材，並配合季節烹調菜式。

這裡除了有溫泉，更可以享用按摩服務。

一木一草

●

山鹿市
●

北

長崎縣
Nagasaki

長崎縣在1571年開港，是一個很早便對外開放的城市，也受到中西文化的影響，在長崎內不難發現到中國式的寺廟、中世紀風格的歐式教堂、充滿異國風情的街道等，把世界各地的文化匯聚於此。在第二次世界大戰中，長崎的浦上成為了繼廣島之後第二個被投擲原子彈的地方，因此隨處都可見到紀念的景點。長崎除了是個歷史地方，它的漂亮夜景更獲譽為千萬夜景，享譽國際。

有用網頁：

長崎市	www.city.nagasaki.lg.jp
長崎觀光聯盟	http://nagasaki-tabinet.com.tw
長崎夜景	www.at-nagasaki.jp/yakei/fa
島原半島觀光聯盟	www.shimakanren.com/tw/spots
唐津觀光協會	www.karatsu-kankou.jp
九州急行バス	www.nishitetsu.ne.jp
佐世保觀光資訊網	www.sasebo99.com/traditional-ch

佐賀縣

佐世保

九十九島

豪斯登堡

長崎縣

長崎市

軍艦島

熊本縣

長崎市
Nagasaki
原爆遺址・夜景

交通策略

| JR博多駅 | ·····→ 長崎特急海鷗號（かもめ）列車，113分鐘
*持JR全九州及北九州火車證可免費乘坐 | JR長崎駅 |

| JR佐賀駅 | ·→ | JR肥前山口駅 |
| JR長崎本線，
10分鐘 | | 長崎特急
海鷗號（かもめ）列車
73分鐘 |

| ·····→ | JR武雄溫泉駅 |
| JR佐世保線，16分鐘 | |

| 博多站巴士總站（交通中心） | ·····→ 九州急行巴士，約150分鐘 | 長崎駅前 |

| 福岡空港 | ·····→ |
| 九州急行巴士，約140-150分鐘 | |

本區名物及推介景點

稻佐山山頂展望台
世界新三大夜景之一

風頭山公園
國民英雄坂本龍馬

原爆落下中心
原子彈投落地

文明堂總本店
長崎蛋糕

長崎市市內交通

長崎市電

　　總長11.5公里的長崎市電於1914年運作，在長崎市內一般主要利用長崎市電，基本上大部分觀光景點都可抵達，對於遊客來說十分方便。長崎市電共有4條路線，以紅、黃、藍、綠4種顏色，當中1號線和3號線會經長崎站，而「築町」站是轉車站，是1號線跟5號線的轉車地點。

　　乘市電轉車，要在下車時向司機取一張轉乘券(のりつぎ券)，當轉乘另一班車下車時，要連同車資投入錢箱，便不用多付一段車費。使用IC卡(如SUICA、ICOCA等)的乘客，在指定轉車站可免費轉車。

單程車費：￥140

一日乘車券

　　一日乘車券最適合遊客，￥600一張於一天內任乘市電，而且轉車時更不需要拿轉乘券。要買這張一日乘車券，可在JR長崎駅的旅遊觀光中心，或長崎巴士中心的觀光案內所洽購。

長崎市電 路線圖

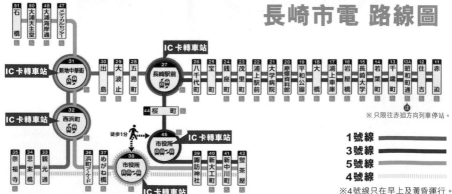

1號線
3號線
5號線
4號線

※4號線只在早上及黃昏運行。
※只限往赤迫方向列車停站。

資料來源：Nagasaki Electric Tramway

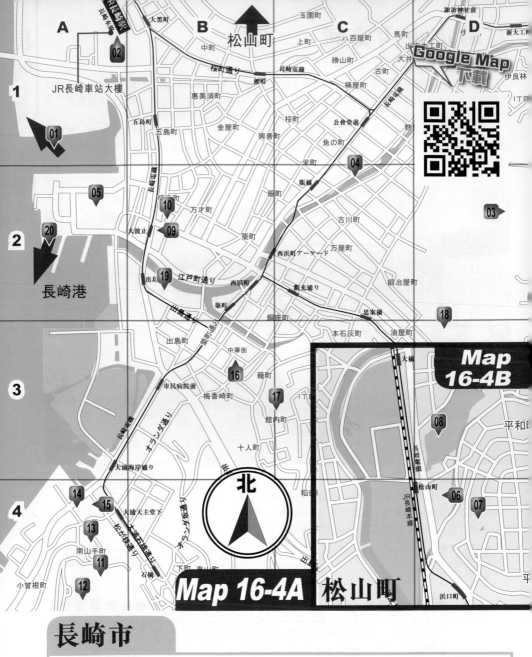

長崎市

千萬夜景 **01** MAP 16-5
稻佐山山頂展望台

🚌 JR 長崎駅乘 3、4 號巴士至ロープウエイ前下車,步行 3 分鐘至纜車站

2012年專門研究夜景的峰會,根據問卷及實地調查之後,選定了香港、長崎及摩納哥為新世界三大夜景。長崎打低函館,成為日本夜景代表。長崎夜景還有「千萬夜景」的稱呼,因為長崎是依山傍海的城市,有些屋會建在山上,從山頂看下去燈光從山上延伸到山下,非常壯觀。稻佐山海拔高333公尺, 在2011年整修後,展望台在晚上更加添浪漫氣氛。最好在黃昏時上來,看著日落到入黑的變化,非常漂亮。

坐纜車登山是最好的方法。

稻佐山
山頂展望台

長崎市

北

地址: 長崎市稻佐町
電話: 095-861-3640
運行時間: 9:00am-10:00pm;6 月中休息作整修
班次: 15-20 分鐘一班
網頁: www.nagasaki-ropeway.jp
費用: ¥1,250(來回),學生 ¥940

綜合商場
AMU Plaza

02 MAP 16-4A A1

🚌 JR 長崎駅即刻達

AMU Plaza 位於 JR長崎駅上蓋，是集美食、購物、娛樂於一身的大型綜合商場。在商場內有多個大型品牌進駐，如 ABC Mart、無印良品、Diesel、Gap、Fancl等等。這裡的1樓有「長崎おみやげ街道」，這裡有齊長崎最人氣的土產，例如長崎蛋糕、傳統菓子等。

地址： 長崎市尾上町 1-1　電話： 095-808-2001
營業時間： 10:00am-8:00pm (餐廳 11:00am-10:00pm)、
　　　　　 土特產 8:30am-8:00pm
🖥 網頁： www.amu-n.co.jp

來一個High Tea 2a
Afternoon Tea

2/F

Afternoon Tea 是日本一個本土原創的生活設計品牌，從各種生活用品開始，以至服裝、兒童玩具空間，甚至喫茶室等等。而喫茶室的水準也相當高，夏天時推出的時令甜品便最受歡迎。如果 Shopping 累了，可坐下來吃杯人氣芭菲或 High Tea Set，充電後再衝刺。

電話： 095-808-1260　營業時間： 10:00am-8:00pm
🖥 網頁： www.afternoon-tea.net

5/F

2b 新鮮漁獲
朝次郎

這家居酒居一共有兩層，最上一層的吧台位置設計可以讓食客們一邊眺望長崎港的夜景，一邊享用美味的飲品和餐點。因為靠近漁港，所以可以享用新鮮捕獲的海鮮和時令蔬菜為主的菜餚，從刺身壽司到串燒都有，非常適合和朋友一邊吃喝小酌一邊聊天聚會。

電話： 095-818-3356
營業時間： 11:00am-10:30pm
🖥 網頁： http://izakaya.yu-raku.co.jp

地道人氣咖啡廳 2c
カフェ＆バー・ウミノ

カフェ＆バー・ウミノ在1955年創業，經營了半世紀，最人氣的並不是咖啡，而是三文治和牛奶沙冰。フルーツサンド是水果三文治，在白麵包中間夾上水果和忌廉，這是當時很流行的吃法。ミルクセーキ是牛奶沙冰，充滿奶香之餘更非常消暑。

5/F

電話： 095-829-4607
營業時間： 11:00am-10:00pm

尋找坂本龍馬 MAP 16-4A **D2**

風頭山公園 03

JR 長崎駅東口,乘 50 號巴士於總站下車步行 5 分鐘 於風頭山公園,再步行 20 分鐘至龜山社中

自從2010年NHK播出大河劇《龍馬傳》以後,馬上便掀起了一股坂本龍馬熱潮,加上當紅的福山雅治演活了這個角色,所以更加使大家去追尋龍馬的一生。長崎是龍馬其中一個很重要的地方,因為當時他在此成立了公司龜山社中。而在風頭山的山頂上,更聳立了一尊坂本龍馬像可以俯瞰整個長崎,也希望他守護長崎。他的龜山社中的遺跡仍保留至今,沿路還看到不少他的銅像呢! 這位來自四國高知縣的人,卻是一位很受長崎人尊重的人物。

第二站,前往龜山社中遺跡。從風頭山公園開始,沿路有不少指示前往。

1865年坂本龍馬成立了龜山社中這間公司,用以支援進出口貿易的港口安全工作。

第一站,風頭山公園,山頂有一尊龍馬像。

看到龍馬的靴子,這裡寓意跟龍馬一樣,接受新事物的偉大思想。

風頭山公園
地址: 長崎市伊良林 3-510-6
營業時間: 24 小時

龜山社中
地址: 長崎市伊良林 2-7-24
營業時間: 9:00am-5:00pm
網頁: https://www.at-nagasaki.jp/spot/100

日本名橋 ★ MAP 16-4A **C2**

眼鏡橋 04

從市電長崎站乘往「螢茶屋」的路面電車在「公會堂前」步行約 5 分鐘

横跨於中島川上,眼鏡橋是日本最古老的拱形石橋,由於拱形的橋身倒映在水面上,形成了好像眼鏡的形狀,所以有「眼鏡橋」的名稱。這裡和山口縣的錦帶橋、銀座的日本橋並稱日本三名橋,也獲指定為國家文化財產。不過現在看到的眼鏡橋並不是1634年建的一條,而是1982年在一次大洪水之後重建。近年來讓眼鏡橋人氣持續的還有橋下的愛心石,據說竟有20個之多,試試來這裡找愛心石。

地址: 長崎市魚之町、榮町與諏訪町、古川町之間
營業時間: 24 小時

平民百貨 ★ MAP 16-4A **A2**

夢彩都 05

長崎市電乘往正覺寺方向,於「大波止」站步行 2 分鐘

You Me 夢彩都(ゆめタウン夢彩都)是長崎本土的百貨公司,當中的品牌是以家庭為對象,也有很多生活雜貨,價格相對車站的 AMU Plaza 內的品牌較便宜。這裡還有大家熟悉的 ABC Mart、Uniqlo 和 DHC,如果想買平價貨品,可到此選擇。 這裡4樓是美食街 Food Court,在餐廳內更可眺望長崎灣的景色,而且餐廳價錢都比較大眾化。

地址: 長崎市元船町 10-1 **電話:** 095-823-3131
營業時間: 9:00am-9:00pm **網頁:** www.izumi.jp

震撼人心
原爆落下中心

 MAP 16-4B **D4**

06

🚌 市電長崎駅前站乘「赤迫」方向列車至松山町站下車，步行 2 分鐘

1945年8月9日上午11時02分，美軍向日本長崎投下第二個原子彈，而長崎市在原子彈落下的地方，建成紀念廣場，當日原子彈就在這裡的500米上空爆炸。在廣場的中間，建立了黑御影石，還有圓形向四周擴散的草地，代表了提醒人們核武的可怕，希望時刻警惕世人。在廣場的旁邊，是浦上天主教堂的遺跡，原爆後只剩下一道牆，這樣比用文字紀錄歷史更為深刻。

地址： 長崎市松山町 2400-3（原爆公園）
營業時間： 24 小時

MAP 16-4B **D4** ## 訴説原爆歷史
07 長崎原爆資料館

🚌 市電長崎駅前站乘「赤迫」方向列車至松山町站下車，步行 5 分鐘

地址： 長崎市平野町 7-8　**電話：** 095-844-1231
營業時間： 8:30am-5:30pm、5 月 -8 月 8:30am-6:30pm、8 月 7 日至 9 日 8:30am-8:00pm；12 月 29 日 -12 月 31 日休息
網頁： https://nabmuseum.jp/
門票： 成人 ￥200，學生 ￥100

二次大戰時，繼廣島後長崎是第二個受原爆襲擊的地方。資料館展示了有關原爆的模型、相片、遺物等等，將當年原爆的慘況展示出來，希望全世界能正視核武的問題。展品也相當觸動人心，例如有停留在11時02分的大鐘，也有因為高溫溶化的瓶子，並展示出當年傷者於原爆時所穿的衣服和他們的相片，令人深刻反思戰爭所帶來的問題及傷害。

祈求和平
MAP 16-4B **D3**
平和公園 **08**

🚌 市電長崎駅前站乘「赤迫」方向列車至松山町站下車，步行 3 分鐘

平和公園是為了祈求世界和平而建立，當年日軍在二戰時的大規模侵略，促使美軍在日本投下原子彈阻止日軍的侵略行為，而長崎便是繼廣島之後，受原子彈傷害的地方。1945年8月9日，美軍投下原子彈，在8月15日日本宣布無條件投降，二次大戰也隨即終止。有人說使用核武是暴力行為，也有人認為這兩顆原子彈最終結束了戰爭，拯救了無數生命。這裡佇立了一座「平和祈念像」，右手指向天空，左手指向地下，代表了原爆的威脅不再，世界得到和平。

祈求和平的七彩紙鶴。

被原爆破壞的遺跡。

地址： 長崎市松山町　**營業時間：** 24 小時

百年蛋糕老店 🖊️ MAP 16-4A **B2**
文明堂總本店 ⑨

🚌 市電長崎駅前站乘往「正覺寺」方向列車，至「大波止」站步行 1 分鐘

長崎蛋糕(Castella)舉世知名，而在1900年創立的文明堂總本店是長崎很有名氣的蛋糕店，在長崎屹立了過百年歷史，將長崎蛋糕發揚光大。文明堂用的雞蛋相當講究，他們和簽了合約的農場開發了「南蠻卵」，再以佐賀糯米發酵的麥芽糖製作，堅持保留傳統技法和風味。蛋糕會預先切好才裝盒，原因是店家認為刀子會破壞蛋糕的原始味道。蛋糕的底部沾上了一層粗砂糖，吃下去的口感相當特別，但又不會過甜，反而增添了風味。

地址：	長崎市江戶町 1-1
電話：	0120-24-0002
營業時間：	9:00am-5:00pm
網頁：	www.bunmeido.ne.jp

🖊️ MAP 16-4A **B2**

⑩

枇杷蛋糕
長崎物語

🚌 市電長崎駅前站乘往「正覺寺」方向列車，至「大波止」站步行 2 分鐘

長崎深受各國的文化影響，在飲食文化上也經過與各國的文化融合，再自成一派。長崎蛋糕除了原始的Castella外，還變化出不同的款式。在文明堂總本店的對面，有一家長崎物語，他們的「長崎物語」蛋糕非常受歡迎，蛋糕內加忌廉和香橙粒，在甜味外加了點清香的味道。最特別的是枇杷蒸蛋糕，蛋糕用上蒸的方法，再加入從中國傳來的枇杷，枇杷香味配上蒸的方法，不喜歡太甜的朋友最適合。

地址：	長崎市樺島町 7-11
電話：	095-824-2521
營業時間：	9:00am-6:00pm
網頁：	www.kaho-karakusa.co.jp

古老歌德式建築 🖊️ MAP 16-4A **A4**
大浦天主教堂 ⑪ ✝️

🚌 市電長崎駅前乘往「正覺寺」方向列車，至「築町」再轉車至「石橋」下車步行 5 分鐘

大浦天主教堂的正式名稱為「日本二十六聖殉教者天主堂」，建造出來是為了紀念殉道的「日本二十六聖殉教者」。這裡於1864年由法國傳教士所建設，由於江戶時代曾經禁止傳教，甚至大舉殘殺歐美的傳教士，而在1597年就有26人最先殉教。直至幕府末期日本開放鎖國，便在長崎的外國居留地建了大浦天主堂，面對著西坂之丘的殉教地。這裡已成了日本最古老的歌德式教會建築，並被指定為日本國寶。教堂內有140年歷史的法國彩繪玻璃，為教堂增添不少浪漫氣氛。

地址：	長崎市南山手町 5-3
電話：	095-823-2628
營業時間：	8:30am-6:00pm
門票：	成人 ￥1,000、學生 ￥400
網頁：	https://nagasaki-oura-church.jp/

古老木造建築 ⑫ ✪ MAP 16-4A A4

哥拉巴園 (Glover Garden)

🚌 市電長崎駅前乘往「正覺寺」方向列車，至「築町」再轉乘往「石橋」的路線，在「大浦天主堂下」下車步行 8 分鐘

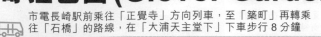

哥拉巴公園裡有日本最古老的木造洋館——哥拉巴宅邸等9棟西洋風建築，由於位處山上，可眺望長崎港，盡享長崎港灣美景，不僅是長崎著名的觀光地，更是熱門情侶約會熱點。據說，如果找到園內兩處的「心」形石頭，便會得到幸福。原本的主人是蘇格蘭出身的貿易商哥拉巴 (Glover)，他對於日本產業近代化具有相當貢獻，公園內洋館建築有3棟已被日本指定為國家重要文化財產，另外6棟明治時代的建築可以讓人了解長崎居留地時代的軌跡。

©yasufumi nishi/©jnto

©yasufumi nishi/©jnto

地址：	長崎市南山手町 8-1
電話：	095-822-8223
營業時間：	8:00am-6:00pm
網頁：	www.glover-garden.jp
門票：	成人 ￥620，高中生 ￥310，初中及小學生 ￥180

✪ MAP 16-4A A4

⑬

童話故事書美術館
祈りの丘絵本美術館

🚌 市電長崎駅前乘往「正覺寺」方向列車，至「築町」再轉乘往「石橋」的路線，在「大浦天主堂下」下車步行 5 分鐘

這裡的老闆來自長崎的一個離島五島，本來已經營了一間書店30年，之後在這個南山手地區開了這間祈禱之丘繪本美術館。老闆童年時因為島上的交通不便利，無法看到不同的書籍，所以立志要開一間書店，定期將書本送到偏遠地方，讓那裡的小朋友都可以看到圖書。這裡有個很開闊的庭園，就如童話故事中的小屋，1樓是童話館和兒童書店，非常歡迎入場人士閱讀。2樓和3樓是收費美術館，展出日本和世界各地的繪本畫作。

地址： 長崎市南山手町 2-10　電話： 095-828-0716　門票： 美術館 成人 ￥300，小童 ￥200
營業時間： 10:00am-5:30pm；星期一、換展期間及日本新年休息　網頁： www.douwakan.co.jp/museum

舊香港上海銀行 ⊛ MAP 16-4A A4
長崎支店紀念館 ⓮ 📷

市電長崎駅前乘往「正覺寺」方向列車，至「築町」再轉乘往「石橋」的路線，在「大浦天主堂下」下車步行 3 分鐘

這棟建築建於1904年，由當時非常活躍的建築家下田菊太郎所設計，也是現在日本唯一最大的大理石建築。1931年這裡關閉後，曾用作警察辦公室，也作為歷史民俗博物館。直到1987年，政府修復了外牆，並打算改建為國際交流會館，但因市民大力要保留這裡，遂在1990年正式指定為國家重要文化財產。現時，這裡1樓用作音樂廳或演講廳，2樓則重現居留時代房屋的接待室，3樓更可眺望長崎港灣的美景。

地址： 長崎市松が枝町 4 番 27 号
電話： 095-827-8746
營業時間： 9:00am-5:00pm；
　　　　　　12 月 29 日至 1 月 3 日休息；
　　　　　　每月第三星期一休息
網頁： http://www.nmhc.jp/museum_hsb/
門票： 成人 ￥300，小童 ￥150

除了什錦麵，杏仁豆腐也道得不錯。

地下有小型展館，訴說四海樓的歷史。

⓯ 福建什錦麵
⊛ MAP 16-4A A4 四海樓

市電長崎駅前站乘往「正覺寺」方向列車，至「築町」再轉乘往「石橋」的路線，在「大浦天主堂下」下車步行 2 分鐘

據說日本拉麵是來自中國，當時長崎成為一個融合多國文化的地方，很多中國福建人都在長崎經商和居留，把中國麵食傳入日本。而四海樓的老闆陳平順，當年煮了什錦麵給窮學生吃，在上菜時會用福建語大叫各人來「吃飯」，所以日本人稱為「ちゃんぽん」(音：chan bon)。四海樓以豬骨和雞骨熬成濃郁的湯頭，配上蛋絲、蝦、魚蛋、魷魚和椰菜等材料。如果沒有其他頭緒，可以考慮前來吃一碗真正來自中國的拉麵。

地址： 長崎市松が枝町 4-5 　**電話：** 095-822-1296
營業時間： 11:30am-3:00pm，5:00pm-8:00pm；
　　　　　　12 月 30 日至 1 月 1 日休息
網頁： www.shikairou.com　**消費：** ￥1,000 起

日本三大中華街 ⓰ ⊛ MAP 16-4A B3
長崎新地中華街 😊

市電長崎駅前站乘往「正覺寺」方向列車，至「築町」站步行 2 分鐘

模擬出內地的友誼商店。

日本有三大中華街，分別是橫濱、神戶和長崎，而這些地方都是當時日本主要的通商港口，因此有大量中國人在此經商，逐漸形成中華街。三個中華街都各有不同的設計，而長崎的中華街有個紅色的中華門牌坊，掛滿了中式燈籠。這裡總長250米，雖然對於華人來說吸引力不算大，不過也可以來這裡看一看日本人眼中的華人世界。

地址： 長崎市新地町 10-13 　**電話：** 095-822-6540
營業時間： 因各店不同，一般 11:00am 開始營業
網頁： www.nagasaki-chinatown.com

中國人遺跡
唐人屋敷跡

MAP 16-4A C3
17

🚌 市電長崎駅前站乘往「正覺寺」方向列車，至「築町」站步行 7 分鐘

　　去到中華街，可以順便到附近尋找中國人在三百年前的足跡，因為在1688年已有唐人在長崎居留，留下不少建築遺跡。當年日本政府為了更容易管理外國人，希望加多取締走私貿易。遂把不同國家的外國人集中在指定區域，而中華街一帶便是中國人聚居的據點。據說這裡高峰時住上10,000名中國人，住宅區都大多圍上高高的圍牆。現在剩下了天后堂、觀音堂、福建會館及土神堂等等。

地址：　長崎市市館內町　　電話：　095-829-1193　營業時間：　24 小時
網頁：　https://www.nagasaki-tabinet.com/guide/112

©yasufumi nishi/©jnto

©yasufumi nishi/©jnto

日本最早唐式寺廟
崇福寺

MAP 16-4A D3
18

🚌 市電長崎駅前站乘往「正覺寺」方向列車，至「正覺寺」站步行 8 分鐘

　　崇福寺於1629年建成，是當年居住在長崎的福建人所建。1654年，中國高僧和禪師東渡日本並居於寺內，後來更成為日本禪宗的其中一派。這裡入口就是充滿中國風格的朱紅色龍宮門，廟宇內的所有佛像、佛具皆出自中國著名匠師之手。現在寺內還存在一隻1681年開始使用的大鍋，當時寺內的僧侶用它來煮粥給當時活在大飢荒中的民眾，因為要籌集經費，所以變賣書籍而製成。此外，第一山門及大雄寶殿一同被指定為日本國家重要文化財產。

地址：　長崎市鍛冶屋町7-5　電話：095-823-2645
營業時間：　8:00am-5:00pm　　門票：　￥300

人工島嶼
出島

19 📷

MAP 16-4A B2

🚌 市電長崎駅前站乘往「築町」方向列車，至「出島」站即達

　　1634年德川幕府下令建造出島，1636年完工，以扇形設計，因為當時採取鎖國政策，會將外國人指定到某一個區域生活，而出島便是為了葡萄牙人而建造。這裡最初由長崎的有力商人支付費用，而葡萄牙人則要每年支付租金。這裡在鎖國的200年間，是日本對西方世界唯一開放的貿易港口。明治維新後日本逐漸開放，而出島亦失去了其隔離功能。直到1996年長崎市民意識到歷史的重要，所以提出重建出島，回復原來面貌。

©yasufumi nishi/©jnto

地址：　長崎市出島町 6-1
電話：　095-821-7200
營業時間：　8:00am-9:00pm
網頁：　http://nagasakidejima.jp/
門票：　成人 ￥520，高中生 ￥200，
　　　　中小學生 ￥100

廢墟勝地 ⑳
軍艦島 ⊙ MAP 17-1

沙米推介

曾經被英國《衛報》評為十大鬼城之一的軍艦島，電影《進擊的巨人》及《新鐵金剛：智破天空城》的末日廢墟場景，也在此拍攝。軍艦島本名叫作端島，在1810年左右，有人發現這裡地下有煤礦，1890年日本三菱用了10萬日圓買下這個島，作採礦的工程。他們將工人移到島上居住，在周邊建成防波堤，成為了一個人工的島嶼。這裡全盛時期，礦坑挖到1,010米深，而最高峰時，島上居民有5,300人，人口密度是現時東京的9倍，島上居民也十分有錢，每戶都擁有電視機。直到70年代，因為日本的供電逐漸由石油及天然氣取代，所以在1974年1月10日正式關閉這裡，居民也全部搬走，從此，軍艦島成為了一個廢島。2001年，三菱把島的擁有權送給長崎市，2009年正式重新開放。 不過，一般人必須參加指定的導賞團方可登島。

如何參加導賞團

在長崎港 Terminal 可以報名參加，船公司名叫「やまさ海運株式會社」，位於7號窗口。不過最好於網上先報名，到出發當日提早30分鐘於7號窗口交費及取船票及小冊子。其實長崎還有幾間導賞團公司，但是這間最多人推薦。而船公司提供了幾種不同的導賞團，如果要登島便必須選擇「軍艦島上陸周遊コース」。在島上參觀時間實際只有45分鐘，並必須跟著導賞團行走，導賞員只說日語，但會派發中文小冊子。

去程會經過女神大橋。

離開時，船會在島上繞圈一周，參加者可以從不同角度欣賞軍艦島。

行程結束後，導賞員會邀請參加者合照留念。

乘船地點： 長崎港ターミナルビル(Terminal Building)1f，乘市電於大波止站下車，向You and me 百貨方向走，於百貨前的十字路口轉左，向前走到路口再轉右即是

電話： 095-822-5002

航班：
1 便 - 9:00am 出發，9:30am 到達軍艦島，有 45-60 分鐘參觀，11:30am 回到長崎港

2 便 - 1:00pm 出發，1:30pm 到達軍艦島，有 45-60 分鐘參觀，3:30pm 回到長崎港

運行日期： 每年 4 月至 3 月，12 月中旬至 1 月下旬停航

費用： 成人 ￥4,200+￥310、小童 ￥2,100+￥150（船費＋長崎市設施使用費及登島費）

網頁： www.gunkan-jima.net

登島證明

佐世保周邊
Sasebo & Around
主題樂園

交通策略

福岡空港	**佐世保駅前**

西鐵巴士佐世保號（させぼ号），131分鐘
＊持SUNQ Pass可免費乘坐

JR博多駅 ... **JR佐世保駅**

特急みどり（Midori）列車，110分鐘

豪斯登堡（ハウステンボス）列車，105分鐘

JR長崎駅 **JR佐世保駅**

快速濱海快車（シ　　　　　　　快速濱海快車（シ
ーサイドライナ　　　　　　　ーサイドライナ
ー），109分鐘　　　　　　　ー），20分鐘

JR
豪斯登堡駅

JR佐賀駅 **JR肥前山口駅**

JR長崎本線，　　　　　　　　　　　　　　　JR大村線，
15分鐘　　　　JR佐世保線，55分鐘　　　　5分鐘

JR早岐駅

本區名物及推介景點

豪斯登堡
荷蘭主題樂園

九十九島
海洋國立公園

島原城
地標建築

佐世保周邊

Map 17-1

荷蘭風情畫
豪斯登堡

★ MAP 17-1 B2

01

人氣景點

JR 長崎駅乘長崎本線 ● 大村線シーサイドライナー (Seaside Liner) 到 JR 豪斯登堡站。JR 長崎駅前乘巴士直達豪斯登堡，車程較火車快 25 分鐘

豪斯登堡以17世紀的荷蘭作主題，無論是街道、建築和交通工具，都充滿荷蘭風情。這裡更是九州最大的主題樂園，街道根據12-20世紀的歐洲街道所設計，共有11個區域、約150多棟歐風建築物，置身其中仿如來到17世紀的歐洲。這裡隨四季種植了不同花卉，春天更有100萬支鬱金香綻放，不過何時到來都可以看到七彩繽紛的鮮花。這裡還有一條全長6,000公尺的運河，利用了特別設計的系統，使園內設施的污水可以經過處理後用來灌溉園內植物。在豪斯登堡開業20周年時，新增了「海賊王」的園區，將千陽號帶來現實世界，不過乘船要另付￥1,000。

©yuki5287

©yuki5287

©yuki5287

©tonychen

地址： 佐世保市豪斯登堡町 (ハウステンボス町)1-1
電話： 095-627-0001
營業時間： 9:00am-10:00pm
　　　　＊每日開放時間不定，按官網公布為準
網頁： http://chinese01.huistenbosch.co.jp
門票： (1 日入場券 + 指定遊樂設施 1 日利用券)
　　　 大人￥7,400；小童￥4,800；初高中生￥6,400

驚嘆大自然
九十九島

 MAP 17-1 B2
02

🚌 佐世保駅前 (6 號月台) 乘前往珍珠海洋遊覽區 /
九十九島水族館的巴士，約 18 分鐘

九十九島是指佐世保港到平戶瀬戶之間散布的208
座小島，島嶼綿延長達25公里，島嶼的密度是日本之
首。不過這九十九島既無人居住，也難以登島，只可
以乘遊船在周邊遊覽，也因為無人可以登島，所以可
以保護了九十九島的自然面貌。島嶼沿岸有眾多錯綜
複雜的海灣，可欣
賞到沉降海岸地形
獨特的美景。1955
年，九十九島獲指定
為日本本土最西端的
海洋國立公園，美麗
景致和獨特動植物為
佐世保的珍貴財產。

©yasufumi nishi/©jnto

©yasufumi nishi/©jnto

地址：　佐世保市鹿子前町 1008 番地
電話：　095-628-4187
網頁：　www.pearlsea.jp

★ MAP 17-1 B2

海景盡收眼底
九十九島觀光公園

🚌 佐世保駅乘前往「展海峰」的西肥巴士，
於「展海峰入口」站下車步行約 10 分鐘

九十九島觀光公園於2022年落成，公園內有展望台、花卉公
園、遊樂場等設施，從展望台可以一覽九十九島的壯麗全景，佔地
47畝的廣場綠草如茵，提供了一個絕佳的觀賞點。

地址：　佐世保市野崎町 1746　電話：　095-622-6630　入場費：　免費
營業時間：　3-9 月 8:00am-8:00pm；10-2 月開放至 7:00pm
網頁：　https://www.discover-nagasaki.com/zh-TW/sightseeing/101122

日本 100 名城
島原城

03
★ MAP 17-1 D3

🚌 JR 長崎駅乘島原鐵道到諫早站，
再轉乘島原鐵道前往島原站下車

島原城是島原半島的地標，1618年城主花了7年時
間建造，利用「四壁山」和「森岳」的土丘打造出島原
城。最壯觀的是白色的天守閣，是
安土桃山風格。 1960年重新修復
後，有天主教、藩政、民俗等資料
展覽，並設有北村西望紀念館。春
天城牆旁滿是櫻花，美不勝收。

地址：　佐世保島原市地城內 1-1183-1
電話：　095-762-4766
網頁：　http://shimabarajou.com

宮崎縣
Mizayaki

宮崎縣的面積達7,734平方公里，面積是全國排行第19名，在宮岩縣內有很多著名的神社，而宮崎神宮更是祭祀日本第一代天皇神武天皇的地方。這裡有許多神社，主要是跟很多神話故事有關，觀光列車海幸山幸的概念也是來自宮崎的神話故事。宮崎面向太平洋的一面為日南海岸，除了有美麗的海岸線，還有青島、都井岬等不可錯過的風景區。

有用網頁：

宮崎縣香港事務所　　　http://miyazaki-pref.hk
宮崎市觀光協會　　　　www.miyazaki-city.tourism.or.jp/tcn/index.html
日南市商工觀光課　　　www.kankou-nichinan.jp

大分縣

高千穗

熊本縣

日向

宮崎縣

宮崎市

鹿兒島縣

日南海岸

宮崎市
Miyazaki

日式懷舊小物・宮崎牛

交通策略

宮崎空港	宮崎空港線，12分鐘		JR宮崎駅
JR博多駅	Sonic特急（ソニック）列車，127分鐘	JR別府駅 / 特急日輪號（にちりん），180分鐘	
	九州新幹線，80分鐘	JR鹿兒島中央 / 特急霧島號（きりしま），130分鐘	宮崎駅前
	九州新幹線，50分鐘	新八代駅前 / B&Sみやざき高速巴士，120分鐘	
博多站巴士總站（交通中心）	西鐵巴士（九州產交バス/Super Express，262分鐘）		

本區名物及推介景點

海幸山幸列車
著名的觀光列車

きいち
南蠻雞

大淀河湖畔みやちく
宮崎牛

宮崎市市內交通

巴士

在宮崎市內，一般都以巴士作交通工具，基本上可到達各個觀光景點。宮崎交通推出一張巴士一日券，可以在一天內任意乘搭交通巴士，如果打算去飫肥或高千穗，這張巴士券非常划算。

網頁：www.miyakoh.co.jp　車票：￥2,000　購票地點：宮崎駅觀光案內所、巴士中心、各大便利店

從博多更快到達宮崎

如果本身持有JR九州Pass，可以先從福岡的博多站乘JR九州新幹線到新八代站，車程只要50分鐘。再於新八代車站門口乘B&Sみやざき高速巴士，車程約為2小時，這樣不用去鹿兒島再走回頭路轉折地去宮崎了。巴士座位可先在網上預約，也可到站時直接向司機付款。如果沒有買JR九州Pass，這樣坐也比直接乘火車便宜。

巴士網頁：www.miyakoh.co.jp/bus/express/b-and-s.html

人氣觀光火車 海幸山幸列車

「海幸山幸」的名字其實來自一個神話傳說，列車行走於宮崎和南鄉車站之間，每天來回各一班，是一條非常著名的觀光列車路線。這架列車於2009年10月開始運行，時間不長，所以車廂裡非常簇新。「海幸山幸」是來自一個和南九州有關的日本神話「山幸彥與海幸彥」，他們是兩兄弟，是邇邇藝與木花開耶姬的兒子，後人稱山幸彥做「食物之神」。車廂設計非常特別，因為是用只宮崎才有的飫肥杉樹，坐在車廂內就如坐在一輛玩具木頭車中。因為無論是地板、車身和座位，甚至裝飾都是用木造。

別忘記取車上的紀念證和紀念印。

★ INFO

海幸山幸觀光列車資料

列車時間：　10:28am從宮崎出發，終點站為南鄉，途經熱門的車站青島 (10:56am發)、飫肥 (11:50am發) 及南鄉 (12:13am着)。回程從南鄉出發是1:52pm，抵達宮崎是3:31pm，可選在飫肥城上車 (2:29pm發)，上午先玩飫肥城。

網頁：　www.JRkyushu.co.jp
車票：　￥2,940(持有JR全九州、南九州Pass可免費乘搭)
購票地點：　JR宮崎駅綠色窗口

宮崎市

Map 18-4A

Map 18-4B

宮崎地標
平和台公園

🚌 JR 宮崎駅東口乘往平和台的巴士於「平和台」站下車即見

MAP 18-4B **A1**

01

平和台公園是宮崎市市民假日時休憩的地方，也是宮崎綜合文化公園中的一部分。這裡有座平和之塔，也是這個公園的名稱由來。在1940年時為了紀念第一代天皇神武天皇即位2,600年而興建，高36公尺，當時邀請到知名的雕刻家日名字実三打造。在塔的正中央刻有「八紘一宇」的字樣，不過因為這組未有隱含戰爭的意味，加上當時正值第二次世界大戰，所以改名為平和之塔。塔上裝有四個神像，分別代表了軍人、漁夫、農民和工商人士這四種支撐社會的角色，意義深遠。

©宮崎市觀光協會

©宮崎市觀光協會

地址： 宮崎市下北方町越ケ迫 6146
電話： 098-535-3181
營業時間： 24 小時
網頁： http://h.park-miyazaki.jp

⛩ 供奉日本第一位天皇

MAP 18-4B **B2** **02** # 宮崎神宮

🚌 JR 宮崎神宮駅步行 10 分鐘。於 JR 宮崎駅步行 6 分鐘往「デパート前」乘往「宮崎神宮」的巴士

宮崎神宮位於宮崎市中心北部，供奉第一代神武天皇為主祭神（第一個是人的天皇，之前的都是神話），相傳神武天皇在公元前660年即位，這是他的子孫為他所創建的神宮。這裡所用的木材都是從霧島狹野神社境內的杉木，只有使用杉木的神宮在日本也很罕見，也因此更顯得非常莊嚴。這裡還有一棵400年歷史的大白藤，還有入選了「巨樹百選」的沼杉（落羽松），每到4月下旬，這裡更會有淡雅的紫藤花盛開，吸引不少市民前來欣賞。這裡的創建年份已無從考究，現在看到的建築是1907年改建。

地址： 宮崎市神宮 2-4-1
電話： 098-527-4004
營業時間： 6:00am-5:30pm
　　　　　　（5 月 -9 月 6:30pm 關門）
網頁： https://miyazakijingu.or.jp/

沙米介推介

宮交橘通支店前 (デパート前)
②

「デパート前」站有5個之多，如果想前往宮崎神宮，應於2號巴士站上車，地圖可參考網頁：www.miyakoh.co.jp/bus/noriba/post_88.html

---

宮崎名字的起源

有兩種有關宮崎 (Miyazaki) 這個地名起源的說法，一個說法是宮崎「Mi ＝神」，「Miya ＝神之家」，「Saki ＝前面」組成起來便是「Miyazaki ＝在神之家的前面」，意思就是神武天皇皇宮前的大片土地；另一個說法是「Miya ＝原野」，這裡因為位於原野的前方＝Miya 的 Saki（前方），所以轉變成 Miyazaki。

介紹宮崎歷史 **03** ⊛ MAP 18-4B **B2**

宮崎縣總合博物館

JR 宮崎神宮駅步行 10 分鐘。於 JR 宮崎駅步行 6 分鐘往「デバート前」乘往「宮崎神宮」的巴士

　　宮崎縣自然和歷史總合博物館就在宮崎神社附近，步行大概 5 分鐘便到。它是一個綜合性的博物館，展示出宮崎的自然和文化歷史。此外，它也是一個臨時及特別的展覽場地，館內展示出各種各樣的文物和動植物標本。在博物館後方是民家園，這裡是四間古民房組成的博物館，將保存好的古老民房是從附近遷移過來，而這些老民房已經超過 200 年。

地址： 宮崎市神宮 2-4-4　　電話： 098-524-2071
營業時間： 9:00am-5:00pm；星期二及公眾假期、年末年始休息
門票： 免費　　網頁： https://www.miyazaki-archive.jp/museum/

⊛ MAP 18-4A **A1** **04** 一次吃九州各地料理

塚田農場（宮崎本店）

塚田的 Menu 很精美，像一本雜誌。

JR 宮崎駅西口步行 13 分鐘

　　在宮崎市近火車站附近想吃一些地道食物，可以到塚田農場來。他們有自家農場，提供宮崎縣直送的蔬菜和地頭雞給各家分店。這裡很受年輕人歡迎，店員都是很有活力的年輕人，不時為客人送上不同驚喜。除了吃宮崎名物炭火炸土雞，還要記得喝一杯日向夏梳打，配上其他九州料理，才是來過九州的證據。

日向夏梳打（一種黃色皮的柑橘水果）。

熊本名物馬刺身。

每位客人都附送一份新鮮蔬菜於餐前享用，沾上塚田自家製味噌醬，非常美味。

地址： 宮崎市橘通西 3-2-24
電話： 050-5799-3523
營業時間： 5:00pm-11:00pm；星期二休息
網頁： https://www.tsukadanojo.jp/
消費： ￥3,500 起

炭燒宮崎雞 **05** ⊛ MAP 18-4A **D3**

Kutsurogi 三四郎

JR 宮崎駅步行 11 分鐘

　　這個居酒店位於住宅區的古老民居中，店主都會從雞農那邊直購宮崎地頭雞，精心準備不同雞肉料理。除了普通雞肉串、雞翼外，還提供很多其他稀有的部位，像是宮崎燒雞頭等，因此必須提前預訂以便店主預備料理。除了雞肉菜品豐富，居酒屋最自豪他們能提供 30 多款酒，食客們可以盡情享受在其他地方沒有的宮崎縣的正宗味道。

地址： 宮崎市堀川町 57-1
電話： 050-5590-4106
營業時間： 6:00pm-10:00pm

日向夏菓子 MAP 18-4A A1
お菓子の日高 06

JR 宮崎駅西口步行 12 分鐘

日高是宮崎最出名的和菓子店，已經有63年歷史，最初像一間士多，除了賣和菓子，還會賣一些小物。當中他們的なんじゃこら大福非常有人氣，已有20多年歷史，餡料很豐富，包括了紅豆、栗子、士多啤梨和忌廉芝士。除此以外，他們還用日向夏來製作各款甜品，也相當受歡迎，是不可不買的宮崎手信。

地址： 宮崎市橘通西 2-7-25
電話： 098-525-5300
營業時間： 9:00am-9:00pm
網頁： http://hidaka.p1.bindsite.jp

MAP 18-4A B1

懷舊小物玩具
太郎と花子 07

JR 宮崎駅西口步行 12 分鐘。JR 宮崎駅乘前往「宮交テシイ」巴士，於「橘通 3 丁目」下車，步行 2 分鐘

橘通有條商店街，在3丁目那裡有一間專賣懷舊小物和玩具的店，叫太郎と花子，連名字都很懷舊。這裡1986年開業，店內一直保持風格，一律賣懷舊玩具，也有一些很日本風的小物。這裡有很多款鐵皮車，還有小時候很喜歡玩的塑膠玩具，是一間屬於大人的玩具店。

地址： 宮崎市橘通西 3-2-17
電話： 098-523-7706
營業時間： 11:00am-7:00pm
網頁： www.taro-hanako.com

專業咖啡豆店
南蠻屋 08

MAP 18-4A B1

JR 宮崎駅西口步行 12 分鐘，或 JR 宮崎駅乘前往「宮交テシイ」巴士，於「橘通 3 丁目」下車步行 2 分鐘

老闆是平井誠一郎先生，於1984年創立南蠻屋，提供適合大家口味又廉價的咖啡。店內所賣的東西標榜除了會用中國茶葉外，不會使用中國的產品，以確保品質和安全。南蠻屋選購優質的生咖啡豆，並自行烘焙和配搭，創造出自家的咖啡品牌。店內還有很多咖啡的周圍商品，喜歡喝咖啡的人不可以錯過。

他們研製出既方便又充滿濃濃咖啡香氣的咖啡飲品，只要加入牛奶或豆乳便成為一杯美味的咖啡。

地址： 宮崎市橘通西 3-7-15
電話： 098-653-3620
營業時間： 10:30am-6:30pm，
星期日休息
網頁： www.nanbanya.co.jp

政商名人至愛　 MAP 18-4A B3

宮崎觀光飯店　09

JR 宮崎駅乘前往「宮交テシイ」巴士，於「橘通 1 丁目」下車步行 10 分鐘，或於 JR 宮崎駅乘的士約 ￥600-￥700

宮崎觀光飯店從宮崎火車站走過去要20分鐘，路途雖遠，但這裡卻是對著有名的橘公園和大淀川，很多客房都擁有非常漂亮的景色，是宮崎市中數一數二的五星級酒店，很多政商名人都喜歡入住。這裡還有多間餐廳，當中以吃宮崎牛出名的 Apas，如果想即時入座吃宮崎牛幾乎不可能。想吃齊九州的料理，不妨到自助餐廳一木一草，他們每晚都提供數十款九州的料理讓人客吃個夠，而且用最健康的方法烹調，吃多少都不擔心。

普通客房和高級客房的空間十足，不會太擠逼。

自助餐廳一木一草，花 ￥4,400便可一次過吃到數十款健康的九州各地直送食物。

地址：　宮崎市松山 1-1-1
電話：　098-527-1212
網頁：　www.miyakan-h.com
房價：　雙人房 ￥22,000/ 晚起

##

人氣名物

★ MAP 18-4A B3　10　高級宮崎牛

大淀河畔みやちく

JR 宮崎駅乘前往「宮交テシイ」巴士，於「橘通 1 丁目」下車步行 10 分鐘，或 JR 宮崎駅乘的士約 ￥600-￥700

宮崎牛屬於黑毛和牛，跟其他有名的和牛略有不同。如果要在宮崎吃到高質並認可的宮崎牛，絕對要到大淀河湖畔みやちく，位於宮崎觀光飯店內，連日本國家旅遊局都推薦，每份上桌的和牛都會附上農場名牌，保證每隻牛都是出身正統。這裡可以坐在鐵板枱旁，看著大廚以專業的功夫烹調一頓客崎牛盛宴。由於牛肉的品質好，如果想吃到牛肉的最佳狀態，不妨點選4-5成熟。

地址：　宮崎市松山 1-1-1
　　　　宮崎觀光ホテル西館 2/F
電話：　098-562-1129
營業時間：　11:00am-3:00pm，
　　　　　　5:00pm-10:00pm
　　　　　　(建議提前一天預約，
　　　　　　可用簡單英語溝通)
網頁：　http://rest.miyachiku.jp
消費：　￥6,000 起

日本一，宮崎牛

九州的宮崎牛是和牛中的明星！因為宮崎牛曾在被稱為「和牛奧運會」的「全國和牛能力共進會」中屢獲殊榮，成為「日本牛一」。在日本，現時約有 15-20% 的黑毛和牛是宮崎僅存五頭種牛的下一代。所以，某程度上世界知名的神戶牛，其實可能也是來自宮崎牛的品種。不是説每一頭在宮崎出生的牛都可以叫做宮崎牛，跟神戶牛一樣，牛隻必須通過A4級以上的考核才可以稱為宮崎牛。

日南海岸
Nichinan Kaigan

大自然景觀・江戶古蹟

交通策略

JR宮崎駅 • • • • • •	**JR青島駅** • • • • • •	**JR飫肥駅**
日南線 （往志布志方向），35分鐘	日南線 （往志布志方向），約40分鐘	
宮崎駅前巴士站 • • • • • • • • • • •		**青島**
910、911、920、921、930、931、953號宮交巴士，約48分鐘		

本區名物及推介景點

鬼之洗濯板
自然奇景

サンメッセ日南
151復活島

飫肥城
小京都

Map 19-2B

JR飫肥駅

北

日南線

Map 19-2A

子供の国

A ANA 假日
酒店宮崎

日南海岸リゾヨン
青島

Hotel Grantia
青島太陽閣館西

青島

日南線

蒼島

宮崎白浜オート
キャンプ場

折生迫

Google Map
下載

北

Map 19-3
05-07
日南海岸

「堀切峠」巴士站

FamilyMart

壯觀奇景

⭐ 🔍 MAP 19-2A B1

📷 01

鬼之洗濯板

🚌 JR 青島駅東口步行 10 分鐘，或 JR 宮崎駅
乘往「空港·日南」、「飫肥」或「空港·
都井岬」的巴士，於「青島神社」站下車

　　從青島往南到巾著島附近，沿著海邊都是呈階梯狀的岩石，南北長約8公里的海岸線上，都可以看到這個大自然奇觀。宮崎人稱這個自然景象做「鬼の洗濯岩」，因為遠看像一塊洗衣板，所以認為這是給「鬼」用的，日本人的「鬼」是巨大怪物的意思。如果想近距離看到，可前往青島神社，如果想遠觀的話，可以到堀切垰。在潮退時，這自然奇景還可以綿延到100公尺之遠。

🏠 **地址：** 宮崎市青島

Map 19-3

北

子供の国　青島
折生迫
Map 19-2a

內海

小內海

伊比井　05

JR日南線　北郷

06

內之田　07
飫肥

Map 19-2b

海中的神社 📍 **MAP** 19-2A **B1**
青島神社 **02** ⛩

沙米介推介

🚌 JR 青島駅東口步行 10 分鐘 / JR 宮崎駅乘往「空港‧日南」、「飫肥」或「空港‧都井岬」的巴士，於「青島神社」站下車

青島神社的創建年份不詳，在國司巡視記《日向土產》裡曾有「嵯峨天皇禦字奉宗青島大明神」的記載，由此看來，可能是從820年代以前開始被供奉的。在古時，整個青島都被視為神聖之地，江戶時代更是一般人都不可以進入島內。青島神社供奉的是神話中山幸彥和他的妻子豐玉姬，他們的孫子便是日本第一位天皇—神武天皇，主要是祈求姻緣、安產和交通安全。現時看到的建築是在1974年重建，因為當年2月給大火摧毀。

地址： 宮崎市青島 2-13-1
電話： 098-565-1262
營業時間： 8:00am-6:00pm

📷 遠看鬼之洗濯板
📍 **MAP** 19-2A **C4** **03** 堀切峠

🚌 JR 宮崎駅西口乘往「空港‧日南」、「飫肥」或「空港‧都井岬」的巴士，於「堀切峠」站下車

「峠」的日文意思是山的交界處，這裡展現出壯麗的自然景觀。堀切峠的位置大約在青島南下約4公里的地方，如果自駕的話便是國道220號，這條路更入選為「日本百大道路風景」。這裡兩旁種植了很多棕櫚和亞熱帶色彩繽紛的花卉，充滿了異國風情。這裡還可以遠眺鬼之洗濯板，欣賞這壯麗的大自然奇景。

地址： 宮崎市折生迫
營業時間： 24 小時

生氣蓬勃 ④ 📷 MAP 19-2A B1
青島亞熱帶植物園

🚌 JR 青島駅東口步行 7 分鐘

從 JR 青島駅走到青島神社，途中會經過綠意盎然的青島亞熱帶植物園，這裡種植了260種亞熱帶植物，就是為了研究這些植物，所以特別開設這個植物園。這裡除了培植各種亞熱帶植物，還把在青島生長的植物重現大家眼前。這裡吸引很多附近的小學及幼稚園前來參觀作戶外教學，這裡還有一個亞熱帶溫室，可以種植到大王椰、榴槤樹、紅毛丹等，共有64科、429種約2,500棵植物。

地址： 宮崎市青島 2-12-1	**電話：** 098-565-1042

營業時間： 8:30am-5:00pm、溫室 9:00am-5:00pm；大溫室星期二休息；熱帶果樹溫室星期三休息
網頁： http://mppf.or.jp/aoshima
門票： 免費

日南海岸

日南海岸位於宮崎南部海岸一帶，也是日本的最南端，從青島到都井岬約達100千米，更是日本最南的裏亞式海岸。這裡有著名的自然景觀鬼之洗濯板，還有建在崖邊和洞窟中的鵜戶神宮。在海岸邊沿路種了很多棕櫚和木槿等植物，充滿亞熱帶氣氛，很適合自駕遊來度假。

📷 MAP 19-3 ⑤ 日南海景餐廳
シャンシャン茶屋

🚌 JR 伊比井駅步行約 11 分鐘

シャンシャン茶屋坐落於日南海岸邊，吸引眾多遊客光顧。食客可以安坐榻榻米上，一邊品嘗美食，一邊欣賞窗外翠綠的山巒與碧藍的海洋。每到夕陽西下，茶屋更成為觀賞日落的人氣熱點。店內主要供應海鮮料理，可以吃到活魚、龍蝦、南蠻雞等套餐，份量十足，定食一般￥1,200左右有交易。招牌菜是巨型炸海老，長達30cm，味噌湯更以龍蝦頭來炮製，滋味無比。

地址： 日南市大字伊比井 99-1	**電話：** 098-729-1850

營業時間： 11:00am-7:00pm
IG： https://www.instagram.com/shanshanchaya/

復活島復活了 06 ★ MAP 19-3
サンメッセ日南

🚌 JR 宮崎駅西口乘往日南的巴士，於「サンメッセ日南」站下車

　　復活島島上佇立了一堆石像，名字叫摩艾群，也是世界其中一個不解之謎。這群石像並非「山寨」版，而是真正向復活島申請版權複製的，也是全世界唯一一個地方擁有真正「復刻版」的摩艾石像。這裡根據原裝複製，高5公尺，後面是海，再配上藍天，比真正的復活島還添了幾分陽光氣息。

地址：　日南市大字宮浦 2650
電話：　098-729-1900
營業時間：　9:30am-5:00pm；
　　　　　星期三休息 (假日除外)
網頁：　www.sun-messe.co.jp
門票：　成人 ￥1,000，中學生 ￥700，
　　　　4 歲以上小童 ￥500

开 07 建在懸崖洞穴中
鵜戸神宮

★ 🔍 MAP 19-3

🚌 JR 宮崎駅西口乘往日南的巴士，於「鵜戸神宮」站下車

　　鵜戸神宮面向日南海岸，於太平洋岸的一崖洞內，依山而建，據說在1711年建成。這裡供奉著日本民族的祖神，傳說日本第一代天皇神武天皇在這裡出生，靠岩石上滴下的泉水生活。在洞穴裡的御本殿，有顆母玉石，上有兩塊凸起的地方，樣貌像女性乳房，所以據說女子摸過後會生產順利、奶水充足和胎兒健康。神宮下的海邊，有一靈龜石，龜背上有一圓形凹處，向社方買一份「運玉（四粒/100日圓）」，男的用左手，女的用右手，如果可以把運玉拋到龜石背上，便可以願望成真。

御本殿就是建在洞窟內。

先走過隧道，再爬一道長樓梯，大概15分鐘才正式進入神社。

向龜石擲石幾成為每位參拜人士的指定動作。

地址：　日南市大字宮浦 3232
電話：　098-729-1001
營業時間：　6:00am-6:00pm
網頁：　https://www.udojingu.or.jp/

小京都 飫肥城

  08

JR 飫肥駅下車，步行 20 分鐘

飫肥城的「飫」，音讀做「於」，在日語中有「豐腴」的意思。如果乘海幸山幸火車過來，可選擇在這裡下車，遊覽完畢後再乘日南號到日南海岸一帶。這裡獲譽為「小京都」，走在城下町的大街上，全部都是充滿江戶時代的氣息，而且更被日本政府選定為「重要傳統建造物群保存地區」。城內有一處種滿達140年樹齡的杉樹林，獲稱為「療癒之森」，因為氧氣豐富，有一種舒服的感覺。

療癒之森除了是一片杉樹林之外，更是飫肥本地的舊跡。

地址：　宮崎縣日南市飫肥 10-1
電話：　098-725-4533
營業時間：　24 小時

飫肥名物魚餅 おび天蔵

 09

 MAP 19-2B **B1**

JR 飫肥駅步行 18 分鐘，或飫肥城大守門步行 1 分鐘

炸魚餅おび天蔵已經有數百年歷史，這種魚板用上新鮮的魚，加入豆腐、味噌和黑砂糖造出來，江戶時代非常之流行，曾獲日本農林水產大臣賞受賞。這裡還有玉子燒很受歡迎，和我們一般吃到的玉子燒口感很不一樣，因為它極像雞蛋布甸，帶點甜味而且咬下去感覺比較軟滑，幾乎每枱都會點一客來吃。

簡單的一份飫肥鄉土料理 ¥1,100，還有一碗蟹肉味噌湯。

地址：　日南市飫肥 9-1-8
電話：　098-725-5717
營業時間：　商店 9:30am-5:00pm、
　　　　　　餐飲 10:30am-4:00pm
網頁：　http://obiten.co.jp

玉子燒き ¥500，也是飫肥城的名物。

從建築讀歷史 ⑩

飫肥城下町

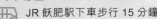

JR 飫肥駅下車步行 15 分鐘

在飫肥城下町散步，可以感受江戶時代的氣氛。這裡保留了不少歷史建築，如果有時間，可以買一張共通券參觀其中4間建築，並可以利用所附送的優惠券，向指定商戶換取禮物。這張共通券叫「食べあるき・町あるき」，每張 ¥1,400，共通券中有5張兌換券可用於享用當地美食、購買手信，並且可在一天內參觀4棟建築，而這些建築都具有歷史意義，記錄了飫肥城的歷史。

地址： 宮崎市堀川町 57-1
電話： 0987-67-6029
營業時間： 9:00am-4:00pm
網頁： https://obijyo.com/

MAP 19-2B **A1** ⑩a

飫肥城歷史資料館

這個白色建築物前身是伊東家的房子。為了讓遊客了解伊東家的歷史，伊東家子在後世改建為飫肥城歷史資料館。資料館收藏並陳列了伊東家及其家臣的鎧甲、刀劍、兵器、古書、衣服等約220件有關的史料。當年伊東家統治飫肥城有800年歷史，直至明治4年(1871年)正式廢藩為止，因此對飫肥城非常有影響力。

松尾の丸御殿 ⑩b **MAP** 19-2B **A1**

松尾の丸御殿是飫肥藩歷代藩主的起居住所，即是說是飫肥城的政治中心。該建築物於昭和54年(1979年)重建，建築樣式屬於江戶時代初期的書院造。館內有很多飫肥藩伊東家的古物展示，遊客亦可以參觀當時藩主的辦公和日常生活的地方，讓參觀者清楚了解關於飫肥的歷史。

豫章館 10c ⊛MAP 19-2B A1 📷

豫章館曾是伊東家臣伊東主水的所住地，在明治2年(1879年)，飫肥第14代藩主伊東祐歸入住於此。伊東家本以飫肥城為居所，在明治政府明令廢城後，則移居至門前町的這座宅邸。豫章館之名，取自邸內樹齡百年的大楠巨木。這裡跟其他館不一樣，並非主要作展示歷史之用。豫章館庭園因為規模甚大，而且維護良好，所以在九州是數一數二的庭園。

⊛MAP 19-2B B1 10d 小村寿太郎記念館

小村壽太郎在明治時期兩度出任外務大臣，綽號鼠公使，是對日本影響深遠的外務大臣。他在明治38年(1905年)作為日本全權代表和俄國簽訂《朴次茅斯條約》，結束日俄戰爭而聞名。這座紀念館在1993年為了紀念小村壽太郎逝世80週年而開館，在2022年3月重新改建開館。館內有小村壽太郎史料館，以劇場的形式展示他的成長經歷和外交活動。

江戶時代的武家屋敷

在飫肥城有濃濃的江戶時代味道，這裡曾經是幕府的其中一個藩，所以這裡住了很多武士，而武家屋敷便是他們的居所(日語讀作Bukeyashiki)，而給下級武士住的正是叫作武家屋敷，而在飫肥城中，這個範圍的建築物都是獲指定為「重要傳統建造物群保存地區」。

鹿兒島縣
Kagoshima

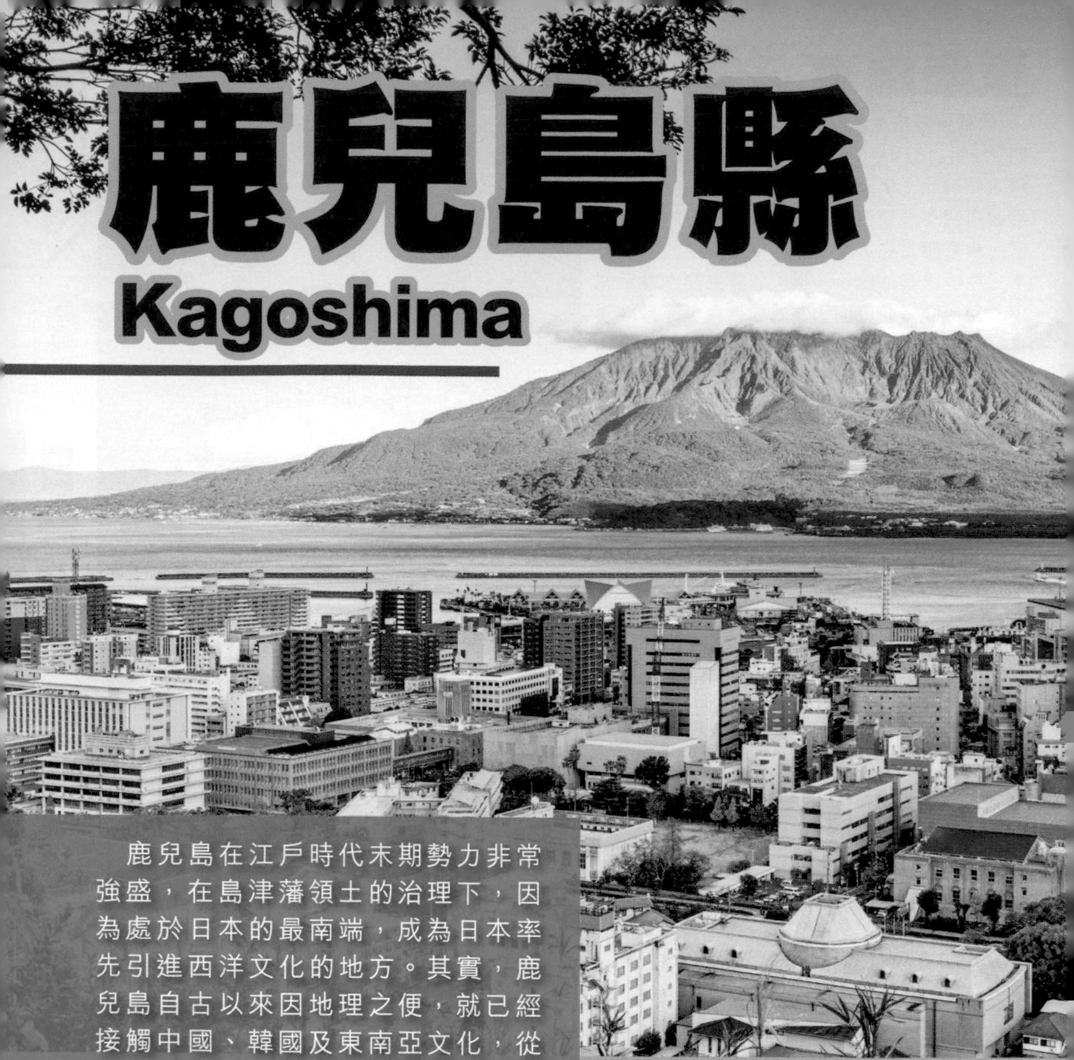

鹿兒島在江戶時代末期勢力非常強盛，在島津藩領土的治理下，因為處於日本的最南端，成為日本率先引進西洋文化的地方。其實，鹿兒島自古以來因地理之便，就已經接觸中國、韓國及東南亞文化，從而形成該縣獨特的歷史和文化。鹿兒島有豐富的美食，包括黑豚、雞刺身、丁香魚、炸魚餅等等。

有用網頁：

鹿兒島市官方網站
鹿兒島旅遊指南
霧島市觀光協會

www.kagoshima-yokanavi.jp
www.kagoshima-kankou.com/tw
http://kirishimakankou.com

長崎縣

熊本縣

鹿兒島縣

宮崎縣

鹿兒島空港

霧島

鹿兒島市

櫻島

指宿

鹿兒島對外交通

鹿兒島空港

　　鹿兒島機場分國內線和國際線兩個航站，國際線有韓國、上海、台灣、香港四條航線。國內線不僅有飛往東京、大阪、名古屋、福岡等大城市的航班，每天還有往屋久島、種子島、奄美大島、與論等鹿兒島各個離島的航班。

　　疫情前香港每天都有航班直航往鹿兒島，但疫後航班大減，暫時只有香港快運提供直航服務，但每月只有幾班，出發前一定要查清楚。

　　鹿兒島機場規模難與關西或成田等大型機場比較。不過要購物或醫肚，機場內還是會有不同的選擇。

【鹿兒島機場食肆推介】

TSUKIYOMI by GET54

　　比較新派的蕎麥麵店，雞湯湯底加入大量忌廉，再以攪拌機打出醇厚的泡沫，感覺似飲西湯。除了湯麵，這裡還提供鹿兒島風味的小菜，例如蜜餞和烤黑毛豬。

擔擔雞蕎麥麵

國內線 3 樓
時間： 10:00am-8:30pm

いわさきのキッチンさつま

　　黑豚料理是鹿兒島的名物，這間炸豬排店提供約 40 種菜式，包括受歡迎的黑豚炸豬排、炸豬排蓋飯、炸肉排和各種咖哩。

國內線 3 樓
時間： 10:00am-8:30pm

Royal Host

　　使用鹿兒島縣產黑豚肉的洋食店，由炸豬排、咖哩炸肉排、蛋包飯及沙律都有供應。食肆每天6:30已開始營業，乘早機都不怕沒有早餐吃。

國內線 2 樓
時間： 6:30am-
　　　　最尾出發航班 15 分鐘前

天然溫泉 Oyattosa 免費足浴

　　當大家一抵達鹿兒島空港，便可以馬上泡足湯，完全免費，因為鹿兒島就是個溫泉鄉，泉質又不錯，所以來到鹿兒島一定要泡溫泉，一切就從機場開始。

國內線 1 樓 3 號出口附近
時間： 9:00am-7:30pm

機場前往鹿兒島市交通安排：

南国交通株式会社空港巴士時刻表：

http://nangoku-kotsu.com/ashuttle/kagoshima

（站點：鹿兒島中央、天文館、市役所前，車程為38 － 55分鐘。）

いわさき空港巴士時刻表：

http://www.iwasaki-corp.com/bus/airport/

（站點：鹿兒島中央、天文館、市役所前，高速船碼頭，車程為38 － 55分鐘。）

乘高速船從鹿兒島市中心前往，航行時間大約 1 小時 50 分鐘 /
利用飛機從鹿兒島機場或福岡機場前往，時間為 30-60 分鐘

　　屋久島屬於鹿兒島，在九州的南面，從鹿兒島乘高速船要1個多小時才抵達，如果搭乘飛機從鹿兒島出發，大概30分便可抵達。這裡自然景觀豐富，島上有五分一的面積已獲聯合國教科文組織登錄為「世界自然遺產」，是很多喜歡登山和愛好自然文化的人最期待前往的地方。

高速船

Toppy、Rocket：連結鹿兒島、指宿、種子島和屋久島的噴射高速船。

網頁：www.tykousoku.jp

船票：成人 ￥7,000，小童 ￥3,500 單程（鹿兒島 --> 屋久島）、
　　　　成人 ￥12,200，小童 ￥6,100 來回（鹿兒島 <-> 屋久島）、
　　　　成人 ￥5,100，小童 ￥5,100 單程（指宿 --> 屋久島）、
　　　　成人 ￥9,800，小童 ￥9,800 來回（指宿 <-> 屋久島）

班次：一天6班來往鹿兒島與屋久島、一天1班來往指宿與屋久島

建議搭乘班次（因部分班次會停經指宿或種子島，航程會比較長）

航班	出發時間	到達時間	備考
● 鹿兒島（出發地）→ 屋久島（目的地）			
114	10:10	12:55	安房碼頭
117	13:20	15:10	宮之浦碼頭
● 屋久島（出發地）→ 鹿兒島（目的地）			
111	10:40	12:30	宮之浦碼頭
● 指宿（出發地）→ 屋久島（目的地）			
112	08:30	09:45	宮之浦碼頭

上船地點：
南埠頭高速旅客ターミナル，
從市中心乘巴士於
「桜島桟橋シャトルバス
（高速船ターミナル）」下車。

宮之浦碼頭

飛機

飛機 JAC (JAPAN AIR COMMUTER)　　**網頁**：www.jac.co.jp

島內交通

在屋久島內以巴士為主要公共交通工具，想玩得暢順一點可自駕遊屋久島，也可參加當地的本地團。

www.yakushima.co.jp（まつばん交通）
租車：http://yakushima.co.jp/index-3.php
島內交通：http://yakukan.jp/trans/index.html（有觀光巴士及租車公司網頁）

屋久島

07

10

宮之浦碼頭

09 四瀬ノ鼻

宮之浦

02

吉田岳

永田

01

國割岳

永田岳

03

七五岳

04

12

中間 湯泊

尾之間

06 平內

Map 20-4

鹿兒島空港

南埠頭高速旅客
ターミナル

鹿兒島市　　　　　櫻島

小瀨田
屋久島空港

種子島

安房

屋久島　宮之浦港

北

屋久島

05

11

08

屋久島

鹿兒島市
櫻島
指宿
霧島

宮崎駿動畫參考場景
白谷雲水峽 01 📷 MAP 20-4

🚐 宮之浦碼頭乘巴士於白谷雲水峽下車

白谷雲水峽雖然不在世遺的範圍入面，但因為宮崎駿的幽靈公主動畫而聲名大澡，原因就是宮崎駿曾經參考了這裡的環境，作為動畫內的場景之一。這裡全年多雨，空氣濕度夠高，造就了苔類植物的生長，很多人就是為了拍得一幅青苔照而專誠前來。這裡有不少過百年甚至是上千年的杉樹在生長，日本人認為這些老杉樹具有靈氣，而有名的繩文杉也是從這裡出發，一般來回需要6-7小時，如果不是有經驗的行山人士，最好走簡單的1小時路線，即從入口到達二代大杉樹再折返原處。

看到了さつき吊橋，代表已走了一半，但千萬別向吊橋走，因為會走進另一條路線，走過記得走回頭。

基礎路線來回要1小時，只到達二代大杉，但也要爬過石頭才可前進，所以一定要穿著合適的服裝到來，如遇下雨，可到宮之浦碼頭附近的物產中心，租用行山鞋。

二代大杉有千多年歷史，原來它是在一代大杉上再生長出來的另一棵樹。

要看繩文杉，來回要花6-7小時，如沒有很多行山經驗是應付不來，還要帶備食物，其實1小時行程已經可看到很多古老杉樹。

二代大杉
樹高 32m
胸高周圍 4.4m
標高 730m

地址　熊毛郡屋久島町
門票　￥500
電話　0997-42-3508
MAPCODE　643504277*80
網頁　http://y-rekumori.com/

站在雲層上
雲の展望台

MAP 20-4　**02**

宮之浦碼頭乘巴士於雲の展望台下車即見

離白谷雲水峽不遠處，有個叫雲の展望台的地方，四圍看一下也好像沒有景點似的，只是道路一角。其實，當好天的時候，站在這裡可以眺望屋久島的景色，因為這裡是海拔700米高左由，所以就好像站在雲層上看風景的感覺。

這裡有巴士站，所以一般遊客也可以到達。

地址：　鹿兒島縣熊毛郡屋久島町

MAP 20-4　**03**

氣勢磅礡
大川の滝

宮之浦碼頭乘巴士於大川の滝下車

大川之名由來，就是指水從崖上向下而流的磅礡氣勢，就好像大河川一樣的壯觀，已獲選為「日本の滝百選」。如果到訪的時候之前幾日下過雨，或者是水量多的時間，便可以看到大川瀑布的驚人水量如何十分有氣勢地往下衝，也會看到瀑布旁還有幾道水流像大窗簾般掛在崖石上，就算站在遠處也感受到瀑布的威力。大家可以攀上崖石近距離感受瀑布的氣勢，不過一定會被水花沾濕半身了。

地址：　熊毛郡屋久島町栗生
電話：　0997-43-5900
MAPCODE　643 154 35980

千人拉起大岩壁 **04**
千尋の滝

MAP 20-4

宮之浦碼頭乘巴士於鯛ノ川下車，步行40分鐘

千尋瀑布是屋久島內另一條相當有氣勢的瀑布，相傳由一千個人手拉起旁邊的大岩壁，才有今日所看到的景象，因此叫做「千尋」。此外，又有說當年宮崎駿的動畫《千與千尋》，名字就是來自這裡了。瀑布的落差有60米，水源是來自屋久島中央的鯛ノ川。

地址：　熊毛郡屋久島町
MAPCODE　643 025 45180

漁師主理海鮮店
寿し いその香り 05

★ MAP 20-4

🚌 宮之浦碼頭乘巴士於合廳前下車

屋久島的「寿し いその香り」是一家深受當地人喜愛的壽司店，店內提供的壽司選用當地的魚獲，保證食材的新鮮度與品質。這裡的海鮮直接來自屋久島周邊豐饒的海域，包括珍貴的ホタ、シビマグロ、トビウオ等。店長本身也是漁民家庭出身，親自出海捕魚，確保每一片刺身的鮮美。除了壽司，店內還提供各式海鮮料理，如地魚的すり身和トビウオ的姿揚げ等，是屋久島獨有的風味。

地址： 熊毛郡屋久島町安房 788-150
時間： 11:00am-1:30(LO)、5:00pm-9:00(LO)
FB： https://www.facebook.com/yakushima.isonokaori/

如果有人在泡溫泉，就不要走近拍照了。

★ MAP 20-4
06 美景溫泉
平內海中溫泉

🚌 宮之浦碼頭乘巴士於平內海中溫泉下車，步行 5 分鐘

在屋久島的南端有一個海中溫泉，泉水由濱海礁岩中湧出來。泉質是單純硫磺泉，每天只有兩次退潮時才可以享用得到，所以真的是一個「限定溫泉」。這裡有漂亮的景色，一望無際的大海，是難得一見的溫泉，最重要這是個公眾溫泉，除了要付￥100管理料金之外，基本上就不用再付費了。不過，這裡還是要考你的膽識，因為這裡是混浴溫泉，而且又在戶外，這樣就要看你接不接受得來了。

地址： 熊毛郡屋久島町平內
電話： 0997-47-2953
時間： 每日潮退不一，潮退後 2 小時內都可泡溫泉，時間便要到碼頭附近觀光案內所查詢
潮夕查詢： www.town.yakushima.kagoshima.jp/cust-facility/1421/
費用： ￥200/ 位

了解屋久島 07  MAP 20-4
屋久島環境文化村中心

🚌 宮之浦碼頭乘巴士於平內海中溫泉下車，步行 5 分鐘

　　在未開始屋久島的旅程前，最好先到這裡了解一下屋久島的生態和歷史，這樣有助於旅程上更多順利，也避免破壞這裡的生態環境。這裡就位在宮之浦碼頭附近，所以很適合一下船便前來。中心內利用大型模型展示出屋久的面貌，還有每天上映8場的以「屋久島森林與水的交會」為主題的影片，片長約25分鐘，可以要求中文或英文字幕，可以快速了解屋久島。

地址： 熊毛郡屋久島町宮之浦 823-1　　**電話：** 0997-42-2900
時間： 9:00am-5:00pm；星期一、12 月 28 日 -1 月 1 日休息
網頁： www.yakushima.or.jp/static/village.php
費用： 成人 ￥530，學生 ￥370，小童 ￥270

MAP 20-4

08 秘境樹林
猿川ガジュマル

🚌 乘巴士種子島·屋久島交通往栗生橋行，於燒酎川下車，步行 10 分鐘。開車沿 77 號國道走

　　這裡可算是一個秘境，因為這天來訪時，觀光局的職員說是第一次帶外國傳媒來採訪，不過好像很多日本人也知道這裡。這裡是一個榕樹的原始森林，這裡的榕樹生長得縱橫交錯，要慢慢的去看才知道那樹根是屬於哪一棵樹。

只能靠這些指示前來。

猿川ガジュマル→

原生林真的令人大開眼界。

地址： 熊毛郡屋久島町樋ノ口
時間： 24 小時

海龜產卵地 09
永田浜

 MAP 20-4

🚌 乘巴士往永田方向於中野橋下車，步行 3 分鐘

　　在屋久島西部，有一個海灘位於國際濕地公約組織拉姆薩爾認定為北太平洋赤蠵龜產卵最高的地方，就是永田浜。這裡是受保護的海灘，每年約有2,000-3,000海龜上岸產卵，而產卵的月份便是5-7月的時候。大家有興趣，可以到海龜館網頁，找一些生態觀察團觀看海龜產卵。

地址： 鹿兒島縣熊毛郡屋久島町永田 489-8
時間： 24 小時
網頁： www.umigame-kan.org（海龜館）

屋久島

屋久島觀光中心 ⑩ ✪ MAP 20-4
屋久島觀光センター

🚌 宮之浦碼頭步行 5 分鐘

　　一踏進屋久島，除了環境文化中心你要去之外，其次便要來到屋久島觀光中心。這裡有齊所有有關屋久島的資訊，更會舉行各種島內的旅行團，方便不懂開車的人報名參加。此外，這裡也是土產商店，有齊屋久島上各種土產，也有利用屋久杉製作的商品，杉樹樹齡要超過1,000年才可稱為「屋久杉」。

要稱得上為屋久杉，樹齡一定要達1,000年以上。

這裡也搜羅了屋久島的土產發售，離開前可以買一些作手信。

這裡也有登山用具出租，如遇下雨到白谷雲水峽，一定要在這裡租登山鞋。

地址： 熊毛郡屋久島町宮之浦 799
電話： 0997-42-0091　　時間： 9:00am-6:00pm
網頁： www.yksm.com

✪ MAP 20-4

鄉土料理
⑪ 茶屋 ひらの

🚌 乘巴士於平野下車即見

　　在屋久島要找餐廳其實也蠻困難的，所以最好就是訂一間包早晚餐的酒店來住，那麼午餐又如何呢？茶屋 ひらの是屋久島料理店，雖然有不少日本的旅行團都會在這裡午餐，但就是因為這裡是全島罕有的鄉土料理店，所以一定要來試一下屋久的鄉土料理。這裡的料理甚為豐富，所有食物連同飯和味噌差不多有22碟之多，而且菜多肉少，全部都用上屋久島的自然素材來烹煮，吃多少都不怕胖了。

地址： 熊毛郡屋久島町安房 2617-3
電話： 0997-46-2816
時間： 11:00am-3:00pm；6:00pm-9:00pm

屋久島頂級酒店 ⑫ ⭐ MAP 20-4 🛏

Sankara Hotel & Spa

🚐 客人可於預約時預約免費送迎服務，從宮之浦港或安房港出發

在屋久島上，玩了一整天，一定會很疲累，不如好好的善待自己。Sankara Hotel & Spa是屋久島內最頂級的酒店，全店只有29個房間，全部都以獨立屋形式組成客房，每一棟有2間客房。這裡全部都使用天然建材，而且還成立了基金，將每年部分的盈利捐給屋久島作為自然保護基金。這裡有別於一般傳統旅館，晚餐是正統法國菜，他們的首廚師武井智春曾是法國三星餐廳的廚師。

泳池擁有漂亮的景觀。

黃昏的泳池景色相當迷人。

最普通的房間面積也相當大，整間酒店佔地也相當大，要坐高爾夫球車往返客房。

酒店貼心地為客人準備了轉插。

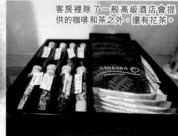

客房裡除了一般高級酒店會提供的咖啡和茶之外，還有花茶。

還有一個客廳。

餐廳選用了九州的新鮮食材，把酒店和九州融合起來。

把日本食材造成法式料理。

地址： 熊毛郡屋久島町麦生字萩野上553
電話： 800-800-6007
房價： ￥81,000 起（雙人房包早晚餐）
網頁： www.sankarahotel-spa.com

鹿兒島市
Kagoshima
櫻島火山・薩摩料理

交通策略

JR長崎駅 •••••••••• **JR新島栖駅**
長崎特急列車海鷗號，
100分鐘

九州新幹線，34分鐘

JR熊本駅 九州新幹線，
43分鐘

JR鹿兒島中央駅

JR宮崎駅 •••••••••••••••••••••••
JR特急列車霧島號，
130分鐘

JR博多駅 •••••••••••••••••••••••
九州新幹線，85分鐘

博多站巴士總站（交通中心） ••••••• **鹿兒島中央駅前**
西鐵高速巴士櫻島
號，250分鐘

本區名物及推介景點

天文館商店街
食買玩一條街

熊襲亭
薩摩料理及黑豚

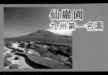
仙巖園
九州第一名園

櫻島火山
九州地標活火山

鹿兒島市內交通
鹿兒島市電

鹿兒島市電是鹿兒島市的主要交通工具，有兩條路線，分別是前往谷山和郡元。要留意的事，從福岡進出是經JR鹿兒島中央駅而不是JR鹿兒島站，而中心地帶也集中在鹿兒島中央駅附近。市電每程收費￥170，如果一天會去幾個地方，可以買一張市電巴士一日券(市電 • 市バスシティビュー一日乘車券)，每張￥600，一天內無限乘搭市電。

售賣地點： 鹿兒島中央駅總合觀光案內所、鹿兒島中央郵便局及市電上
網頁： www.kotsu-city-kagoshima.jp

鹿兒島市電路線圖

資料來源：鹿兒島交通局

━━━ 1號線 (I)
━━━ 2號線 (N)
▭ 轉車站

N17 工学部前 Kogakubu-mae
N16 唐湊 Toso
N15 唐湊小牧建設前 (Komaki kensetsu)-mae
N14 神田(交通局前) Shinden (Koutsukyoku)-mae
N13 市立病院前 Shiritsu byoin-mae
N12 中洲通 Nakasudori
N11 都通 Miyakodori
鹿兒島中央駅前 Kagoshima chuoeki-mae

N18 純心学園前 Junshingakuen-mae
N19 中郡 Nakagori

N20 郡元

高見橋 Takamibashi N10
加治屋町 Kajiya-cho N09
高見馬場 Takamibaba N08

谷山 Tanyama I25
上塩屋 Kamishioya I24
笹貫 Sasanuki I23
脇田 Wakida I22
宇宿一丁目 Usuki 1 Chome I21
二軒茶屋 Nikenjaya I20
南鹿兒島駅前 Minami kagoshimaeki-mae I19
涙橋 Namidabashi I18
郡元(南側) Korimoto I17

郡元 Korimoto I16
鴨池 Kamoike I15
騎射場 Kibaba I14
荒田八幡 Arata hachiman I13
二中通 Nichu-dori I12
武之橋 Takenohashi I11
新屋敷 Shinyashiki I10
甲東中学校前 Koto chugakko-mae I09
高見馬場 Takamibaba I08

天文館通 Tenmonkandori I07 N07

いづろ通 Izurodori I06 N06
朝日通 Asahidori I05 N05
市役所前 Shiyakusho-mae I04 N04
水族館口 Suizokukan-guchi I03 N03
桜島桟橋通 Sakurajima sanbashidori I02 N02
鹿兒島駅前 Kagoshimaeki-mae I01 N01

觀光巴士

如果想前往主要的景點，可考慮乘搭循環線－鹿兒島City View (シティビュー)觀光巴士，分城山 • 海濱及海豚碼頭兩條路線，途徑仙巖園、城山展望台、天文館、Dolphin Port、鹿兒島水族館等各大景點，環繞一圈需約70分鐘。

Map 20-14A

Map 20-14B

Map 20-14C

Google Map 下載

北

綜合消閒中心 **01** 🔍 ★ MAP 20-14C A1
AMU Plaza Kagoshima

遊客最愛的ABC Mart也進駐這裡。

🚌 JR鹿兒島中央駅、市電鹿兒島中央駅即見

在JR鹿兒島中央駅出口旁，便是AMU Plaza，上面有一個矚目的紅色摩天輪，加上有很多潮流店舖，成為了年輕人的聚腳地。坐上摩天輪，可以眺望到鹿兒島象徵-櫻島活火山，而眼前則是看到市電在街道上穿梭，還有停靠在車站的新幹線，晚上的夜景又有另一番景象。

Kiddy Land在九州的分店並不多，在鹿兒島這裡有一間。

地址：　鹿兒島市中央町 1-1　電話：　099-812-7700
營業時間：B1-4樓：10:00am-8:00pm、
　　　　　5-6樓：11:00am-10:00pm
　　　　纜車：平日 12:00nn-7:45pm、
　　　　　　　星期六及日 10:00am 提早開始
網頁：　www.amu-kagoshima.com　摩天輪：　￥500

B1/F ★ MAP 20-14C A1
🍴 **1a** とんかつ かつ寿
黑豚專門店

鹿兒島以黑豚肉而聞名，要一嘗地道美食，記得幫襯AMU地庫的とんかつ かつ寿。食肆只有24個座位，繁忙時段絕對一位難

求。餐廳以炸豬排馳名，這類神級菜式，日本人有嚴格的要求，香酥之餘不油膩，外脆內軟多汁不在話下，難得鹿兒島黑豚肉偏瘦卻肉味十足。如果嫌炸豬排太熱氣，也可選擇黑豚壽喜燒，臨走還可外買豬排三文治，打包回酒店再慢慢享用。

電話：　099-812-7127
營業時間：　11:00am-8:00pm
　　　　　（星期五、六、日、假期前天及假日營業至 8:00pm）

一次過吃盡薩摩料理
熊襲亭 ❷ ⭐ MAP 20-14B C2

🚌 市電天文館通站步行 6 分鐘

薩摩是鹿兒島的舊稱，熊襲亭就是吃鹿兒島的地道食物。對於在鹿兒島不會逗留太久的遊客來說，要吃盡所有鹿兒島名物是相當困難，如雞刺身、丁香魚、魚板和黑豚等。在飲食網站中，熊襲亭的分數相當高，這裡是家老店料理亭，提供鹿兒島傳統美食，只要點一份套餐，便可以一次滿足你幾個願望，不用走來走去找餐廳。

魚板(さつま揚げ)

黑豚 shabu (おためししゃぶ)

丁香魚(キビナゴ)刺身

地雞刺身
(黑さつま鶏のたたき)

地址： 鹿兒島市東千石町 6-10
電話： 099-222-6356
營業時間： 11:30am-2:00pm，5:30pm-10:00pm
網頁： www.kumasotei.com
消費： ￥2,000 起

⭐ MAP 20-14C B2
鹿兒島夜生活
SATSUMA
❸ かごっまふるさと屋台村

🚌 市電高見橋步行 5 分鐘

鹿兒島屋台入夜之後非常熱鬧，就算平日都會坐滿上班族，他們大多都會放工以後，便跟同事來這裡吃東西。日本人的屋台，即是路邊攤，香港叫做大牌檔。日本對於這些本土文化非常重視，甚至會撥出地方發展起來。這裡共有18間店舖，可以吃到這裡的名物黑豚料理和串燒，也有Shabu shabu及餃子等。這裡有著復古的情調，從招牌到布置，都有望原汁原味把昔日平民的生活表現出來。

地址： 鹿兒島市中央町 11 番地鹿兒島中央ターミナルビル地下 1 階 4 　**電話：** 099-255-1588
營業時間： 11:30am-2:00pm，4:00pm -11:30pm，每月第一個星期一及第三個星期四休息
網頁： https://www.ozizo.jp/satsuma/index.htm

潮人之選
Carino
⭐ MAP 20-14B D2
❹

🚌 市電いづろ步行 2 分鐘

在天文館通附近是最熱鬧的地方，這裡商店百貨雲集，位於三越百貨對面的 Carino，卻不是傳統的百貨公司，而是專賣潮流服飾，有男裝也有女裝，不過主要以女裝服飾為主。這裡的品牌不是名牌，多是本土品牌為主，最適合不想跟別人撞衫的潮人。

地址： 鹿兒島市中町 5-26 **電話：** 099-222-4103
營業時間： 9:30am-6:30pm 　**網頁：** www.carino.co.jp

商店街  MAP 20-14B C3
天文館通 05

市電いづろ通、天文館通下車即見

天文館通是繼鹿兒島中央駅之後，最熱鬧的地方，無論是新型百貨或者老字號百貨，通通都集中在這裡，即使打風落雨都可以在這裡很輕鬆的 Shopping。除了購物，消閒娛樂節目及食肆也有不少，可以讓人過一整天。

營業時間：　11:00am-8:00pm（因各店而異）
網頁：　www.or.tenmonkan.com

小原良祭

每年的11月2日至3日，鹿兒島會舉行南九州最熱鬧的祭典-小原良祭。這個祭典於1949年開始，當時是為了紀念鹿兒島建縣60周年而舉行。自此之後，每年的11月都會在天文館通舉行，場面盛大而且熱鬧，有超過2萬名穿著傳統服飾的人在跳舞，也可算是鹿兒島最重要的秋祭。

MAP 20-14B D1　江戶老店
06　山形屋

市電いづろ通下車即見

山形屋是江戶時代的老店，已有百多年歷史，也是九州的老牌百貨公司。鹿兒島店的外形非常古典，可以說跟旁邊有點格格不入。這裡有多個高級品牌，如LV、Hermes和Burberry Blue Label等等。這裡最吸引的是每年的感謝節，因為會有大特賣活動，選出過百款貨品以超低價發售，所以吸引不少日本人前來。

地址：　鹿兒島市金生町 3-1　　電話：　099-227-6111
營業時間：　10:00am-7:00pm
網頁：　www.yamakataya.co.jp

薩摩蒸汽屋
菓々子橫丁

MAP 20-14B C2
07

市電天文館通下車步行 5 分鐘

蒸汽屋在鹿兒島非常有名，天文館通這店足足有15米深，樓底也相當高。這裡有幾十款不同的和菓子，也有新產品蒸的甜甜圈，可以買後在這裡即吃。2樓是喫茶室，用了有70多年歷史的欅木所建。

地址：　鹿兒島市東千石町 13-14　　電話：　099-222-0648
營業時間：　9:00am-8:00pm、2 樓茶房 10:00am-7:30pm
網頁：　www.jokiya.co.jp/shops/002.html

薩摩糕點 MAP 20-14C B1
明石屋 08

市電高見橋下車步行 1 分鐘

　　明石屋於江戶時代創業，這裡賣的是薩摩的傳統糕點，薩摩是鹿兒島的舊稱，亦即是鹿兒島的傳統食物。這種糕點名叫「輕羹」，這是在江戶時代，由當時在位的薩摩藩主島齋津彬公利用山芋發明出來的，而且推出時非常受歡迎。這種輕羹有點像鬆糕和白糖糕的混合體，不過吃起來更加鬆軟。因為它的保存期不長，如果要買來當手信會有點困難，所以店家都提供座位供即買即吃。

地址：　鹿兒島市中央町 2-2
電話：　099-251-5533
營業時間：　9:00am-7:00pm
網頁：　www.akashiya.co.jp

MAP 20-14B D2
鹿兒島人氣甜品
Karaimo 唐芋 09

市電天文館通下車步行 3 分鐘

　　日本人又稱番薯做「唐芋」，顧名思義即是從中國傳入，距今已有300年歷史。番薯做甜品最適合不過，因為本身甜度高，而且又帶有獨特的香味，所以很受日本人歡迎，曾一度成為「空中服務員」的No.1人氣手信。這裡的番薯蛋糕，用了他們自家農場栽種的「黃金千貫」來做，無添加也無著色，嚴格控制了品質。鹿兒島的天文館店，2樓是Café「みなみ風」農場，旅客不用擔心帶不了回家，可以在這裡立即享用。

地址：　鹿兒島市吳服町 1-1
電話：　099-239-1333
營業時間：　9:00am-7:00pm；
　　　　　1月1日休息
網頁：　www.festivalo.co.jp
消費：　￥500 起

了解日本最重要的歷史 MAP 20-14C C1
維新ふるさと館 10

JR 鹿兒島中央駅東口步行 8 分鐘、市電高見橋下車步行 5 分鐘

　　明治維新是日本很重要的一場改革運動，對日本日後的政治體制有很深遠的影響。鹿兒島在德川幕府時期，稱為「薩摩藩」，而西鄉隆盛當時便屬於薩摩藩的武士，他後來和木戶孝允和大久保利通並稱為「維新三傑」，所以鹿兒島也就成為了明治維新的其中一個舞台。因此，在維新ふるさと(可譯作：鄉土)館的1樓便是介紹這三個人的故事，而地下1樓則是展示出明治維新時期的各種相關資料。場內有個「維新體感劇場」，劇場運用聲音和光線效果，讓沉悶的歷史劇變得有趣味，值得一看。

館內將歷史書面重現，令參觀者看得更有趣味。

地址：　鹿兒島市加治屋 23-1
電話：　099-239-7700
營業時間：　9:00am-5:00pm
網頁：　www.ishinfurusatokan.info
門票：　￥300

薩摩鄉土料理 ⊛ MAP 20-14B C2
吾愛人 本店 ⑪ 🍴

🚌 市電天文館通下車步行 2 分鐘

　　吾愛人創業70多年來，一直提供保持傳統味道的味噌關東煮。湯是用白味噌製成，配料包括有蘿蔔、魔芋、年糕袋、油炸豆腐、黑毛和牛筋等。除了關東煮，店內還有薩摩鄉土料理，像是用紅糖和燒酒熬製的豚骨、現炸手工蜜餞、土雞刺身和薩摩湯等，食客可以在這嘗試一下江戶末期的偉人們所喜愛的傳統美食。

地址： 鹿兒島市東千石町 9-14
電話： 050-5890-6978
營業時間： 5:00pm-11:00pm
網頁： https://k-wakana.com/

⊛ MAP 20-14C A2

蒸日式饅頭
薩摩蒸氣屋 ⑫ 🍴

🚌 JR 鹿兒島中央東口步行 1 分鐘

　　鹿兒島300年歷史的人氣老店，招牌菓子是一種叫輕羹饅頭「かるかん」(￥119)的蒸糕，以山藥粉混合番薯粉一起蒸製，有點類似港式白糖糕的口感，裏頭包著軟綿的紅豆餡。另中一種熱銷產品「かすたどん」(￥108)也相當受歡迎，是用鹿兒島產的雞蛋做的材料，內餡有微甜的卡士達醬，淡黃色的饅頭狀外形，賣相很討好。這裡跟其他鹿兒島菓子店一樣，室內有少量座位供客人享用糕點。

地址： 鹿兒島市中央町 21-1
電話： 099-254-6410
營業時間： 9:00am-7:00pm
網頁： www.jokiya.co.jp

見證篤姬生平
鹿児島縣歷史資料センター 黎明館 ⑬ ⊛ MAP 20-14A B1

🚌 JR 鹿兒島中央車駅乘市電至市役所前下車步行 5 分鐘即達

　　鹿兒島的歷史名人中，以篤姬最深入民深。這位跨越江戶時代及明治時期的風雲女性，是幕府第13代將軍德川家定的御台所(正室妻子)，她在後來的明治維新運動上，起了一定的影響。以她一生傳奇為藍本的電視劇《篤姬》(宮崎葵主演)在2008年推出，之後大受歡迎，令鹿兒島掀起了篤姬熱潮，所以在歷史資料館不單豎立了篤姬像，更設置了篤姬常設展，把這位傳奇女性的不朽事跡向世人介紹。

地址： 鹿兒島市城山町 7-2
電話： 099-222-5100
營業時間： 9:00am-6:00pm，星期一休息
費用： 成人 ￥410，學生 ￥250，小童 ￥150
網頁： https://www.pref.kagoshima.jp/reimeikan

正宗黑豚 ☆MAP 20-14B B3
華蓮 ⑭

🚃 市電高見馬場下車步行 2 分鐘

華蓮算是一家中上級的料理店，專門賣黑豚料理，是鹿兒島數一數二的名店。因為他們本身是鹿兒島經濟聯盟的直營店，所以選擇出來的黑豚品質都非常之高，而且價錢也十分合理，想吃得經濟一點，可以於午餐時間前來。

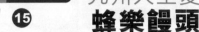

Lunch 由 ¥1,800 起，如兩人吃可追加多一份黑豚肉便可。

地址： 鹿兒島市山之口町 3-12 JA Food Plaza 3F
電話： 099-223-8877
營業時間： 11:30am-2:00pm；5:30pm-10:00pm
消費： ¥2,000 起

☆MAP 20-14B C3 ⑮ 九州人至愛
蜂樂饅頭

🚃 市電天文館通步行 5 分鐘

蜂樂的福岡本店經常都有人龍排隊。鹿兒島店比較安靜，有人龍但不長。所謂饅頭是一種名為「今川燒」的和菓子，外皮用麵粉、雞蛋和砂糖造成，而紅豆則用上馳名的北海道紅豆，再加入他們自家的蜂蜜，吃起來有一股清香非常特別。因為每個饅頭都是人手即時製作，所以即買即吃到的都是熱烘烘的。

地址： 鹿兒島市千日町 5-3
電話： 099-227-9124
營業時間： 10:00am-6:00pm(周二休息)
網頁： www.houraku.co.jp

饅頭每個 ¥90。

白熊冰專門店 ☆MAP 20-14B C3
天文館むじゃき ⑯

🚃 市電天文館通步行 5 分鐘

白熊冰成為了鹿兒島名物，雖然只是一款普通不過的刨冰，但不吃的話似乎等於沒來過鹿兒島。這家店是白熊冰的發祥地，在昭和24年 (1949年) 開始發售，60多年前已經造出非常綿密的刨冰，再配上自家調配過的煉乳和蜜糖，不會過分的甜，且帶一點清香。至於為什麼叫白熊？吃之前從上而看，就是白熊的模樣。

地址： 鹿兒島市中央町 1-1 アミュプラザ鹿兒島 B1F
電話： 099-256-4690 營業時間： 11:00am-6:30pm
網頁： http://mujyaki.co.jp

鹿兒島 ☆☆☆
屋久島
鹿兒島市
櫻島 指宿 霧島

九州最大水族館 MAP 20-14A B1
鹿兒島水族館⑰

JR 鹿兒島中央駅東口乘巴士往「かごしま水族館前」下車，再步行 3 分鐘

鹿兒島水族館收藏了多達500種海洋生物，有世界淡水魚巨骨舌魚、彩色水母、薩摩羽織蟲和蜘蛛蟹等等。因為鹿兒島的周圍，擁有非常發達的珊瑚潭環境，聚集了很多亞熱帶魚貝類在這裡棲息，鹿兒島的海域南北長達600公里，巨大的黑潮在這裡橫切過吐噶列島奔向太平洋，所以吸引很多巨大魚類如鯨鯊、吞拿魚等都會來到這裡。這裡每天定時的海豚表演相當受歡迎，而且還有室外餵食表演，記住不要錯過這裡的獨家精品呢！

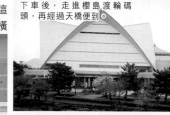
下車後，走進櫻島渡輪碼頭，再經過天橋便到。

海豚除了有室內表演外，也會有室外的餵食表演。

地址： 鹿兒島市本港新町 3-1
電話： 099-226-2233
營業時間： 9:30am-6:00pm；
　　　　　　 12 月第一個星期一至四休息
網頁： http://ioworld.jp
門票： 成人 ￥1,500，小童 ￥750

千尋巖是第27代藩主島津齊興派人花了3個月才刻成的岩壁，每一個字都長約5公尺並闊約3公尺。

📷 ⑱ 江戶第一名園
仙巖園
MAP 20-23

JR 鹿兒島中央駅搭鹿兒島 CITY VIEW BUS 或 MACHIMEGULI BUS 至「仙巖園駅」下車，車程約 30 分鐘

仙巖園別名叫磯庭園，佔地5公頃，於江戶時代1658年由第19代藩主島津光久建造的日式庭園。這裡利用了借景法，以櫻島為築山(人造山的意思)、鹿兒島灣為池，因為景色漂亮，所以成為了九州第一名園。此外，這裡用上了書院式的建築風格，再與自然融合，整個感覺都是以清雅為主。2008年日本大河連續劇《篤姬》也在此取景，成為了九州的一個很重要的地方。

地址： 鹿兒島市吉野町 9700-1
電話： 099-247-1551
營業時間： 9:00am-5:00pm
網頁： www.senganen.jp
費用： ￥1,500(成人)、￥750(學生)

鹿兒島與坂本龍馬

鹿兒島和坂本龍馬非常有淵源，相傳當年龍馬與妻子阿龍新婚後不久，便把她帶到鹿兒島旅行，成為了日本第一個蜜月旅行，為人津津樂道。其實這次所謂蜜月旅行，只不過是當年龍馬在京都寺田屋遭到暗殺，身受重傷，當時由西鄉隆盛帶他到鹿兒島老家泡溫泉療傷。不過後來龍馬所走過的路線，便成為了大人氣的「龍馬蜜月路線」。

屋久島

鹿兒島市

櫻島 指宿 霧島

靚景商務旅館
Sun Days Kagoshima

MAP 20-14B C3

19

市電天文館通步行 4 分鐘

在天文館附近的Sun Days Inn，地理位置算是不錯，既鄰近巴士站及高見馬場電車站，去JR鹿兒島中央駅也只需5分鐘便到。Sun Days Inn共提供351間北歐設計風的客房，種類也有7種之多，當中如無障礙客房、女士專用樓層的淑女房和寬敞淋浴單人房或淋浴雙人房等，都是針對不同住宿習慣的客人選擇，服務貼心。有些客房更能一覽櫻島與鹿兒島市景，以商務旅店來說，景觀算是不錯。

地址： 鹿兒島市山之口町 9 之 8
電話： 099-227-5151
網頁： www.hotelsundays.com/kagoshima/
費用： 豪華單人房每晚 ￥7,600

20

MAP 20-14B C3

黑炸豬排
黑福多

市電天文館通步行 1 分鐘

若說到黑豬料理，一定不會錯過「黑福多」，最推薦就是黑炸豬扒定食（￥1,700起），外表看起來黑黑的，雖然其貌不揚但肉質軟嫩，吃下去酥脆多汁，而這黑色麵衣是加入竹炭與黑芝麻炮製而成，油炸的時間控制得剛剛好，送進嘴裏還感覺到薩摩黑豚的脂肪特殊香氣，肉質不會太乾或太油膩，是天文館通的必吃美食。

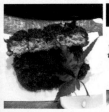

地址： 鹿兒島市千日町 3-2 かまつきビル 1F
電話： 099-224-8729
營業時間： 11:30am-2:00pm、5:30pm-10:00pm；星期一休息

飽覽櫻島日與夜 ㉑ 🔍⭐ MAP 20-23
Sun Royal Hotel

🚐 JR 鹿兒島中央駅下車，轉乘市營巴士至「与次郎 1 丁目駅」下車；或轉乘的士，車程約 15 分鐘

　　説到這家酒店，最大賣點就是提供能夠遠眺櫻島火山的房間，而且還是絕佳的寬廣視野，在房內已可飽覽櫻島的日與夜。酒店還設有spa及溫泉的服務，值得一提的是溫泉，竟然可以邊浸溫泉邊看櫻島火山，這種美景與溫泉並存的體驗真的非常獨特，住客一定要去浸呢！

地址：　鹿兒島市与次郎 1-8-10
電話：　099-253-2020
網頁：　www.sunroyal.co.jp
費用：　雙人房 ￥40,000 起 (包早晚餐)

Map 20-23

⭐ MAP 20-14B C2
人氣黑豚火鍋
いちにいさん ㉒

🚐 市電天文館通下車步行 5 分鐘即達

　　在天文館通附近，有一家名叫「いちにいさん」的店家，他們的黑豚火鍋是當地人十分推薦的美食。走上2樓，便是裝潢舒適的店面。他們的豚肉選用六白豚，配上清湯來涮，更能吃出食材本身的鮮美。吃豚肉片時沾少少柚子胡椒醬與日本蔥一起吃，味道更好。

豚肉片肥瘦適中，煮後更是入口即溶，令人一吃再吃。

跟餐附有野菜和蕎麥麵，可與豚肉片一起煮食，黑豚套餐￥2,800起。

地址：　鹿兒島市東千石町 11-6
　　　　そばビル 2・3F
電話：　099-225-2123
營業時間：平日 11:00am-3:00pm、
　　　　　5:00pm-9:30pm
　　　　　星期六及日 11:00am-9:30pm
網頁：　http://ichiniisan.jp/

火鍋湯底選用清湯，更能突顯食材本身的味道。

柚子胡椒醬與日本蔥，可配搭豚肉一起享用。

櫻島

乘渡輪前往，約15分鐘

鹿兒島水族館

鹿兒島港
南埠頭
高速旅客
ターミナル

櫻島港口

櫻島

23

Map 20-24

25

24

櫻島港口

很多旅客都會在此拍照留念。

⭐ **MAP 20-24** 近距離看火山口
📷 **㉓ 湯之平展望所**

在櫻島港口、遊客中心、火山博物館等乘搭觀光巴士，到「湯之平展望所駅」，車程約 15 分鐘

想近看櫻島火山的話，可在遊客中心附近搭巴士到「湯之平展望所」。展望所海拔高373米，與火山口的距離只差3公里，可算是最靠近火山的大型展望台，旅客可清楚地看到火山的地貌，千萬不要錯過參觀這裡呢！

展望所內還設有觀景小 café 及小商店售賣相關周邊商品。

地址：　鹿兒島櫻島小池町 1025
時間：　全日開放、商店 9:00am-5:00pm

旅客必訪
櫻島旅客中心 ㉔

MAP 20-24

從櫻島港步行約 10 分鐘即達

想稍為了解櫻島火山歷史的朋友,不妨可率先到訪櫻島旅客中心,內有提供關於櫻島火山歷史進程的影片播放室,還設有多國語言的字幕,另設展覽館,提供圖文並茂及模型的展示,讓旅客更易理解。而且,中心內還有售賣櫻島的特產、周邊文創商品及紀念品,以及明信片、印刷 tee 等,也算是一個小小的櫻島手信勝地。

地址: 鹿兒島櫻島橫山町 1722 番地 29
電話: 099-293-2443
營業時間: 9:00am-5:00pm

MAP 20-24 ㉕ 免費海景足湯
溶岩なぎさ公園足湯

遊客中心步行 1 分鐘即達

在櫻島遊客中心附近,有一個對公眾免費開放的足湯,長110公尺,既可看綠蔭園景,又可看錦江灣無敵海景,簡直一流的享受,而且想浸多久都隨你呢!只是,記得自備毛巾擦拭,若果忘了的朋友,可到對面的旅客中心選購印有「櫻島」二字的紀念毛巾。

地址: 鹿兒島櫻島橫山町 1722-3

指宿
Ibusuki

溫泉・鄉土美食

指宿駅 IBUSUKI STATION

A

池田湖

07

JR開聞駅

JR東

脇崎

交通策略

JR鹿兒島中央駅	特急指宿玉手箱，50分鐘·全車指定席，要提早預約	JR指宿駅
	指宿枕崎快速，66分鐘	

本區名物及推介景點

砂むし會館
「砂樂」白水館
天然熱砂浴場

青葉
家庭式鄉土料理

白水館
指宿人氣旅館

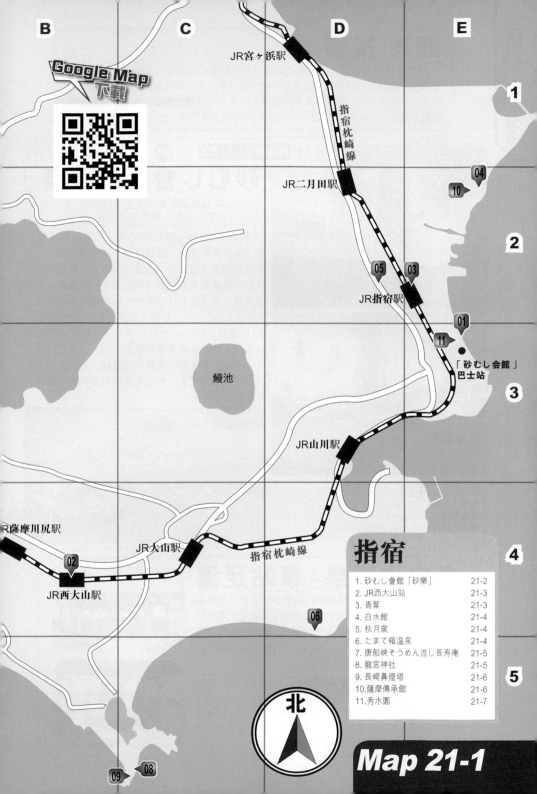

B　　　　C　　　　D　　　　E

Google Map
下載

JR宮ヶ浜駅

指宿枕崎線

JR二月田駅

04
10

2

05　　03

JR指宿駅

01
11

「砂むし会館」
巴士站

3

鰻池

JR山川駅

JR薩摩川尻駅

02

JR大山駅

指宿枕崎線

06

JR西大山駅

4

指宿

2. JR西大山站　　　　　　　21-3
3. 青葉　　　　　　　　　　21-3
4. 白水館　　　　　　　　　21-4
5. 秋月窯　　　　　　　　　21-4
6. たまて箱温泉　　　　　　21-4
7. 唐船峡そうめん流し長寿庵　21-5
8. 龍宮神社　　　　　　　　21-5
9. 長崎鼻燈塔　　　　　　　21-6
10. 薩摩傳承館　　　　　　　21-6
11. 秀水園　　　　　　　　　21-7

北

09　08

Map 21-1

5

關於 指宿

指宿位於鹿兒島縣薩摩半島的南端，以熱砂溫泉而聞名。指宿之所以擁有熱砂溫泉，因為指宿的摺濱海岸是日本唯一的地熱海岸，由於鄰近的溫泉水滲到海邊，使原本冰涼的沙灘成為高溫的海濱，而泉水的溫度高達攝氏80度，導致海水都變得溫熱。而指宿人在300多年前便利用這裡溫暖的砂，創造出熱砂浴。

★MAP 21-1 E3　**01**　唯一熱砂浴

砂むし會館「砂樂」

🚐 JR 指宿駅前乘巴士於「砂むし会館」下車，車程約 5 分鐘

整個指宿有5-6個熱砂浴場，不過要數比較人氣，便是這間砂樂。因為這裡由當地政府經營，直接就在海邊建起會館，砂是直接取用，有別於其他熱砂浴場要從別處運過去再加熱，可説是天然的熱砂浴場。這裡沒有住宿服務，入場時每人可獲派一條毛巾及浴衣一件，而客人要穿上浴衣享受熱砂浴。

這裡有分棚內和戶外浴場，棚內任何時間都可以享用，而戶外則要視乎當天情況，在指定時段前往。而每次享用熱砂浴最多10分鐘，職員説如果覺得熱也可馬上起來，先由手指和腳趾開始，慢慢的鬆開熱砂即可。

在棚內的熱砂浴可在任何時間使用。

戶外的熱砂浴，每天分不同時段開放。

地址： 指宿市湯の浜 5-25-18
電話： 099-323-3900
營業時間： 8:30am-9:30pm，7 月、12 月休館
網頁： http://sa-raku.sakura.ne.jp/
費用： 成人 ￥1,300，小童 ￥1,100；毛巾 ￥200

免費泡溫泉 - 車站足湯

當一進入指宿市，未開始熱砂溫泉行程之前，這裡便提供了一道「前菜」- 足湯。這個足湯很受歡迎，幾乎每一位步出車站的人，都會馬上把雙腳放下去。這個足湯是完全免費的，不過沒有提供毛巾，所以如果沒有帶毛巾的話，便要把雙腳放乾才行。

熱砂浴的功效

指宿的熱砂浴，因為砂子會壓在身上，製造壓迫力，從而刺激心臟，增加血液循環，可以消除疲勞、紓緩肌肉疼痛和治療風濕都很有幫助。

最南端車站
JR西大山駅 02

⭐ MAP 21-1 B4 🚗

🚌 從 JR 指宿駅乘 JR 指宿枕崎線於西大山駅下車

　　鹿兒島的西大山站，是JR鐵路中最南端的車站。這個車站是個開放式的無人車站，站上有一個小小的紀念碑。在站的旁邊有一個黃色的郵筒，日本人相信黃色可帶來幸福，不妨在此投寄明信片。不過從指宿來到這裡的班次不多，可能要在此逗留很長時間才有回程火車，上午的班次較為頻密。

被稱為JR日本最南端車站的西大山站現在仍有通車，只是班次不頻密。

傳說敲一下就能帶來幸福的吊鐘。

西大山站旁的黃色郵箱，據說能傳遞幸福。

地址： 指宿市山川大山 602
🚻 **營業時間：** 24 小時

家庭式鄉土料理
青葉 03

⭐ MAP 21-1 E2

🚌 JR 指宿駅步行約 5 分鐘

　　青葉在日本的飲食網站中，是指宿數一數二的人氣食店，這裡賣的是最簡單不過的料理，但全部都是按時節選用最新鮮的材料，所以菜單也會隨時間而改變。因為指宿的地雞是相當有名，所以地雞料理是常有的。

地址： 指宿市湊 1-2-11　**電話：** 099-322-3356
營業時間： 11:00am-3:00pm、5:30pm-9:30pm，
　　　　　　星期三休息
🚻 **網頁：** https://aoba-ibusuki.com/

指宿人氣旅館 04 ⭐ MAP 21-1 E2
白水館

🚌 JR 指宿駅乘的士 10 分鐘

　　白水館除了泡湯，還有熱砂浴和森林浴等多種選擇。這裡的元祿風呂最特別，因為江戶時期元祿年間的溫泉文化最為鼎盛，這裡將這套文化呈現眼前，讓客人可體驗這套古老的溫泉文化。當時的人視風呂為清潔身體之外，還視之為一個聯誼的場所，也是庶民文化匯聚之地。

地址： 指宿市東方 12126-12
電話： 099-322-3131
網頁： www.hakusuikan.co.jp
房價： 雙人房 ￥50,000 起（包早晚餐）

⭐ MAP 21-1 D2 05 白薩摩燒體驗
繪付工房 秋月窯

🚌 JR 指宿駅步行 15 分鐘

　　薩摩燒是一種日本著名的代表性陶瓷器，釉面有裂紋裝飾。薩摩燒分為黑與白，以前白薩摩為貴族所用，一般平民很難看到。白薩摩燒出來的作品呈象牙色，表面會有細小的「貫入」，也即是裂痕。秋月窯中工藝師西田秋雄先生不只繪製傳統的薩摩燒圖樣，還可以訂造製作專屬的薩摩燒。此外工坊還提供白薩摩燒繪畫體驗，親手體驗手工製作和塗裝的過程。

地址： 指宿市十二町 321-4（合庁前）
電話： 0993-35-3577
營業時間： 9:00am-6:00pm
網頁： https://syugetsugama-shop.stores.jp/

海天一色 06 ⭐ MAP 21-1 D4
たまて箱溫泉 ♨

🚌 JR 指宿駅乘搭巴士於「ヘルシーランド」（Health Land）下車

　　たまて箱溫泉在日歸溫泉名單之中可是首屈一指的店家，它還連續3年獲得Tripadvisor的日歸溫泉的第一位。別以為嘆溫泉就要大使費，在這裡只要￥510就可以邊浸溫泉、邊欣賞一望無盡的無敵大海景，絕對是指宿溫泉必到之選。

店家也把連續3年獲得的Tripadvisor日歸溫泉第一名的獎狀放在店面。

無敵大海景配上優質溫泉水，且入浴費便宜，實在令人難以抵抗。

地址： 指宿市山川福元 3292　電話： 0993-35-3577
營業時間： 9:30am-7:30pm（逢星期四休息）
網頁： www.ibusuki.or.jp/spa/open/tamatebako/
費用： 成人 ￥510，小童 ￥260

四季流水素麵 🔍 MAP 21-1 A3 07
唐船峽そうめん流し長寿庵

🚌 JR 指宿駅前乘搭巴士於「唐船峽」下車，車程 30 分鐘

　　其實流水麵也不一定是夏季限定，像是這家「唐船峽そうめん流し長寿庵」就一年四季都有提供流水麵食，讓大家一解嘴饞之苦。店主認為傳統的竹筒流水麵太易浪費食材，所以店內改用經改良的流水盤子，讓客人自行按喜好分量放入素麵，麵隨水流不停旋轉流動，效果有如傳統的流水麵。

用餐空間偌大寬敞，有戶外及室內的座位可供選擇。

流水麵定食除了素麵外，還附有烤香魚、飯糰和鮮魚味噌湯，分量十足。

地址： 指宿市開聞仙田 77　**電話：** 0993-32-3155
網頁： http://minamibussan.jp
營業時間： （5 月、6 月）10:00am-5:00pm，
　　　　　　　星期六、日及假期至 7:00pm、
　　　　　　　（7 至 8 月）10:00am-8:00pm、
　　　　　　　（冬季 9 月下旬至 4 月）10:00am-4:00pm

🔍 MAP 21-1 C5　結良緣勝地
⛩ 08　龍宮神社

🚌 指宿枕崎線至「山川駅」下車，轉乘鹿兒島交通巴士至「長崎鼻前駅」下車走約 3 分鐘便到

　　龍宮神社位於浦島太郎前往龍宮城的岬角，傳說中海龜為報救命之恩，就帶了浦島太郎去龍宮，然後邂逅了乙姬公主。而龍宮神社內所供奉的正是龍女「乙姬」，據説求姻緣很靈驗，更被當地人稱作「結良緣勝地」。這裡的許願工具也與眾不同，用的是「貝殼」，只要把關於感情的願望寫在貝殼上，並放於神社前的收集區，便完成祈願。

神社前有提供筆與貝殼供旅客祈願，寫上心願後便可放入一旁的收集區。

地址： 指宿市山川岡兒ケ水 1578-8
電話： 0993-22-2111　**營業時間：** 24 小時
網頁： www.ibusuki.or.jp/tourism/view/ryugushrine/

浦島太郎出發地 ⊛ MAP 21-1 C5
薩摩長崎鼻燈塔 ⑨ 📷

🚌 指宿枕崎線至「山川駅」下車，轉乘鹿兒島交通巴士至「長崎鼻前駅」下車走約 6 分鐘便到

自龍宮神社往海邊走一段路，便會來到長崎鼻燈塔，它位於薩摩半島最南端的長崎鼻公園內，又稱為「龍宮鼻」。相傳，這裡是浦島太郎出發往龍宮時的起點。在這裡可以看到開揚遼闊的海景，以及開聞嶽的山色，天朗氣清時更可從展望台遠眺屋久島的宮之浦岳和硫黃島。

地址： 指宿市山川町岡兒水長崎
🖃 **電話：** 0993-22-2111

館內也展示了不少的中國瓷器，以宋、明兩代的產物尤多，儼如一個小小瓷器博物館。

⑩ 了解鹿兒島歷史
🔍⊛ MAP 21-1 E2
薩摩傳承館

🚌 指宿枕崎線於 JR 指宿駅下車，再轉乘的士，車程約 7 分鐘即達

鹿兒島在古時被稱為薩摩國，在江戶時期是少數可以跟外國通商的地方，而在幕府時代，因為地理位置鄰近海路，更從國外傳入了不少珍貴的藝術文物。而薩摩傳承館內藏有 380 多件展覽品，全都是由白水館創始人下竹原弘志及下竹原和尚兩父子用了 60 多年時間所搜羅回來的，當中包括中國的宋代陶瓷、明清兩代的景德鎮官窯等，當中還有金襴手工藝品，無一不是藝術珍品。

地址： 指宿市東方 12131-4
電話： 0993-23-0211
營業時間： 8:30am-6:00pm
費用： 成人 ￥1,500，小童 ￥300
網頁： www.kagoshima-kankou.com/
　　　　tw/attractions/50915

九州特色鐵道之旅 🚗
指宿玉手箱列車

車內放了紀念印和乘車證明供旅客取用留念。

🚌 指宿枕崎線至「山川駅」下車，轉乘鹿兒島交通巴士至「長崎鼻前駅」下車走約 6 分鐘便到

指宿玉手箱號行走於枕崎線，由於全車僅提供指定席，所以旅客一定要事前預約座位。指宿玉手箱號的概念來自於浦島太郎的傳說，一黑一白的列車配色也與故事相關，靠山的是黑色，而靠海的另一邊就是白色，到站時列車車頂更會冒煙，非常有古早童話色彩。

旅客可自行取用道具，讓車廂乘務員幫忙照相。

路線： 指宿枕崎線（鹿兒島中央 <> 喜入 <> 指宿）
班次： 鹿兒島中央站出發 9:56、指宿駅出發 10:56，
　　　　全程約 52 分鐘；1 日往返 3 次，每日運行
預約： 可以在 JR 九州的車站窗口（綠色窗口）以及
　　　　JR 九州旅行社分店購買車票及指定票
🖃 **網頁：** https://www.jrkyushu.co.jp/chinese/train/ibutama.html

32年冠軍料理旅館
秀水園 ⑪ 🔍 ★ MAP 21-1 E3

🚐 JR 指宿駅有送迎車，但須於訂房時預約

　　與白水館同級的秀水園，以連續32年獲得溫泉料理的第一名而聞名，是指宿另一間人氣又優秀的旅館。和式房內空間佔大，店員每晚都會在旅客用餐過後便代為鋪床，隨房間附有早、晚兩餐和食料理更是不容錯過，可以說來這裡為的就是這個冠軍料理，回房後職員更會送來紅豆湯作飯後甜品，服務非常貼心。

房內還設有洋式的偏廳，感覺復古。

用餐的空間也相當寬敞開揚。

秀水園提供的是店家自行改良的傳統懷石料理，味道令人一試難忘，圖中所示是早餐，晚餐的分量和款式會更為豐富。

房間還分設和式與洋式的廁所，非常少見。

旅館還提供貸切風呂，旅客可以租來自己泡溫泉。

浴室內的盥洗用品也非常齊備，有分男士及女士專用的產品。

地址： 指宿市湯の浜 5 丁目 27-27　**電話：** 0993-23-4141
營業時間： 9:30am-7:30pm，逢星期四休息
網頁： www.syusuien.co.jp
□ **房價：** 雙人房 ¥59,400 起（含早晚餐）

霧島
Kirishima
古跡・鄉土美食

交通策略

| JR鹿兒島中央駅 | ●●●●●●●●●● | JR霧島神宮駅 |

特急きりしま，45分鐘；或
日豐本線-普通列車，63分鐘

本區名物及推介景點

霧島神宮
古跡觀光

竹ノ内觀光農園
放題生果園

霧や櫻や
買手信必到

供奉日本第一天皇
霧島神宮

01 🈁

⭐📷 MAP 22-1 **C4**

🚌 JR 日豐本線霧島神宮駅下車，轉乘的士約 20 分鐘即達

　　霧島神宮是南九州最大的神宮，也是代表著霧島，供奉著日本傳說中的開國之神「瓊瓊杵尊」。相傳本來霧島神宮位於高千穗峰，後來因為火山爆發，遭到多次火災摧毀，所以在1484年遷移到現址。從神宮外面起，共有3個鳥居，其中最外面的大鳥居為西日本最大。在神宮的手水舍旁，更有一棵已有700年樹齡的巨大杉樹。

神宮內的休息處，除了賣土產，還提供年糕紅豆湯，很受日本人歡迎。

等巴士時，可在 JR 車站旁的免費足湯泡一下腳。

西日本最大的鳥居。

每逢新年，很多鹿兒島的人以及九州各地的居民，專誠來這裡參拜。

地址： 霧島市霧島田口 2608-5
電話： 0995-57-0001
網頁： www.kirishimajingu.or.jp

⭐📷 MAP 22-1 **B4** 親子休憩樂園
02 神話之里公園

🚌 JR 日豐本線霧島神宮駅下車，轉乘的士約 20 分鐘即達

　　位於霧島市山上的神話之里公園，是一處既適合親子玩樂的地方，又可以作自駕遊的中途休憩地。園內有沿坡而設的長滑梯，以及可以俯瞰遼闊市景的吊椅供旅客玩樂，試坐一轉的時間不長，還可以選擇坐吊椅上山，玩長滑梯下山，一次過試勻兩種遊樂設備。

到達公園時，可選擇乘坐ロードトレイン小火車上山，來回為400日幣；不然就要爬約500級的樓梯才能登上山頂。

玩長滑梯時會提供滑兜，速度全由自己控制，一旁也貼有多國語言的教學牌，非常貼心。

若不玩長滑梯，可選擇坐吊椅下山，眼前一望無際的風景，比上山時美得多，來回是 ¥500。

上山後會看見龍馬夫婦，是旅客的拍照熱點之一。

地址： 霧島市霧島田口 2583-22
電話： 099-57-1711
時間： 9:00am-5:00pm
網頁： www.shinwanosato.jp
費用： 免費入場

了解繩文時代文化 ③ ★ MAP 22-1 B5

上野原繩文の森展示館

🚐 JR 国分駅建議轉乘的士，約 20 分鐘到達

　　展示館以上野原遺址的重要文化財產為中心，展示在鹿兒島各地發現的陶器和石器等文物。展示館一共有3層，1F有繩文劇場、立體模型和描繪上野原繩文世界的視頻資料館；2F是休憩區；3F是設有可俯瞰整個上野原繩文森林的展望台。除了遊覽之外，遊客還可以體驗使用古代工具生火、製作自己的陶器以及使用繩文烹飪方法製作煙燻食品（繩文料理需要預先登記），感受一下原始生活的樂趣。

體驗活動需另外付款，詳細請查閱官網。

地址： 霧島市国分上野原繩文の森 1 番 1 號　**電話：** 0995-48-5701
門票： 成人 ¥320、高中 - 大學生 ¥210、小學 - 初中生 ¥150
營業時間： 9:00am-5:00pm，星期一休息
網頁： https://www.jomon-no-mori.jp/
※裝修工程進行中，部分展館暫時關閉。

★ MAP 22-1 B5 ④ 日本黑醋發源地

黑酢本舖桷志田

🚐 搭乘鹿兒島機場巴士リムジンバス海添站下車，再走約 5 分鐘即達

　　早在江戶時代鹿兒島一帶就已有釀醋的活動，而霧島市的福山町更是日本黑醋的發源地。這家「黑酢本舖桷志田」利用優質的日本產糙米、福山町的泉水和店家自製最好的麴製醋，配合傳統的釀製技法，在同行中獲得「氨基酸含量最豐富」的好評，一直都備受當地居民喜愛。

　　一樓是售賣各種黑酢產品的大型賣場，而二樓則是餐廳所在，提供特色的黑醋西式午餐，主菜可選黑醋豬肉、和牛等，一份 ¥1,500 起。

這款黑酢ドレッシング＝オニオン是人氣調味產品之一。

各款精美包裝的隨身版黑酢もやしもん。

本館後面放置醋埕的地方開放給旅客參觀。

　　店家也大方公開釀醋的場地，就在本館後面的一大片空地，各種年份的醋埕更多達15,000多個，還有諳中文的職員貼心講解釀醋的過程及吃醋的好處。

黑醋和牛午餐，隨餐附有前菜、主菜、沙律、飲品、醋飲及甜品，味道清新又健康。

地址： 霧島市福山町福山字大田 311 番地 2
電話： 0995-55-3231
時間： 9:00am-5:00pm
網頁： https://kurozurestaurant.com/

鹿兒島生かるんか
霧や櫻や 05 ⊛ MAP 22-1 D5

🚌 搭乘鹿兒島機場巴士リムジンバス於國分站前站下車，再轉乘的士約 8 至 10 分鐘即達

這家「霧や櫻や」其實是「薩摩菓子処とらや」在2015年4月新開的概念店，樓高兩層，上層設有Café，下層則出售各種鹿兒島名物的菓物手信，如招牌的創作生かるんか，是改良自傳統生かるんか的新穎菓物，有霧かん、桜かん、橘かん等三種口味，當中的橘かん口味更是「縣知事賞」的獲獎作品，絕對要一試。另外，Café也有提供新鮮熱辣的甜品，如這款巨型梳乎厘，綿密溫熱的口感配上甜絲絲的味道，相信絕對能擄獲女士們的歡心。

地下賣場空間寬敞，全都是多元化的鹿兒島手信名物。

創作生かるかん，三種口味，￥1,188/6個，只能保存10日，包裝上都有註明期限。

巨型梳乎厘，份量十足，建議加點咖啡以中和甜味。

『縣知事賞』的獲獎證書就放於店內展示。

地址：霧島市国分野口西 456-1
電話：0995-46- 1117
時間：9:00am-8:00pm
網頁：www.kokubutoraya.com

⊛ MAP 22-1 D4　06　歐風設計
🛏 Hotel Kyocera

酒店內設有一座三角形的玻璃禮堂，饒富夢幻感覺，是不少女士拍攝熱點。

🚌 鹿兒島機場巴士站4號站牌搭車，約18分鐘便到；或乘搭 JR 日豐本線於隼人駅下車再轉乘計程車約 5 分鐘即達

Hotel Kyocera 以象牙白的歐風設計作主題，配合大堂典雅的裝飾，予人一種悠閒雅致的度假氣息。全館共提供328間客房，如單人房、雙人房、洋室、和室甚至豪華套房都一應俱全，實行滿足旅客的各種需求。房內空間寬敞且設備齊全，大部分房間都設有大型窗戶，讓住客在房內已能飽覽鹿兒島如畫般的美景，感受繁華熱鬧的市區氣氛。

DELUXE房有齊書櫃、梳化及偌大的觀景窗，空間也相當寬敞，可供3人住宿。

地址：霧島市隼人町見次 1409-1　　電話：0995-43-7111
時間：Check-in 1:00pm；check-out 11:00am
網頁：http://h-kyocera.co.jp/　　房價：雙人房 ￥19,800 起

世界三大車窗
伊三郎・新平列車

　　伊三郎・新平是來自兩個人名，從人吉（熊本縣）去吉松的班次名為「伊三郎」，名字是來自從前的遞信大臣山縣伊三郎；「新平」就是吉松到人吉的列車班次的名稱，在靠真幸的方向，有當時鐵道院總裁後藤新平所提的「引重致遠」四個字，他的名字「新平」便成為列車的名稱。

乘這列車可欣賞到『世界三大車窗』之一的景色。列車到達最佳位置便會慢駛。

途經可下車車站：

★ MAP 22-1 B2

大畑駅
07

　　大畑駅位於熊本縣的人吉市，1909年建成，也是個百年車站。這是個無人車站，附近沒有民居，當時設立這個站的目的，是為了列車可以在這裡添補煤、水等，是一個補給站而已。這裡的站舍中放滿了很多名片，據說只要把名片放到站舍內，願望就會成真。

真幸駅
★ MAP 22-1 B2　**08**

　　真幸駅是一個很特別的車站，這裡就是行走肥薩線的伊三郎・新平唯一會路經的宮崎縣車站。另外一個特別之處，真幸駅附近的路線就是逆Z字形的折返或鐵路，任何火車都不可直接通過，因此每輪行走肥薩線的列車都一定要先在真幸站停靠。所以，只要乘伊三郎・新平列車，可以一次過到達三個縣——鹿兒島、熊本和宮崎。

據說越大力敲響這個幸福之鐘，便會願望成真。

09　**★ MAP 22-1 B1**

人吉駅

　　人吉站是伊三郎・新平列車於熊本縣的終點站，車站於1908年開始使用，跟球磨川鐵道湯前線共用的車站，2009年，球磨川鐵道湯前線改名為「人吉溫泉駅」，雖然兩個站名不同，但都是同一個車站。這裡的車站便當十分有名，不妨買一份上車吃。

人吉站名物車站便當，叔叔賣了好幾十年了。

大分縣

Oita

　　大分縣位於九州的東北部，這裡的溫泉量和湧出的泉水是日本第一，除了世界知名的別府溫泉外，還有很受歡迎的度假溫泉勝地由布院溫泉。別府溫泉每天湧出的泉水量達7噸，單是別府和由布院這兩個溫泉，每年已吸引了大量世界各地的遊客前來。來到大分，除了溫泉，也有不少漂亮的觀光景色，如杵築城和九重夢大吊橋等，還有令女孩瘋狂以Hello Kitty為題的Harmony Land。

有用網頁：

大分旅遊協會	www.visit-oita.jp
大分市觀光協會	www.oishiimati-oita.jp
由布院觀光綜合事務所	www.yufuin.gr.jp
由布院溫泉旅館組合	http://yufuin-ryokan.com
別府市觀光協會	www.beppu-navi.jp
別府地獄組合	www.beppu-jigoku.com

佐賀縣

杵築

別府

湯布院

大分

大分縣

熊本縣

宮崎縣

別府溫泉
Beppu Onsen

地獄溫泉 ● 旅館

交通策略

JR 大分駅	･･････ JR日豐本線，12分鐘 ･･････	
JR 熊本駅	･･････ 九州橫斷特急，183分鐘 ･･････	**JR 別府駅**
JR 佐賀駅 JR特急列車海鷗號，40分鐘	**JR 博多駅** ･･････ JR特急由布院之森（ゆふいんの森）列車，130分鐘	
JR 別府駅（西口）	･･････ 2、5、41、43號往「鉄輪」方向巴士（亀の井），60分鐘	**別府八湯（海地獄前）**

本 區 名 物 及 推 介 景 點

海地獄
佔地最大溫泉

かまど地獄
千變萬化

血之池地獄
血紅煉獄

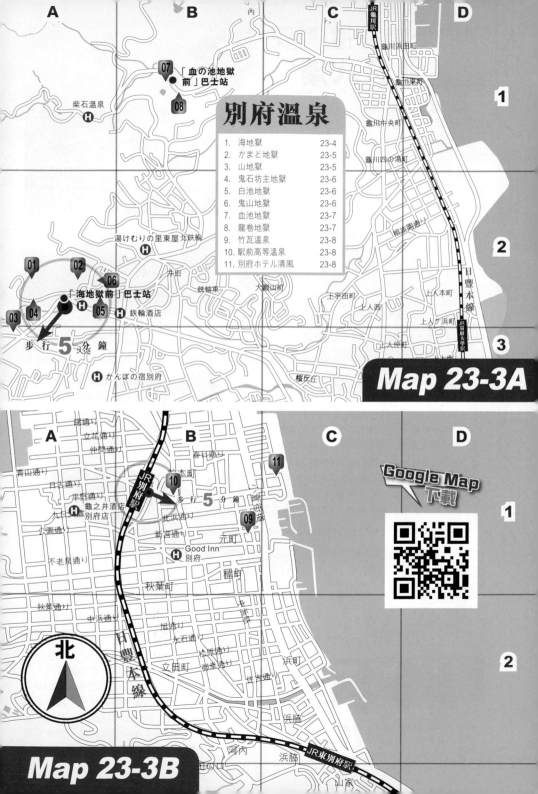

別府溫泉

1. 海地獄 23-4
2. かまど地獄 23-5
3. 山地獄 23-5
4. 鬼石坊主地獄 23-6
5. 白池地獄 23-6
6. 鬼山地獄 23-6
7. 血池地獄 23-7
8. 龍巻地獄 23-7
9. 竹瓦温泉 23-8
10. 駅前高等温泉 23-8
11. 別府ホテル清風 23-8

Map 23-3A

Map 23-3B

北

別府地獄巡禮
別府八湯

別府八湯以「地獄」稱之，原因受到江戶時代的佛教影響，古人看到噴出蒸汽和熱水的溫泉，而且加上又有上千年歷史，所以將之稱為「地獄」，也由此可見，這裡早在差不多上百年前，已經是日本的著名觀光景點。要走這八湯，大概花上大半天的時間，買一個Pass(成人￥2,200，小童￥1,000)，便可以一次過在「地獄」走一圈。此外，龍卷地獄的位置比較遠，如果自駕會比較方便，否則可放棄不去。

別府地獄巡禮網頁：www.beppu-jigoku.com
亀の井バス：www.kamenoibus.com
大分交通：www.oitakotsu.co.jp
門票：　成人￥2,200，小童￥1,000
□ ＊套票只能去7個 " 地獄 "，不包括山地獄

關於別府溫泉

在別府車站前有一個手湯，大家可以出發前來一趟熱身吧！

別府溫泉也是一個古湯，因為早在奈良時期的《豐後風土記》便有記載，古人早就知道這個古湯具有療效。來到別府，你會發現溫泉除了可以泡，還可以看，因為這裡的別府八湯，成為了世界知名的觀光景點，每年吸引250萬人次來別府。這裡湧泉量是日本第一，共有2,909個源頭，每日有超過13噸的泉水湧出，非常豐富。此外，世界上有11種溫泉類，而別府就擁有其中10種。

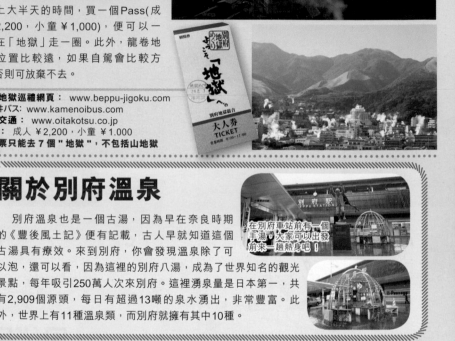

01 像海一樣藍
MAP 23-3A **A2** 海地獄

JR別府駅西口乘亀の井バス2、5、41、43號巴士往「鉄輪」方向，於海地獄或鉄輪下車

海地獄顧名思義，泉水像海水般澄藍。這裡之所以是藍色的泉水，原來是在1,200年前，因為鶴見山爆發，噴出高濃度的硫酸水，而泉水因含有豐富的硫酸所以變成藍色，水溫高達98度，所以蒸汽四溢，好像有種生人勿近的感覺。

地址：　別府市鉄輪559-1　營業時間：　8:00am-5:00pm
網頁：　www.umijigoku.co.jp　泉質：　含食鹽酸性泉
□ 門票：　￥450

灶爐地獄  MAP 23-3A A2
かまど地獄 02

🚌 JR 別府駅西口乘亀の井バス 2、5、41、43 號巴士往「鉄輪」方向，於海地獄或鉄輪下車，步行 5 分鐘

　　かまど是日語煮飯用的「爐」的意思，在入口處就放著一個大爐，這個名是來自古時舉行竈門八番宮的祭典。而赤鬼也是這裡的標誌，共分成了6個不同性質的泉，最特別就是這裡的5丁目，泉水會隨著不同的季節而變色，有由藍轉綠，有時會濃有時會淡，原因至今還未知道。從前古人很喜歡用這個地獄來蒸煮食物，現時場內的地獄蒸是相當人氣的。

為什麼泉水會變色，原因至今未明。

這裡有幾個高溫的泉水，冒出大量蒸汽，所以古時的人多用來蒸煮食物。

地址：　別府市鉄輪 621
營業時間：　8:00am-5:00pm
網頁：　http://kamadojigoku.com
泉質：　芒硝弱食鹽泉
門票：　￥450

地獄蒸汽

　　從前別府的居民，聰明地利用溫泉的蒸汽來蒸食物，既方便又健康，而且可以保存食物的鮮味。因為要在溫泉來蒸，便索性叫作「地獄蒸」。除了健康，因為蒸汽可以平均地滲入食物中，使食物的口感更嫩滑，加上含豐富的礦物質，提升了食物的層次感。

溫泉除了可以泡、蒸、還可以喝。

♨ 03　　　動物園？溫泉？
MAP 23-3A A3　　　山地獄

🚌 JR 別府駅西口乘亀の井バス 2、5、41、43 號巴士往「鉄輪」方向，於海地獄或鉄輪下車，步行 2 分鐘

　　因為泉水中的礦物長年累積起來，形成一個個起伏的小山丘，所以這裡便稱為山地獄。這裡除了溫泉，還是一個小小的動物園，最受歡迎的是河馬，只要你在旁買一點點心給牠吃，牠便在你面前張開大口，直至你餵完為止，非常懶惰，但逗得大家很開心。

地址：　別府市御幸 6　　營業時間：　9:00am-5:00pm
泉質：　鹽化物泉　　網頁：https://www.yamajigoku.jp/
門票：成人 (16 歲或以上)￥500、兒童 (6-15 歲)￥300

泥漿溫泉 鬼石坊主地獄 04

MAP 23-3A **A2**

JR 別府駅西口乘亀の井バス 2、5、41、43 號巴士往「鉄輪」方向，於海地獄或鉄輪下車，步行 2 分鐘

鬼石坊主地獄歷史相當悠久，在733年所編撰的《豐後國風土記》中便已記載了這裡。日本中的「鬼」其實是指身形龐大的野人妖怪，而我們稱的「鬼」，日本人則稱為「幽靈」；而「坊主」是日文「和尚」的意思。這裡之所以稱為坊主，是因為泥漿溫泉滾動時的狀態，圓圓又光滑，很像和尚的頭頂。此外，因為這裡的溫泉又會發出像鬼一樣的叫聲，所以便稱為「鬼石坊主」。

會發出鬼叫的地獄。

地址： 別府市鉄輪 559-1　營業時間： 8:00am-5:00pm
泉質： 鹽化物泉　門票： ￥450
網頁： https://oniishi.com/

青白色高溫溫泉 白池地獄 05

MAP 23-3A **A2**

JR 別府駅西口乘亀の井バス 2、5、41、43 號巴士往「鉄輪」方向，於海地獄或鉄輪下車，步行 5 分鐘

這裡是個高溫的溫泉，水溫達98度，雖然冒出大量蒸汽，但這裡青白色的泉水，反而使這個高溫溫泉帶來安靜。園方把這裡設計成日式庭園般，走過之前幾個激烈的地獄後，這裡可以稍為安靜一下。

地址： 別府市大字鉄輪 278　營業時間： 8:00am-5:00pm
泉質： 硼酸食鹽泉　門票： ￥450
網頁： www.beppu-jigoku.com

鱷魚地獄 鬼山地獄 06

MAP 23-3A **A2**

JR 別府駅西口乘亀の井バス 2、5、41、43 號巴士往「鉄輪」方向，於海地獄或鉄輪下車，步行 5 分鐘

鬼山地獄又有「鱷魚地獄」的別稱，因為這裡在大正12年 (1923年) 開始便利用了這裡的溫泉泉水及地熱飼養鱷魚，現時已飼養了80頭鱷魚，而且還有關於鱷魚的小型展館，風頭已蓋過了溫泉。這裡的溫泉泉水湧出的壓力非常高，據說足以推動兩節火車車卡。

地址： 別府市大字鉄輪 62
營業時間： 8:00am-5:00pm
網頁： www.oniyama.net
泉質： 鹽化物泉　門票： ￥450

血紅溫泉 ⭐ **MAP** 23-3A **B1**

血池地獄 **07** ♨

🚌 JR 別府駅西口乘 26 號巴士往「鉄輪」方向，於血の池地獄前下車即見。
可於鉄輪巴士站乘 26 號巴士往「鉄輪」方向，於血の池地獄前下車即見

看到血紅的溫泉，不要害怕，因為這只是因為水質含硫磺、炭酸和鐵的成分，所以水色會呈紅色，連附近的泥土都染成血紅色。據說血池地獄是最早被發現的天然溫泉，日本古書《万葉集》有記載這些資料。這裡被泉水滲透的泥土可製成藥膏，用來治療皮膚病。

地址： 別府市大字鉄輪 628
營業時間： 8:00am-5:00pm
網頁： www.chinoike.com
泉質： 酸性綠礬泉　**門票：** ￥450

⭐ **MAP** 23-3A **B1** 噴射溫泉

♨ **08** 龍卷地獄

🚌 JR 別府駅西口乘 26 號巴士往「鉄輪」方向，於血の池地獄前下車步行 1 分鐘

龍卷地獄最好設定成最後一站，因為這裡分鐘要花好一段時間。這裡的泉水最熱，達攝氏150度，足以把食物煮熟。泉水在地層底下受到壓力而噴發出來，大約每30-40分鐘一次，噴出的泉水也高達101度，最高可噴上50公尺，所以如果你來到的時候，剛好錯過了噴發，便要等至少30分鐘以上。

地址： 別府市野田（大字）782
營業時間： 8:00am-5:00pm
泉質： 食鹽酸性泉　**門票：** ￥450
網頁： www.beppu-jigoku.com

大分 ☆☆☆

別府溫泉

湯布院溫泉 ‧ 大分市及周邊

古老市營溫泉
竹瓦溫泉
09

⭐ **MAP 23-3B B1**

🚌 JR 別府駅東口步行 10 分鐘

竹瓦溫泉的外形夠古老的，有點四國道後溫泉的味道，原來這裡在1879年已經建立，也是別府市最古老的溫泉。最初是用竹子蓋成屋丁，後來在1938年才建成現在的模樣。如果不打算在別府住一晚，可以在這裡體驗一下泡溫泉，還可以享受如鹿兒島指宿的熱砂浴。這裡的溫泉泉質是炭酸氫鹽泉，可以治療神經痛、關節痛和慢性皮膚病等。

熱砂浴 ￥1,030，時間約15-20分鐘。
相片來源：Oita Prefecture

地址： 別府市元町 16-23　**電話：** 097-723-1585
營業時間： 6:30am-10:30pm(熱砂浴 8:00am-10:30pm)：
溫泉和熱砂浴每月第 3 個星期三休息，
如遇公眾假期則順延一天
費用： 溫泉 ￥300、熱砂浴 ￥1,500
(洗頭水、護髮素、風筒、毛巾等均須付費或自備)

⭐ **MAP 23-3B B1** **10** 洋式風味
駅前高等溫泉

🚌 JR 別府駅東口步行 5 分鐘

在別府站附近，除了有古老的竹瓦溫泉之外，還有這個充滿大正時代洋風建築味道的高等溫泉。這裡建於1924年，用上英國的建築風格，除了是個公營溫泉之外，更有客房出租, (個室) ￥3,000、(広間) ￥2,000，不包膳食，是窮遊人士的好選擇。

地址： 別府市駅前町 13-14　**電話：** 097-721-0541
營業時間： 8:00am-11:00pm(6:00pm- 午餐限住客使用)
網頁： http://www.owl.ne.jp/beppusotoyu/kotoonsen/
費用： 溫泉 ￥250 (洗頭水、護髮素、毛巾等均須自備)

日式溫泉酒店
別府ホテル清風
⭐ **MAP 23-3B C1** **11**

🚌 JR 別府駅東口步行 10 分鐘

除了選擇廉價的駅前高等溫泉之外，想體驗日式溫泉酒店，可以選擇這間距離別府車站10分鐘的別府ホテル清風。這裡有面前大海的風呂，也有望別府灣的客房，景色相當不錯。

這裡有面對無敵海景的溫泉，記得早上要來泡一次。

地址： 別府市北浜 2-12-21　**電話：** 0977-24-3939
網頁： https://beppu.ooedoonsen.jp/
房價： 雙人房每晚 ￥25,200 起，包括早晚餐

湯布院溫泉
Yufuin

溫泉 ● 美食土產

交通策略

博多駅前	······ 西鐵巴士，170分鐘 ······	由布院駅前

JR博多駅 ······ JR特急由布院之森（ゆふいんの森）列車，130分鐘 ······
*全車指定席

JR別府駅 ···· JR日豐本線，20分鐘 ···· **JR大分駅** ···· JR久大本線，60分鐘 ···· **JR由布院駅**

······ 龜之井巴士，60分鐘 ······

本區名物及推介景點

目乃新
手信總匯

湯布院菓子
工房ゆふふ
超人氣捲蛋糕

Yufuin Burger
豐後牛漢堡

どんぐりの森
宮崎駿粉絲朝聖地

關於湯布院溫泉

由布院站的內部設計成一個畫廊，除了有藝術作品展示出來，還有讓人休息的地方和小食店。

湯布院溫泉，是大分甚至是九州非常有名的溫泉區，每年吸引不少遊客前來，就算不入住這裡的溫泉酒店，大家都會花一天時間前來遊覽。這裡的範圍不大，但卻充滿濃濃的日式風味。從車站開始一直走，走過湯之坪街道，再到金鱗湖，也只不過是25分鐘。這裡之所以聞名，也因為這裡是日本全國溫泉出水量第三的地方，溫泉豐富，加上怡人的景色和各式雜貨店，難怪大家都走來這裡觀光。

01 金光閃閃

MAP 24-2 E1 金鱗湖

JR 由布院駅步行 20 分鐘

來到湯布院，除了溫泉，第二個目的就是來金鱗湖。之所以叫金鱗湖，據說在明治時代，有位儒學家看到湖面有像魚鱗閃出金色的光澤，所以便替這個湖取了這個名字。金鱗湖還有一個很漂亮的時間，就是氣溫低的時候（特別是初冬），早上湖面會升起一片白色的霧氣，充滿詩意。

地址： 由布市湯布院町川上岳本
營業時間： 24 小時　**電話：** 0977-84-3111
網頁： www.city.yufu.oita.jp

Map 24-2

湯布院溫泉

大
分
☆☆☆

別府溫泉

湯布院溫泉

大分市及周邊

觀光火車

★ MAP 24-2 A2

由布院之森 02

由布院之森是來往JR博多駅與JR由布院駅之間的觀光列車,這款列車以歐洲懷舊風格作為主題,再配上木地板和絲絨座椅,充滿浪漫感覺。車廂中還有一個小小的畫廊,車上播放著輕音樂,在2小時的車程內,彷彿置身於歐洲度假。這架列車每天有3班往返班次,中途會停別府站,大家也可以直接從別府乘這車往由布院。

班次: 每天各有三個班次,
博多出發首班 9:17am、尾班 2:38pm;
由布院出發首班 12:01nn、尾班 5:17pm

車費: ¥4,560,全車指定席

先在車站外購票,然後進入車站浸足湯,費用 ¥160

車站足湯

其實車站足湯不算罕見,京都嵐電車站便有一個。不過在這麼有名的溫泉鄉旅遊,當然要泡個夠! 連上車前的一刻都不放過,可以一邊等車一邊泡足湯,是絕佳的享受。

不能錯過
日乃新

 **03** ⭐ **MAP 24-2 A2**

🚌 JR 由布院駅對面即見

從由布院車站走出來，日乃新便在對面。這裡為什麼說是不能錯過呢？第一，這裡有更多儲物櫃，最適合一些不在這裡住，想遊完之後直接到其他地方。第二，這裡有齊大分的土產手信，在上火車前可以瘋狂掃貨。第三，這裡有免費的足湯和手湯，就算不入住溫泉酒店，都可以感受到溫泉鄉的氣氛。你說，是不是不可錯過呢？

地址： 由布市湯布院町川北 3 - 3
電話： 097-784-5515
營業時間： 3 月 -11 月 8:30am-7:00pm，
　　　　　 12 月 -2 月 9:00am-6:00pm，
　　　　　 1/1 休息
網頁： www.yufuin-hinoshin.co.jp

究竟是由布院？還是湯布院？

　　1955年，「由布院町」和「湯平村」合併了之後，就把這裡稱為「湯布院」。而「由」和「湯」的日語發音都是「Yuゆ」，所以往後大家稱這一帶叫「湯布院」溫泉，而車站的名稱則不變稱為「由布院」。對於日本人來說，發音是相同的，沒什麼分別，但對於用中文的人來說，可能有點混亂了。

⭐ **MAP 24-2 A2** **04** 湯布院捲蛋糕
湯布院菓子工房ゆふふ

🚌 JR 由布院駅步行 1 分鐘

湯布院溫泉的捲蛋糕是人氣土產，ゆふふ是其中一間。這裡用上高原牛奶來製作忌廉，同高原雞蛋做蛋糕，非常香滑，奶味亦非常濃郁，還有布甸也是值得一試。這裡有堂食座位，可以即時吃到最新鮮的甜品。

地址： 由布市湯布院町川北 2-1
電話： 097-785-5839
營業時間： 10:00am-5:00pm (星期一至五)、
　　　　　 9:00am-5:00pm（星期日及公眾假期）
網頁： www.yufufu.com　費用： ￥350 起

捲蛋糕
每件 ￥350

湯布院人氣漢堡 **05** ⭐ **MAP 24-2 B2**
Yufuin Burger

🚌 JR 由布院駅步行 5 分鐘

這裡的麵包是用天然酵母發酵，使麵包的口感比較有層次，而且味道豐富，對腸道消化的負擔比較少，而肉醬是自家製造，很多人都推薦豐後牛漢堡，豐後牛只有在大分才可以吃到，算是這裡的名物。店內的座位不算多，午餐時間可能要等位，最好在12時或2時後才用餐，可避免排隊。

地址： 由布市湯布院町川上 3053-4
電話： 097-785-5220
營業時間： 11:00am-5:30pm；星期三休息

DIY 水晶飾物 06 ⊛ MAP 24-2 B2
自然工房石ころ館

🚌 JR 由布院駅步行 5 分鐘

　　自然工房石ころ館在日本全國有多間分店，他們以 DIY 水晶飾物作招徠，有多款不同材料的組件，有齊各種部件如線、框架等等，可以製作自己喜歡的飾物。此外，也有大量不同種類的石頭和水晶的擺設和飾物售賣，迎合不同客人需要。

地址： 由布市湯布院町川上 3056-23　　電話： 097-728-4385
營業時間： 9:30am-5:30pm　網頁： www.tanzawa-net.co.jp

⊛ MAP 24-2 B1　　小店林立
07 湯の坪街道

🚌 JR 由布院駅步行 15 分鐘

　　從由布院車站一直走，往金鱗湖的途中，你會經過一條類似商店街的地方，那裡就是湯の坪街道。這裡最多遊客，因為大家都愛鑽進這些小店裡尋寶。如果喜歡買東西的朋友，可以預留多點時間在這裡。

地址： 由布市湯布院町湯の坪街道
營業時間： 約 9:00am-5:30pm
網頁： www.yufuin.org

人氣捲蛋 ⊛ MAP 24-2 B1
B-speak 08

🚌 JR 由布院駅步行 10 分鐘

©Dal Lu

蛋糕的保存日只有一天，不能作為手信。

人氣名物

©Dal Lu

　　湯布院最人氣的是捲蛋糕，除了ゆふふ，還有 B-speak。很多來到湯布院的遊客，都會買一份 B-speak 回去，採訪當日是下午 2 時許，小盒裝及一片裝的蛋糕已沽清，日本人甚至提早一天預訂。B-speak 其實是有名的旅館山莊無量塔開設，濃厚的忌廉和鬆軟的蛋糕，是它受歡迎的原因。如果很想一試，最好在中午前便要來到。

©Dal Lu

地址： 由布市湯布院町川上 3040-2
電話： 097-728-2166
營業時間： 平日 10:00am-5:30pm，
　　　　　　星期六、日及公眾假期
　　　　　　10:00pm-5:30pm
費用： ￥475 起
網頁： www.b-speak.net

宮崎駿迷必到  ⊛MAP 24-2 C1
どんぐりの森 ⑨

🚌 JR 由布院駅步行 15 分鐘

どんぐりの森其實好多地方都有，無論你已經行過多少次，總之路經其店，你都會轉彎走進去。這裡是吉卜力工作室的精品店，全部都是旗下卡通人物的產品。龍貓、波兒、千與千尋、天空之城等，只要你識的都可以在這裡找到。不過，門口搶去了不少風頭，因為正好放著龍貓裡的巴士站，有時影相還要排隊。

地址： 由布市湯布院町川上 3019-1
電話： 097-785-4785
營業時間： 10:00am-5:00pm，
　　　　　星期六、日及公眾假期
　　　　　9:30am-5:30pm
網頁： www.folcart.com

⊛MAP 24-2 C1 女士最愛
⑩ B bee's

🚌 JR 由布院駅步行 15 分鐘

除了捲蛋糕，蜜糖也是由布院的人氣土產。B bee's 是由布院本地品牌，在由布院以外的地方都沒有專門店，成為了由布院的必買手信。店內最令人讚賞的是設有蜜糖試食，當吃過口味適合時才買，這樣就不怕浪費金錢，而且還是自助形式，就算不合心水也不尷尬。而這裡的蜂蜜全部都是日本產的，也有少許外國產品，種類非常之多，如果喜歡吃蜂蜜便不要錯過。

地址： 由布市湯布院町川上 3001-5
電話： 097-784-3100
營業時間： 9:00am-5:00pm
　　　　　(星期六、日延長至 5:30pm)
網頁： www.b-bees.com

包羅萬有 ⑪ 🔍⊛MAP 24-2 C1
ゆふいん夢蔵

🚌 JR 由布院駅步行 15 分鐘

除了車站對面的土產店，走進湯之坪街道，你會見到一個手湯，手湯後的商店叫夢藏，也同樣有齊由布院及大分的土產。此外，還有不少精美的手工製品，這裡經常堆滿遊客，無論是椎茸佃煮這種傳統土產，還是精緻的手工藝品，這裡都一應俱全，也別忘記要一試門外的手湯！

門外的手湯有點熱，不過冬天來一定很正！

地址： 由布市湯布院町川上 3001-5
電話： 097-784-3178
營業時間： 10:00am-5:00pm，星期六、日及
　　　　　公眾假期 9:30am-5:30pm

玻璃屋雜貨店 🔍 **MAP** 24-2 **D1**
クラフト館蜂の巢 ⑫

🚌 JR 由布院駅步行 20 分鐘

クラフト館・蜂の巢不難找到,因為他的玻璃建築外形十分易認。這棟建築的名字為「月點波心」,是東京藝術大學教授黑川哲朗所設計,靈感竟是來自白居易的一首作品,將金鱗湖比擬為杭州西湖。店內售賣各種非常特色的手工藝品,風格是偏向自然風,很多都是木製的產品。

```
地址： 由布市湯布院町川上 1507-1
電話： 097-784-5850
營業時間： 9:30am-5:30pm；周三休息
網頁： www.8nosu.com/getten
```

可愛動物玻璃擺設很有人氣。

這些玻璃杯最受女士歡迎。

🔍 **MAP** 24-2 **D1** 玻璃精品店
⑬ ガラスの森

🚌 JR 由布院駅步行 20 分鐘

ガラスの森跟宮崎駿的どんぐりの森是同一集團,這裡主要是以玻璃精品為主,店舖小小,但款式有數百款之多,包括餐具、杯碟、首飾和擺設等,掛牆小燈就最受歡迎,玻璃燈罩點起燈來相當漂亮。

```
地址： 由布市湯布院町川上 1477-1    電話： 097-785-5015
營業時間： 10:00am-5:30pm，星期六、日及公眾假期 10:00am-5:30pm
網頁： https://www.folkart.co.jp/shop_info/20110808032803_11878.html
```

貓奴天堂 ⑭ ⭐ MAP 24-2 D1
由布院の貓屋敷

🚐 JR 由布院駅步行 20 分鐘

看到店舖的名字，就知道是貓的世界，如果你是貓奴，這裡是個不可錯過的地方。這裡有數千種關於貓咪的產品，小至文具書籤，大至擺設，你想到的都會有。密密麻麻地排滿各種貓產品，令各位貓迷愛不釋手。

店內一直播放著貓咪叫的音樂，整個環境氣氛很療癒。

地址： 由布市湯布院町川上 1511-5
電話： 097-728-8888
營業時間： 9:30am-5:30pm(星期六、日延長至 6:00pm)

店裡售賣各種跟貓有關的小擺設、文具、生活雜貨。

得獎薯餅 🔍 MAP 24-2 D1
金賞コロッケ ⑮

🚐 JR 由布院駅步行 20 分鐘

這店的名稱簡潔易明，就是告訴你他們的炸薯餅是得獎的。這個炸薯餅獲得日本全國第一的獎項，就是 NHK 電視全國放送第1回「全国コロッケコンクール」的金獎，只此一店在湯布院，並無分店。他們用上男爵薯來製作，甜味較重，而且口感也較為 Creamy，牛肉則採用比較瘦部分，可以和 Creamy 的口感取得平衡。

地址： 由布市湯布院町川上 1511-1
電話： 097-728-8888
營業時間： 9:00am-6:00pm；
12 月 -2 月平日 9:00am-5:30pm；不定休
網頁： www.shouchan.com

歐風小村
Yufuin Floral Village

MAP 24-2 D1

🚌 JR 由布院駅步行 20 分鐘

16 📷

走到差不多到金鱗湖時，便會見到這個很有歐陸味道的小村，其實這裡是酒店的一部分。假如你不住酒店也不用失望，因為有公開免費進入的範圍，這裡像置身歐洲小村一樣，跟湯布院的日本古風溫泉的味道很不一樣。這裡2012年才開幕，所以布置都很簇新。這裡住一晚不算很貴，大約 ¥11,000左右一晚。

Kiki's 麵包店融合動畫故事，把《魔女宅急便》的場景重現。

貓頭鷹森林 Owl's Forest Zoo是
村莊內最受歡迎的展館之一。

Owl 's Forest Zoo 以貓頭鷹作主題，所
以這裡有很多可愛的貓頭鷹商品。

Gallery Alice's Tearoom chesha 店
內有和藹可親的孟加拉貓助陣。

地址：	由布市湯布院町川上 1503-3
電話：	097-785-5132
網頁：	http://floral-village.com/

大分 ☆☆☆

別府溫泉

湯布院溫泉

大分市及周邊

人氣釜飯三吃
由布まぶし 心 金鱗湖

MAP 24-2 E1
⑰

JR 由布院駅徒步 20 分鐘

湯布院超人氣土鍋飯，餐廳寬敞雅致，有地雞、豐後牛及鰻魚三款口味任擇。

地址： 湯布院町川上 1492-1
電話： 0977-85-7880
營業時間： 10:30am-6:30pm

★ MAP 24-2 C1 巨型章魚燒
⑱ ばくだん燒本舖

JR 由布院駅徒步 10 分鐘

直徑8cm巨無霸章魚燒，仲有超多口味，獨特包裝把外賣盒與汽水杯合體非常貼心。

地址： 湯布院町川上 1101-6
電話： 0977-28-2400
營業時間： 10:00am-6:00pm
網頁： http://www.bakudanyakihonpo.co.jp/

布丁銅鑼燒 ★ MAP 24-2 D1
花麴菊家 ⑲

JR 由布院駅徒步 15 分鐘

花麴菊家主打的是創作和菓子，其中最有名的就是布丁銅鑼燒。由軟嫩的布丁除代紅豆餡，加上鬆軟的銅鑼燒，充滿焦糖香氣，而且不會太甜，非常好吃！

地址： 湯布院市湯布院町川上 1524-1
電話： 0977-28-2215
營業時間： 9:00am-6:00pm
網頁： www.kikuya-oita.net

半熟芝士蛋糕 ⑳
Milch　⊛ MAP 24-2 C1

🚌 JR 由布院駅徒步 10 分鐘

　　Milch主要售賣牛奶布丁、捲蛋糕等，產品全部採用由布院產的牛乳製成，當中招牌是半熟芝士蛋糕，有冷、熱兩種吃法，熱的蛋糕表面烤得焦香，內裡濃郁，而且於2015年至2017年連續3年在頂級世界大賽中取得金牌大賞的最高榮譽，絕對是信心保證！

地址： 湯布院市湯布院町川上 3015-1
電話： 0977-28-2800
營業時間： 10:30am-5:30pm
網頁： http://milch-japan.co.jp

⊛ MAP 24-2 D1　㉑ 限定史努比紀念品

Snoopy茶屋 湯布院

🚌 JR 由布院駅徒步 15 分鐘

　　全世界第一間以Snoopy為主題的茶屋，提供日式茶點如芭菲、鬆餅、抹茶飲品、咖啡等，午餐時段亦提供鹹食如咖哩飯等，全部均以Snoopy造型上桌，店內隨處可見Snoopy的擺設、漫畫、電視。茶屋旁邊是Snoopy主題商店，售賣大量Snoopy及其他成員的精品如鎖匙扣、文具等，部分更是限定商品！另外再過一點是室外雪糕店，適合沒有時間慢慢坐下的Snoopy迷。

地址： 湯布院市湯布院町川上 1524-27
電話： 0977-85-2760
營業時間： （3/6 - 12/5）商店及雪糕店 9:30am-5:30pm、
　　　　　　茶屋 10:00am-5:00pm，午餐至 4:00pm；
　　　　　　（12/6 - 3/5）商店及雪糕店 9:30am-5:00pm、
　　　　　　茶屋 10:00am-5:30pm，午餐至 3:30pm
網頁： www.snoopy.co.jp/chaya

湯平溫泉
山城屋旅館 ㉒

🚌 JR 湯平駅轉乘的士

　　山城屋旅館是一間位於湯平溫泉開業超過50年的家庭式旅館。這裡的泉質種類為氯化鈉泉（食鹽泉），對腸胃相當有益。山城屋旅館更被TripAdvisor網站評為Traveler's Choice 2017 B&Bs and Inns。

地址： 湯布院町湯平 309-1　　**電話：** 09-7786-2462
房價： 雙人房 HK$1,800-2,000/ 一泊二食　　**網頁：** http://www.e-yamashiroya.jp/

大分市及周邊
Ōita & Around

休閒觀光 • 主題樂園

交通策略

JR 博多駅 ······ 音速號（ソニック）列車，122至137分鐘 ······	
JR 別府駅 ······ JR日豐本線，12分鐘 ······	**JR大分駅**
JR 由布院駅 ······ JR久大本線，55分鐘 ······	
JR 杵築駅 ······ JR日豐本線特急，44分鐘；或音速號（ソニック）列車，26分鐘 ······	

本區名物及推介景點

府內城跡
大分市地標

Harmony Land
Hello Kitty迷朝聖地

九重夢大吊橋
日本最大步行者專用吊橋

北

Google Map 下載

城崎町

3丁目

1丁目

3丁目

府內町

都町

2丁目　1丁目

1丁目

中央町

JR大分駅

步行 5 分鐘

Map 25-1B

豊前　中津

日豊本線　豊後高田

國東

宇佐

城崎町

杵築

日出町

玖珠町

由布岳　城島高原

別府

大分

九重町

由布

Map 25-1A

別府溫泉　湯布院溫泉　**大分市及周邊**

關於大分市

　　大分的景點確實不是集中在大分市，這裡大多作為一個中轉站，因為大部分遊客是衝著湯布院和別府而來。不過，大分市距離別府只有10分鐘車程，所以有些不想浸溫泉的人，都會來大分市留宿。

⭐ MAP 25-1A A4 大分市大型綜合百貨

01 AMU PLAZA

🚌 JR 大分駅出站即達

　　AMU PLAZA 是縣內最大型的購物商場，連接 JR 大分駅。商場集合了日本多個知名品牌，如 Uniqlo、Rilakuma store、Tokyu Hands、Kiddy Land 等。此外，還有翻新了的手信街，連 B-Speak 也進駐到那裡了。最特別的是天台有一個面積4,500平方米的空中庭園，有神社、小火車、吊橋 等，可算是九州的縮水版，而且免費入場，購物之餘記得上 去參觀。

地址：　大分市要町 1-14
電話：　097-513-1220
營業時間：商場 10:00am-8:00pm，
　　　　　餐廳 11:00am-10:00pm，
　　　　　不同商家營業時有異
網頁：　www.jroitacity.jp/amu/

大分市地標
府內城跡

⭐ MAP 25-1A C2
02 📷

🚌 JR 大分駅中央口步行 15 分鐘

　　「府內」是從前大分的名稱，亦是以前政治中心的所在地。這裡在1597年建成，當然跟其他城堡一樣，遭受到不同的天災人禍所破壞，現在只剩下石垣、城門和城壕等遺跡。現在大分市將這裡改為公園，春天櫻花盛開，很多大分的市民都來賞花。

這裡是大分的賞櫻名所，很多火在午餐時間也會專誠來這裡吃午餐。

地址：　大分市荷場町 1-2-1
網頁：　https://www.city.oita.oita.jp/
　　　　index.html
營業時間：24 小時

散步好地方 ★MAP 25-1A C2
遊步公園 03

🚌 JR 大分駅中央口步行 15 分鐘

　　在府內城跡附近，大分市起了這個遊步公園，公園兩旁種有許多綠色植物，是大分市民經常去的地方。這裡放滿了雕像，全部都是和大分及九州有關的，來這裡散步不是只有遊走，還可以了解一下大分和九州。

這個雕像名為《天正遺歐少年使節像》，是有關16世紀日本派使節出訪歐洲的故事。

地址：　大分市府內町 3-10
網頁：　https://www.oishiimati-oita.jp/
營業時間：　24 小時

九州吃到大阪燒
★MAP 25-1A B3 04 大納言

🚌 JR 大分駅中央口步行 10 分鐘

　　要在大分市找到特色美食，確是有點困難。在大分站一條商店街內，有一間充滿家庭風味的小餐廳，叫做大納言。這裡提供定食套餐，全部都是一個菜配飯和味噌湯。最特別的是這裡有大阪燒定食，大阪燒的味道跟在大阪吃到的無分別，值得一試。

地址：　大分市府內町 2-2-1 名店ビル 1F
電話：　097-536-0769
營業時間：　10:30am-3:00pm，5:30pm-8:00pm，
　　　　　　星期日 10:30am-3:00pm，星期二休息
網頁：https://www.instagram.com/dainagon_oita/

簡約美學文化
大分縣立美術館 OPAM

 MAP 25-1A A2
05

🚌 JR 大分驛步行 15 分鐘

OPAM 全名是 Oita Prefectural Art Meseum，於 2015年開館，由建築師坂茂所設計，外牆玻璃內結合鋼骨及大分縣產的杉木，曾獲得 JIA 日本建築大賞。館內共有三層，建築設計極具空間感，而場內藝

術品部分可以觸摸，而且每件都為眼睛帶來新觀感。二樓設有瓦楞紙Cafe Charite，提供咖啡及輕食。

地址： 大分市壽町 2-1　電話： 09-533-4500
營業時間： 10:00am-7:00pm，星期五至六至 8:00pm
費用： 成人 ￥300，學生 ￥200
網頁： www.opam.jp

勇闖馬騮山
高崎山自然動物園

🚌 JR 大分驛轉乘 AS60、AS71、AS71 大分交通巴士，於高崎山駅下車，步行 3 分鐘；，
或於 JR 別府驛轉乘 AS60、AS71 大分交通巴士，於高崎山駅下車，步行 6 分鐘

昭和年代，大分市長上田為了避免猴子因山上糧食不足，而搶奪農家的作物，將高崎山的一部分改為觀光與研究用途，並在固定時間進行人工餵養，成為了今天的高崎山自然動物園。園內擁有1,300多隻野生獼猴，每隔半小時就會有負責的工作人員提著裝有小麥的桶子進行餵食，場面非常壯觀！

高崎山共分A、B、C三組猴子家族，但家族A因前往深山落腳而離開原本棲息地，而告示板上則標明了猴子的數量。

地址： 大分市神崎 3098-1
電話： 097-532-5010
營業時間： 9:00am-5:00pm
費用： 成人 ￥520，小童 ￥260
網頁： www.takasakiyama.jp

親親海象
大分 Marine Palace
水族館「うみたまご」

 MAP 25-1B

07

JR 大分駅轉乘 AS60、AS71、AS71 大分交通巴士，於高崎山駅下車，步行 5 分鐘；
或於 JR 別府駅轉乘 AS60、AS71 大分交通巴士，於高崎山駅下車即達

「うみたまご」中文可譯作海之卵，這裡
位置就在別府灣的沿海岸邊。水族館分為室
內和室外兩部分，室內的「海洋區」有一座
大型潮流式迴遊水槽。室外有表演舞台和觸
摸水池，遊客可以近距離接觸到海象、海星
和其他海洋生物，小朋友一定樂而忘返。

地址： 大分市大字神崎字ウト 3078-22
電話： 097-534-1010
營業時間： 9:00am-5:00pm
網頁： https://www.umitamago.jp/
門票： 成人 ￥2,600，小童 ￥1,300

25-5

開車到非洲草原

九州自然動物園

MAP 25-1B
08

🚌 JR 別府駅西口乘搭 41 號龜之井巴士於サファリ駅下車即達／由別府或大分自駕前往約 35 分鐘

有別於傳統動物園，九州自然動物園模仿非洲的草原環境，在長達6公里的Safari Road上有獅子、老虎、豹、長頸鹿、羚羊、斑馬、棕熊、大象等共70多種、合共過千頭動物。

遊客可選擇自行開車入園或乘坐動物造型的Jungle Bus，前者基於安全理由，只能坐在車上隔著玻璃觀賞猛獸，後者由職員陪同及講解注意事項，一邊坐車一邊餵食動物，作個近距離接觸，全程約一小時，緊張又刺激。

除了在African Safari觀賞動物，亦可參與其他活動，包括小朋友的騎馬體驗，及抱抱剛出生的小獅子等。園內亦有五間餐廳及小食亭，絕對不怕餓親，放心在這裡花上大半天。

自駕入園的人士可租用DVD導賞機。

園內亦有其他適合小朋友的活動，如騎小馬。

地址：　宇佐市安心院町南畑 2-1755-1
電話：　0978-48-2331
網頁：　www.africansafari.co.jp
營業時間：　（3 月至 10 月）9:30am-4:30pm；
　　　　　（11 月至 2 月）10:00am-3:30pm
費用：　成人 ¥2,600，小童 ¥1,500，4 歲以下免費；
　　　　DVD 導賞機：每輛私家車 ¥600，每輛巴士 ¥1,200

Hello Kitty 迷必到
Harmony Land

 MAP 25-1B 09

JR 杵築駅轉乘ハーモニーランド線國東觀光巴士（クニサキカンコウバス），於「ハーモニーランド」下車即達

東京的那個SANRIO樂園面積太小，來到大分的這個Harmony Land，才是SANRIO迷的天堂。這個樂園以家庭為主，有十多款機動遊戲，又有小朋友為主的摩天輪和旋轉木馬，一家大小都非常適合。當然少不了主角Hello Kitty，還有其他人物如：Melody、布甸狗、肉桂狗等，這裡面積也頗大，可以玩上一整天。

地址： 速見郡日出町大字藤原 5933　**電話：** 097-773-1111
營業時間： 10:00am-5:00pm/8:00pm，每日開放時間有異，詳情請參考官網
網頁： www.harmonyland.jp
門票： 大人 ¥3,600（包所有機動遊戲）＊可透過 Klook 等本地旅行社代購門票

MAP 25-1B 10

600年古蹟
杵築城

JR 杵築駅轉乘国杵線國東觀光巴士（クニサキカンコウバス），於杵築城入口駅下車，步行 8 分鐘

杵築城相傳是1394年武將木付賴直建成的，因此初期叫做木付城。杵築城位於杵築市東面臨守江灣的高台上，在1712年正式改名為杵築城。杵築城在江戶時代是一個非常繁榮的城下町，也是國東半島的經濟與政治中心。

地址： 杵築市杵築 16-1
電話： 097-862-4532
營業時間： 10:00am-5:00pm
門票： 大人 ¥400、中小學生 ¥200
網頁： www.kit-suki.com/tourism/index.php

別府溫泉
湯布院溫泉
大分市及周邊

大分 ☆☆☆

20億打造

九重夢大橋

MAP 25-1B ⑪

沙米介推介

🚐 JR 豐後中村駅轉乘的士,車程約 19 分鐘

九重夢大橋於2006年10月正式開放,整座橋長380米,高172米,是日本最大的步行者專用吊橋,當時用了20億日圓建造。站在橋上看到的景色相當壯觀,可以看到茂密的森林。因為這座吊橋設計時用大柱子支撐,所以風再大橋身都不會搖晃,還可以同時承載高達1,800人走過。在秋天紅葉的時候,特別吸引遊客前來。

地址: 玖珠郡九重町大字田野 1208
電話: 0973-73-3800
營業時間: 8:30am-5:00pm, 7-10月營業至 6:00pm
網頁: www.yumeooturihashi.com
門票: 成人 ￥500、小童 ￥200
MAPCODE 269 012 156

地址: 宇佐市南宇佐 2859　**電話:** 097-837-0001
營業時間: 6:00am-6:00pm
網頁: www.usajinguu.com

武道之神

宇佐神宮

MAP 25-1B ⑫

🚐 JR 宇佐駅轉乘國道中高線大交北部巴士 (ダイコウホクブバス) 於宇佐八幡駅下車,步行 15 分鐘

從古代開始,日本人便在宇佐神宮拜祭弓道和武道之神 — 八幡神,另外也有祭祀天皇的祖先。這裡於西元725年建造,已列為日本國寶,寶物殿更收藏了大量關於大分的文化財產。每年新年1月1日都會有大量日本人前來參拜,場面非常熱鬧。

1) 簽證
香港特區護照
及BNO持有人

由2004年4月1日開始，凡持有香港特區護照或英國（海外）公民護照(BNO)前往日本，均可享有免簽證入境、逗留當地90天的待遇。另於2005年3月25日起，凡持澳門特區護照者亦可享有免簽證入境、逗留當地90天的待遇。

其他旅遊證件持有人

若未持有香港/澳門特區護照或BNO之人士，欲前往日本旅遊、探親或公幹，需到日本簽證申請中心辦理簽證手續。辦理簽證申請約需兩個工作天。

日本簽證申請中心
地址：香港北角電氣道148號16樓3室
申請時間：周一至五8:30am-3:00pm
領證時間：周一至五8:30am-4:45pm
預約網址：https://www.vfsglobal.com/Japan/Hongkong/
簽證申請書下載：https://www.mofa.go.jp/mofaj/toko/visa/pdfs/application1_c2.pdf

2) 貨幣

流通貨幣為日圓YEN，￥100兌約HK$5.2（截至2024年4月）。港元可在日本兌換成日圓，福岡機場的外幣兌換服務機從6:00am開始營業至9:40pm，而日本的銀行由周一至周五9:00am-3:00pm 營業，遊客亦可在郵局的辦公時間（9:00am-4:00pm）兌日圓。在九州兌換日圓不算方便，建議讀者最好在香港先兌換，匯價較佳兼手續快捷。

提款卡海外提款

出發前利用銀行櫃員機或電子銀行服務，便可啟動海外提款功能；即使身在日本，你也可以通過網上即時更新設定，大多數銀行的個人e-banking都支持這項操作。在海外提款時，銀行通常會收約HK$15-50 的手續費，視乎銀行規定。

除了銀行櫃員機，最方便的提款網絡就是各大便利店的ATM，凡提款卡上印有銀聯、Cirrus、Mastercard、VISA、PLUS等標誌便可提款。但部分ATM可能無法支援，必需多試不同的提款機，建議大家要準備足夠的現金傍身。

查詢ATM設置地點：https://www.sevenbank.co.jp/intlcard/index5.html

外幣扣賬卡

最近小編去日本旅行，很少使用到現金，改為使用外幣扣賬卡如Citibank的Global Wallet、滙豐ONE綜合戶口和Mastercard扣賬卡等，這樣既方便又省事。這些卡片不僅可以用於刷卡消費，還能在ATM提款。只需事先鎖定心水匯率，兌換好日圓並存放在外幣戶口。啟動連接外幣戶口功能及海外提款功能，就能在任何支援Mastercard的商店輕鬆消費。不收手續費，亦不涉及貨幣兌換，因為是直接從你外幣戶口餘額扣賬。如此可減少提取現金之不便和蝕匯率差價的問題，簽卡時也可以避開銀行一般收取的1.95%手續費。

3) Visit Japan Web

網站：https://services.digital.go.jp/zh-cmn-hant/visit-japan-web/

2022年11月14日起，入境日本的旅客可以使用Visit Japan Web預先登記入境。旅客在電腦或手機上填寫個人及同行者（嬰幼兒或無法自行辦理入境手續之人士）資料，以及海關申報資料，便會獲得入境審查、檢疫及海關的QR碼。旅客可憑此入境及離開日本之用，首次登記過程會較複雜，坊間有不少視頻詳細教授整個過程，只要按指示便能順利完成。

4）時差

　　時差方面，日本全國各地使用統一時間。時差比香港快1小時（＋1小時），如日本是8:30am，香港時間則為7:30am。請讀者緊記到埗後自行調校手錶、手機及手機的時間，以免稍後出現「瞓過龍」、「送車尾」，甚至「送飛機尾」等烏龍事。

5）氣象預測

　　出門前需留意當地的天氣。最快最直接的方面，就是上網查閱日本氣象廳的四日天氣預報！就連地震預警、海嘯預警都有齊！

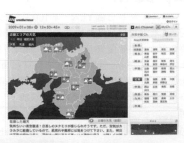

> **日本氣象廳**
> **https://www.jma.go.jp/jma/index.html**

　　除了官方的氣象預報外，日本亦有一所民營的天文台，其準確程度不遜於日本氣象廳。

　　除了提供天氣預報外，用家更可以直接查閱主要大區的詳細天氣情況，細緻如早午晚時段的氣溫、降雨量、降雨機會率都有提供，最令人激賞的就是網頁更提供現場即時影像LiveCam，天晴還是下大雨一目了然。

> **日本Weathernews網頁**
> **http://weathernews.jp**

櫻花花期預測

　　若你想得到當地最近的資料，可以到日本很有名的旅遊雜誌RuRuBu的網頁查看他們的報導。網頁內除了提供開花／紅葉的預測期、各地賞櫻／紅葉的熱門地方詳盡介紹外，更有讀者每週提供的現場照片，讓旅客可以做足心理準備，預算賞櫻／紅葉的最佳時間。

RuRuBu——櫻花最前線報導
http://www.rurubu.com/season/spring/sakura
RuRuBu——紅葉最前線報導
http://www.rurubu.com/season/autumn/koyo

6）電壓及電話

　　日本的電壓是100V，頻率是50Hz。電插座是兩腳扁插頭。由香港帶來的電器，若是110V-240V的插頭，當然沒問題，假如是220V便不能直接使用，需準備220V轉100V的變壓器。

　　日本的電話號碼由3部分組成，由香港致電福岡，可撥81（日本國碼）-92（福岡區域碼）／ -99（鹿兒島區域碼）-個人電話號碼。例子如下：

香港至福岡：81-92-213-1221	"092"為福岡區碼，但不用打"0"字
福岡區內致電福岡：213-1221	鹿兒島至福岡：092-213-1221

7）4G日本無限數據卡

同 Wi-Fi 蛋比較起來，數據卡最大好處是便宜、慳電，可以每人一張卡。Docomo 在日本的4G覆蓋度很高，但 Softbank 的覆蓋範圍也達到99%，在主要大城市兩者網絡訊號接收度，差別不大。中國聯通的8天4G 無限數據卡，參考價只是 HK$85，比其他品牌數據卡抵用，缺點是數據用量達4GB後有限速（不低於128kbps）。如果一定想用Docomo，可以考慮3HK 日本4G 7日7GB無限數據卡，使用超過7GB會降速至256kbps，參考價為 HK$100。（資料截至2024年5月）

售賣地點：鴨寮街、各電訊公司

8）免費Wifi

日本流動網絡商 SoftBank 於2015年開始向遊客提供 Wifi 免費熱點服務。SoftBank 的 Wifi 熱點主要分布在鐵路車站、高速公路休息處、便利店等地方。用戶必需利用非日本 SIM 卡，才可使用免費 Wifi。每次登記後可連續使用2星期，最多可供5部裝置使用，到期後可重複登記一次。

登記方法：
1) 用手機撥打免費電話
   （英語：*8180
   中文：*8181）
2) 取得 Wifi 密碼
3) 開啟手機 Wifi，
   用戶名為「852」加
   「手機電話號碼」，輸入密碼後即可啟用。
https://www.softbank.jp/en/mobile/special/freewifi/zh-tw/

11）有用電話

警局	110（日語）
	35010110（英語）
火警及救護	119
24小時求助熱線	0120-461-997
天氣預報	177
福岡機場	092-261-2531
鹿兒島機場	0995-73-3332
阿蘇熊本機場	096-232-2311
中國駐日本大使館	03-3403-5633
香港入境事務處	852-1868

12）日本節日

1月1日	新年
1月的第2個星期一	成人節
2月11日	國慶節
2月23日	天皇誕生日
3月20日或21日	春分
4月29日	昭和日
5月3日	憲法紀念日
5月4日	綠之日
5月5日	兒童節
7月20日	大海之日
9月15日	敬老日
9月23日	秋分
10月第2個星期一	健康體育日
11月3日	文化節
11月23日	勞動感謝日

最新日本退稅

海外旅客在貼有「**免稅標誌**」的商店或百貨購物**滿￥5,000至￥50萬（未含稅）**，結帳時只要出示有效護照，即可享免10%消費稅優惠。退稅有兩種方式：

1. 店鋪結賬時，直接收取免稅價。
   （五大藥妝店均如此，由專屬免稅櫃檯辦理）
2. 店鋪先以含稅價格付款，之後顧客憑收據到退稅櫃檯領取現金。
   （百貨公司及Outlet的辦理方法，一般會收取1.1%手續費）

由2023年4月1日起，登記Visit Japan Web時，增設了「建立免稅QR碼」。到商店進行退稅時，只要出示「免稅QR碼」給店家掃瞄即完成登記，不用再出示護照，令退稅過程更快捷。此外，免稅手續已全面電子化，不再提供紙本收據，毋須在護照上釘夾免稅單，也不需要在離境時把單據交回海關櫃台。

雖然不用再把單據在出境時交給海關，但海關會在大家離境前設置櫃檯，要求每位旅客出示護照，馬上查閱所購的免稅品。記者於離境時給抽查，要求出示紀錄中的退稅商品，部份因為已托運無法出示，海關仍要求出示當時帶在身上的部份免稅品，並就已托運的退稅品進行問話（如：買了甚麼），只要如實回答即可。

※ 如購買的退稅品已在日本境內寄回所住的地方，請於郵寄時保留單據，離境時跟海關出示即可。

退稅退足15% ??

目前不少信用卡都與日本商戶有合作推出優惠，於指定商店或百貨公司用特定信用卡簽賬，即享額外5%-6%折扣，優惠雖不算太多，但連同10%免稅就有15%折扣。

此外，日本五大藥妝店均提供額外優惠，例如買滿1萬日圓享3%折扣、3萬日圓享5%折扣以及5萬日圓享7%折扣。無需下載優惠券，消費滿指定金額自動幫你減數。別忘了帶著護照出門！

經緯文化  網上書店

www.iglobe.hk

圖書全年85折！
最新圖書先睹為快
唔使頻撲直送府上

會員 專享
迎新購物金
消費儲分當現金

《 九州 Guide 》

出版經理：馮家偉
執行編輯：Gary、Winnie、Hana
美術設計：Polly、Windy
出版：雋佳出版有限公司
電話：5116-9640
傳真：3020-9564
電子郵件：iglobe.book@gmail.com
網站：www.iglobe.hk

港澳發行：一代匯集
電話：852-2783 8102
網站：gcbookshop@biznetvigator.com

台灣地區發行: 大風文創股份有限公司
電話：886-2-221-0701

國際書號：978-988-70257-2-6
初版日期：2023年7月　第2版日期：2024年5月
定價：港幣108元　台幣429元

Guides PUBLISHING LTD.
Rm25,8/F,Blk A, Hoi Luen Industrial Ctr.,55 Hoi Yuen Rd, Kwun Tong , KLN

本書部分資料，取材自相關景點的官網資訊，如報導需要修正，敬請通知。
この書籍の一部の情報は、関連する観光地の公式ウエブサイトから引用されて
います。もし記事に修正が必要な場合は、お知らせください。
Email: iglobe.book@gmail.com

PUBLISHED&PRINTED IN HONG KONG
All Rights Reserved. 版權所有 不得翻印